Wegweiser für Verantwortliche
in der Altenhilfe

Motivation und Organisation
im Altenheim

Helmut Voss

Motivation und Organisation im Altenheim

Theorie und Praxis
individueller Altenpflege

Vincentz Verlag

Gewidmet meinen Mitarbeitern, die in so mancher engagierten Diskussion das ans Licht gebracht haben, was eigentlich Voraussetzung und nicht Konsequenz unserer Arbeit für den alten Menschen sein sollte.

CIP-Titelaufnahme der Deutschen Bibliothek
Voss, Helmut:
Motivation und Organisation im Altenheim / Helmut Voss. – Hannover: Vincentz, 1990
(Wegweiser für Verantwortliche in der Altenhilfe)
ISBN 3-87870-265-5

© 1990, Curt R. Vincentz Verlag, Hannover
Druck: Th. Schäfer Druckerei GmbH, Hannover
ISBN 3-87870-265-5

Inhaltsverzeichnis

Vorwort VII

Das Altenheim als soziale Organisation

1. Der Ausgliederungsprozeß fachlicher Altenhilfe aus der Familie 1
2. Traditionelle Geschlossenheit als Organisationscharakter 5
3. Formen beruflicher Beziehungen 19
3.1 *Autoritäts- und Kommunikationsformen* 19
3.2 *Die Struktur des Pflegeberufes* 29
3.3 *Die Rollenanforderungen* 37
3.4 *Konflikte und ihre Bewältigung* 46

Das Persönlichkeitsbild der Heimbewohner

1. Persönlichkeitstheorien 60
2. Alternstheorien 63
3. Die kognitive Persönlichkeitstheorie des Alterns 66
4. Die Auseinandersetzung um die ideale Norm des Alterns 72
5. Die Forderung nach Bedürfnisorientierung innerhalb der Altenhilfe . . . 76

Die Motivation der Mitarbeiter

1. Persönliche Voraussetzungen der Pflegetätigkeit 84
2. Die Arbeitsmotivation 87

Motivierte Pflegetätigkeit

1. Organisation der Pflegearbeit 106
2. Die persönliche Leistungsbereitschaft 122
3. Berufliche Sozialisation als pädagogische Aufgabe 126

Die zukünftige Entwicklung der stationären Altenarbeit

1. Bevölkerungsentwicklung 138
2. Gesundheitsentwicklung und Hilfsinstanzen 141
3. Auswirkungen auf die Heimorganisation 151

Methoden der Betriebsführung

1. Der organisationsbezogene Ansatz 160
2. Der gemeinwesenbezogene Ansatz 163
3. Der persönlichkeitsbezogene Ansatz 173

Stichwortverzeichnis 201

Vorwort

Der Bereich stationäre Altenpflege stellt sich auch nach 20 Jahren einer zum Teil revolutionären Veränderung immer noch als Konfliktraum dar. Ursächlich hierfür sind fehlende verpflichtende Vorstellungen von dem, was als Persönlichkeitsbild des alten Menschen bezeichnet werden kann. Folglich münden zwangsläufig alle Bemühungen um die Humanisierung des Heimlebens in einer Sackgasse sozialer Beziehungspflege. Der ausgerufene Pflegenotstand ist mithin nicht in erster Linie ein materieller Notstand oder ein Notstand der Personalbemessung, sondern insbesondere auch ein Notstand der inhaltlichen Orientierung der Pflegearbeit.

Zum einen verbirgt sich hinter der zunehmend geäußerten Kritik an den Altenheimen das kollektive schlechte Gewissen einer Gesellschaft, die das Altern aus ihrem Erfahrungsbereich ausgrenzt. Zum anderen vollzieht sich auch die Organisation der Pflege-, Betreuungs- und Versorgungsdienste in einem bürokratischen, technischen oder medizinischen Raum, der von den Bedürfnissen und Vorstellungen der Heimbewohner völlig abgeschieden bleibt. Es ist daher Aufgabe dieses Buches, den Bewohner als ganze Persönlichkeit und nicht nur seine körperlichen und geistigen Defekte in den Mittelpunkt des pflegerischen Handelns zu stellen. In keiner Abhandlung, in keinem Zeitschriftenaufsatz ist es bisher gelungen, einen einigermaßen sinnvollen und brauchbaren Bezug zwischen der Praxis der Heimorganisation und einer Persönlichkeitstheorie des Alterns herzustellen. Dies heißt nichts anderes, als daß wir bisher gar nicht gewußt haben, auf was wir eigentlich im Heimbereich hinarbeiten sollen. Wohl gab es ungenaue Vorstellungen über aktivierende Pflege, jedoch die Frage blieb offen: Aktivieren wozu?

Mit diesem Buch wird nun erstmals der mühsame, weil sehr theoriebeladene Versuch unternommen, die vielen Einzelerkenntnisse der verschiedenen Humanwissenschaften vom alten Menschen systematisch zusammenzufassen zu einer eindeutigen Aussage darüber, welches Organisationsbild des Altenheimes der Persönlichkeit von Bewohner und Mitarbeiter Freiräume beläßt. Erstes Anliegen dieser Arbeit ist damit zugleich auch, Möglichkeiten zu entwerfen, wie Mitarbeiter und Bewohner motiviert werden können, sich innerhalb eines von außen vorgegebenen sozialen Gefüges zu entwickeln und zu verwirklichen.

Wo immer es möglich war, sind die Betrachtungen durch praktische Umsetzungen in den Heimbereich ergänzt worden. Dennoch dürfen im Rahmen einer persönlichkeitsbezogenen Altenheimorganisation keine fertigen Rezepte erwartet werden, denn hier gilt: Das Ziel ist der Weg.

Helmut Voss
im Januar 1990

*Das Altenheim
als soziale Organisation*

1. Der Ausgliederungsprozeß fachlicher Altenhilfe aus der Familie

Der Prozeß der Ausbildung von Organisationsgefügen[1] (Krankenhäuser, Altenheime, Schulen) geht stets auf das Unvermögen zurück, die zur Erfüllung eines gesamtgesellschaftlichen Bedürfnisses erforderlichen Fertigkeiten, Handhabungen und Kenntnisse im privaten bzw. familiären Bereich noch in angemessener Weise ausbilden zu können. Stets liegt hier ein von allen Mitgliedern der sozialen Gemeinschaft hochbewertetes Grundanliegen vor, das mit den Mitteln des Alltagswissens nicht mehr zu bewältigen ist. Im Bereich der Altenhilfe nahm diese historische Entwicklung zunächst ihren Ausgang von der häuslichen Pflege und, ersatzweise, von der öffentlichen Siechen- und Armenfürsorge mit ihrem christlich motivierten Hilfeverständnis und bildete schließlich spezielle Einrichtungen oder ergänzende Hilfsangebote aus, die der Betreuung hilfebedürftiger, erkrankter älterer Menschen angemessen erschienen. Eine völlige Verdrängung häuslicher Pflege hat jedoch zu keinem Zeitpunkt stattgefunden.

Die zwei wesentlichen Merkmale dieser Entwicklung, die uns auch in der weiteren Betrachtung immer wieder beschäftigen werden, sind einerseits die „Institutionalisierung" der Hilfesuchenden und andererseits die „Verberuflichung" (Professionalisierung) des dadurch abgesteckten Tätigkeitsbereichs gegenüber familiengebundener Pflege.

Unter dem Begriff „Institutionalisierung" versteht man, auf die Entstehung der Altenheime bezogen, den Prozeß der Ausgliederung der Altenhilfe aus dem familiären Alltagsleben durch Ausbildung von Wissen über die Altersheilkunde, über Alterserkrankungen, über das psychische und geistige Erleben der älteren Menschen und die Umsetzung dieses Wissens in spezialisierte Tätigkeiten und Fertigkeiten sowie in bauliche und technische Ausstattungen. Dadurch entsteht zunehmend ein geschlossener, sich von der privaten Lebenssituation der Senioren abgrenzender Lebensraum mit eigenen Formen der Berücksichtigung von Interessen, Bedürfnissen und Werthaltungen der Heimbewohner.

Die „Verberuflichung" oder „Professionalisierung" ist nun bezogen auf die Ausbildung einer besonderen Hel-

---

[1] Der Begriff Organisation bezeichnet stets eine auf die Erfüllung eines bestimmten Zieles ausgerichtete Zueinanderordnung menschlicher Funktionsträger, die jeweils verschiedene Arbeitsaufgaben ausführen. Als weitere Bestimmungselemente neben den handelnden Personen gelten auch die solchen Aufgaben zugeordneten Rollen, weiter die zur Einhaltung von Erwartungen notwendigen Bestrafungssysteme und Autoritätsgewalten sowie schließlich ein sich aus dem Ziel- und Zweckzusammenhang ergebendes, rationelles Planungsschema (Management).
Folglich besitzt jedes Organisationsgefüge die folgenden Eigenschaften:
▷ Gestaltcharakter (Abgrenzung gegenüber anderen Gebilden)
▷ Innere Differenzierung (Funktions- und Autoritätszuweisung)
▷ Wechselbeziehungen (Organisationselemente)
▷ Beharrungstendenz (homöostatisches Gleichgewicht)

ferqualifikation, die notwendg ist, um das vorhandene Wissen in Pflege- und Betreuungshandlungen umsetzen zu können. Hierzu gehört notwendig die Erstellung von Ausbildungsplänen, Examensanforderungen und Berufsbildern. Im Verlaufe dieses Prozesses gliederte sich der Ausbildungsgang des Altenpflegers aus der allgemeinen Krankenpflege aus; auch vollzog sich die Abwendung von allgemeiner mitmenschlicher Betreuung hin zur Beschäftigungs- und Psychotherapie mit älteren Menschen.

Neben solchen unbestritten positiven Effekten, die sich in fachlicher Betreuung und in angemessenen Pflegeabläufen äußern, hat das Organisationsgefüge „Altenheim" aber auch erhebliche Nachteile gegenüber einer durch den älteren Menschen selbst gestalteten, gleichsam „privaten" Lebensform:

Grunderfordernisse in der Krankenpflege	private Lebenssituation (Familie, selbstbestimmtes Wohnen)	Organisationsgefüge Altenheim
Unabhängigkeit	durch Krankheit eingeschränkt	durch Krankheit und Normen, Verfügungen, Vorschriften eingeschränkt
Individualität (Interessen, Bedürfnisse, Werthaltungen)	bleibt erhalten	wird zur Deckung mit angenommenen alterstypischen Bedürfnissen und Interessen gebracht
Versorgung (Essen, Trinken, Körperhygiene)	erfolgt im individuellen Rhythmus	erfolgt standardisiert
Betreuung (Zuwendung)	erfolgt durch menschlich nahestehende Personen	erfolgt auf distanzierter, beruflicher Ebene
Pflege (körperbezogene Fachtätigkeit)	laienhaft	fachlich

Offensichtlich vollzieht sich mit der Ausbildung von stationärer, d. h. geschlossener, auf Dauerunterbringung abzielender Altenhilfe ein Verlust von persönlicher Bestimmungsfreiheit des Heimbewohners bei gleichzeitiger Verbesserung seines gesundheitlichen und körperlichen Zustandes. Der eigentliche Mißstand besteht nun darin, daß die Zunahme an körperlicher Handlungsfähigkeit nach Selbstbestimmung und Autonomie verlangt, jedoch im Heimbereich Vorschriften und Reglementierungen diesen Prozeß ersticken. Solche einschränkenden Maßnahmen sind stets als Folge der Ausgliederung (Institutionalisierung) der Pflege alter Menschen aus der familiären Privatheit zu begreifen. Grundlage des Ausgliederungsprozesses sind die beobachtbaren individuellen Lebensverhältnisse hilfebedürftiger alter Menschen, abgewandelt zu abstrakten, statistisch erfaßbaren Häufigkeitsverteilungen, die bestimmte, allgemeingültige Aussagen treffen. Entscheidend in diesem Zusammenhang sind also das Auftreten bestimmter Alterskrankheiten (epidemiologische Studien), die Zusammensetzung und Entwicklung der Bevölkerung (demographische Studien) und bestimmte Gesellungsformen alter Menschen (soziologische Studien). Unter Einbeziehung von Expertenmeinungen, von humanitären Vorstellungen und sozialpolitischen Erwägungen vollzieht sich dann ein Verfahren der Zuweisung von hilfebedürftigen Senioren in bestimmte Einrichtungen, die zu diesem Zweck geschaffen werden. Die im Verlaufe dieses Prozesses sich bildenden Sichtweisen über Lebensformen, Interessen und Bedürfnisse älterer Menschen haben dann nur noch sehr entfernt und allgemein etwas damit zu tun, wie sich Altern in der jeweiligen sozialen Umgebung konkret vollzieht. Durch die beschriebenen Vorentscheidungen sind auf der Organisationsebene des Altenheims bereits sowohl eine Einschränkung der Teilhabe des Bewohners an kulturellen Prozessen, politischen Entscheidungsabläufen, sozialem Austausch als auch eine Einschränkung der individuellen Gestaltungsmöglichkeit seines Lebens vollzogen.

Sämtliche Konflikte des Heimgeschehens resultieren aus diesem Verlust an persönlicher und kultureller Selbstbestimmung, der sich gewissermaßen ohne persönliches Zutun aus der Heimaufnahme ergibt. Das Grundbestreben der Organisation ist dabei stets, die vielfältigen Ansprüche, Interessen und Bedürfnisse der Bewohner zu handhabbaren, allgemeinverbindlichen Merkmalen zusammenzufassen (generalisieren); das Grundbestreben des Bewohners ist stets das Bemühen der Beibehaltung seiner Gewohnheiten und Ansichten. Diese beiden Ansprüche sind nicht deckungsgleich: Hier stehen betriebliche Interessen nach sozialem Gleichklang persönlichen Interessen nach Sinnfindung und Wahrung der Identität gegenüber. Will das Altenheim den aufgezeigten Grundkonflikt positiv in seinen Aufbau und in seine Planungen einbeziehen, so muß es Raum geben für:
▷ persönliche Umgangsformen zwischen Mitarbeitern und Bewohnern
▷ personennahe Pflege (Abbau von Pflegestandards und Pflegemustern)
▷ persönliche Wunscherfüllung
▷ individuelle Raumgestaltung
▷ Einzeltherapie und Einzelfürsorge
▷ Mitbestimmung und Mitwirkung

Im Verlaufe der Ausgliederung der Altenpflege aus der allgemeinen Lebenssituation alter Menschen entwickeln sich aber nun soziale Wirkfaktoren der Vereinheitlichung und der Konformität, die den Lebensraum innerhalb des Altenheims entscheidend verengen. (Siehe dazu die Abb. auf der S. 5.)

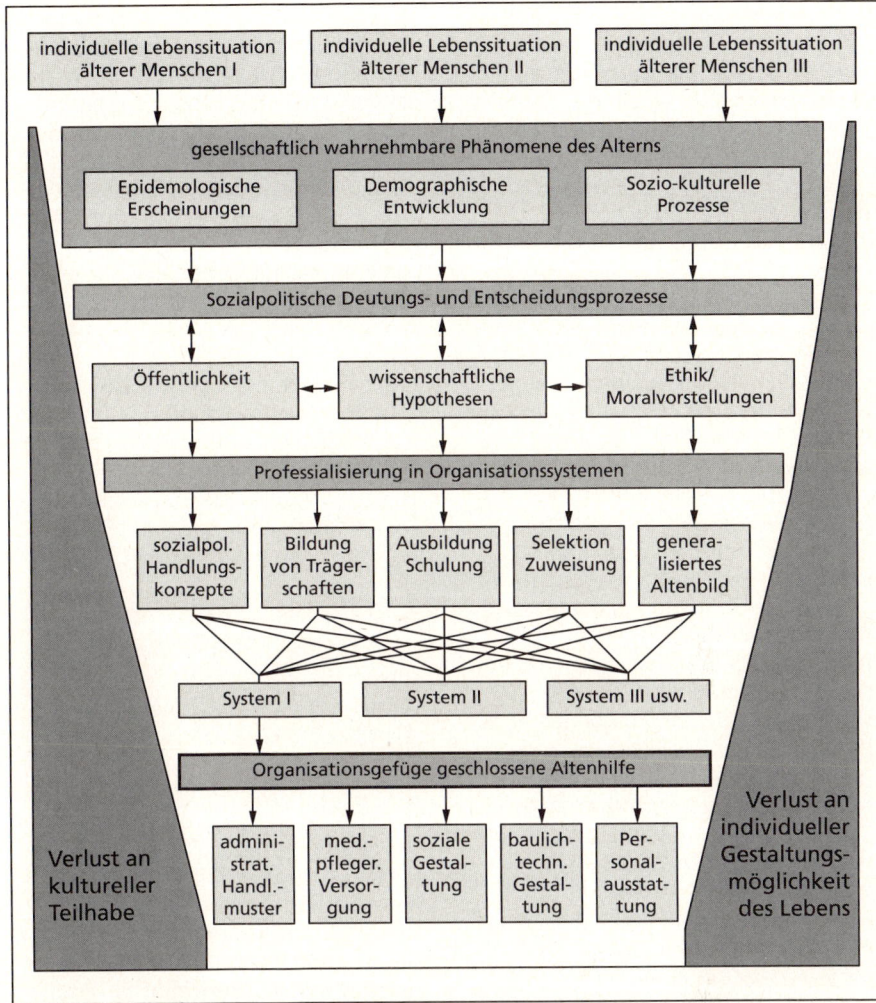

Abb. 1: Das gesellschaftlich vermittelte Spezialisierungsfeld der geschlossenen Altenhilfe

2. Traditionelle Geschlossenheit als Organisationscharakter

Der gesellschaftlich hergeleitete Zweck der Heimaufnahme alter und hilfsbedürftiger Menschen liegt heute in der Unzulänglichkeit der privaten Pflegemöglichkeiten angesichts zunehmend komplexer Erkrankungsformen begründet. Die Zielvorstellungen im Altenheimbau der 60er und 70er Jah-

re, durch Befreiung von alltäglichen Pflichten und Belastungen dem älteren Menschen neue Chancen und Perspektiven im aktiven Umgang mit seiner Umwelt zu eröffnen, sind angesichts zunehmender Handlungsunfähigkeit der Heimbewerber außer Kraft gesetzt. Da, wo es also um das Leben von Menschen geht, ist Fachwissen und hoher apparativer Aufwand gefragt; ein Umstand, der die normalen Lebensvollzüge der privaten Wohnsituation sprengt oder doch zumindest empfindlich beeinträchtigen würde. Insofern stellt die Herausbildung eines entsprechenden Organisationsrahmens zur Bewältigung solcher gesellschaftlich wichtigen Aufgaben an sich nichts Bedrohliches dar, geht es doch vornehmlich um die Durchführung von Maßnahmen, die das Fortführen eines durch Krankheit und allgemeinen körperlichen Verfall gekennzeichneten Lebens unter erträglichen Umständen sichern sollen. Wenn es um solche existentiellen Fragen geht, darf es keinen Raum für Irrtümer und Nachlässigkeiten geben. Deren Vermeidung wiederum setzt im herkömmlichen Sinne bürokratischer Verwaltungen die Errichtung eines strikten Regelsystems voraus, das durch autoritäre Disziplin abgesichert wird. Aus dieser Begründung folgt, daß hier die zur Wahrnehmung pflegerischer Aufgaben erforderlichen Regeln und Normen nicht durch abweichendes Verhalten infrage gestellt werden dürfen. Weiterhin besteht ein wesentliches Merkmal der pflegerischen Arbeit in der Erreichung größtmöglicher Beschwerdenlinderung und in der optimalen Durchgliederung des dazu erforderlichen Arbeitsablaufs. Da es im Bereich der körperlichen Versorgung alter Menschen wenig apparativ regulierbare Arbeitsverläufe gibt, wird für die Einhaltung zuwendungsbezogener Pflegeaufgaben ein System von Kontrollmaßnahmen erforderlich, um
▷ die gleichbleibende Qualität (Standard) der Pflege und Versorgung der älteren Menschen sicherzustellen
▷ die notwendigen beruflichen Kontakte zu vermitteln
▷ Kompetenzüberschreitungen aufzuspüren
▷ Abweichungen vom Soll-Zustand festzustellen [1]

Aus einer solchen, zweckgeleiteten Beschreibung von Organisationsmerkmalen des Altenheims läßt sich nun leicht eine allgemeine Bestimmung dessen ableiten, was wir zukünftig als „Organisation" bezeichnen wollen. „Gemeinsam ist allen Organisationen erstens, daß es sich um ein soziales Gebilde handelt, um gegliederte Ganze mit einem angebbaren Mitgliederkreis und interner Rollendifferenzierung.[2] Gemeinsam ist ihnen zweitens, daß sie bewußt auf spezifische Zwecke und Ziele orientiert sind. Gemeinsam ist ihnen drittens, daß sie in Hinblick auf die Verwirklichung solcher Zwecke oder Ziele zumindestens der Intention nach rational gestaltet sind." [2]

Bezeichnet wird damit ein soziales Gebilde, das sicherlich mehr umfaßt

---

[2] Unter Rollendifferenzierung verstehen wir die Zuweisung von verschiedenartigen Positionen oder Funktionen im Dienstleistungsgefüge Altenheim, z. B. Heimleiter, Verwaltungsleiter, Küchenleiter und die daran geknüpften Verhaltenserwartungen, in diesem Fall Leitung und Führung eines Arbeitsbereichs durch fachlich richtige Entscheidungen. Eine Differenzierung ist nur da möglich, wo die unterschiedlichen Entscheidungsbefugnisse und Aufgabenstellungen klar voneinander getrennt sind.

als die konkreten Tätigkeiten von Schwestern, Verwaltungskräften und hauswirtschaftlichem Personal. Ihr Tun ist unter der Steuerung der gesetzten Ziele und der verbindlichen Arbeitsweisen zusammengefaßt zu einem einheitlichen Wollen und Können. Dies entspräche den organisierten, beabsichtigten Aspekten der Aufbau- und Ablauforganisation (formale Organisation); davon zu unterscheiden sind die vielen ungeplanten und unvorhergesehenen Prozesse, also die Art und Weise, wie vorgegebene Handlungsanweisungen tatsächlich ablaufen (informelle Organisation). Das Ausmaß des Auseinanderklaffens zwischen formalen und informellen Arbeitsabläufen ist aber nun ein Maßstab für die Funktionsfähigkeit des gesamten Vorhabens. Da wo im Rahmen der Schichtübergaben wesentliche Informationen zurückgehalten werden, da wo Entscheidungen unbefugt getroffen werden, ohne daß die Leitungsebene damit befaßt wird, da wo Rivalitäten zwischen Altenpflegern und Krankenschwestern offen ausgetragen werden, kommt es zu Störungen des Gesamtsystems, so daß die Arbeitsziele nicht mit den -ergebnissen übereinstimmen; nur allzuoft treten solche Störbereiche erst nach Wochen und Monaten zutage und dann zur Überraschung der zuständigen Bereichsleitungen. Dies führt dann in der Regel dazu, daß die „Kontrollschraube" fester angezogen wird. Die möglichen Ursachen für das regelwidrige Verhalten werden nicht erforscht. Als taugliche Mittel für die Einhaltung der gesteckten Organisationsziele gelten:

direkte Kontrollausübung	indirekte Kontrollausübung
Persönliche Inaugenscheinnahme Berichterstattung durch beauftragte Stellvertreter Konferenzen/Jour-Fix-Gespräche	Dienstpläne/ Einsatzpläne Arbeitspläne Personalauswahl Stellenbesetzung Beförderungssystem Entgeltstrategien

Wir sehen in der knappen Aufzählung der möglichen kontrollierenden Organisationsmittel, daß ihr bewußter Einsatz auch davon abhängig ist, wie geschickt direkte mit indirekten Maßnahmen verknüpft sind. Damit ist der Aspekt der Personalführung, der Führungskonzeption angesprochen. Eine Festlegung nur auf die persönliche Inaugenscheinnahme durch einen allgegenwärtigen patriarchalisch handelnden Heimleiter erzeugt ein Klima der Angst und Verdrossenheit; ein Sich-Verlassen nur auf die Berichterstattung durch Stations-, Küchen- und Hauswirtschaftsleiter wertet deren Stellung gegenüber untergebenen Mitarbeitern über Gebühr auf. – Überhaupt erzeugt die einseitige Bevorzugung direkter Kontrollausübung eine Atmosphäre der Einengung, der Bevormundung und unterstreicht deutlich den allgewaltigen Anspruch der Institution „Altenheim" auf die Festlegung des Verhaltens von Mitarbeitern und Bewohnern; dies ist sicherlich abzulehnen.

Das Altenheim muß daher in seinem Anspruch auf Organisation, der ja unbestritten bleibt, als ein vielgeschichtiges Ganzes begriffen werden, das
▷ eine zeitliche Planung im bezug auf die Wahrnehmung bestimmter Ar-

beitsaufgaben errichtet (Dienstpläne, Ablaufpläne, Terminpläne)
▷ die Weitergabe von Informationen und Anweisungen ganz bestimmten Bahnen (Kanälen) zuordnet
▷ die Zusammenarbeit seiner Dienstangehörigen arbeitsteilig so gestaltet, daß Überschneidungen weitgehend ausgeschlossen sind

Was aber nun sind die wesentlichen Bestandteile eines solchen Systems? Die konkreten Bausteine sind Personen und Personengruppen, die bestimmte, zugewiesene Tätigkeiten ausüben, in Verbindung miteinander stehen und hinsichtlich ihrer Tätigkeiten und Verbindungen bestimmte Gefühle und Vorstellungen haben. Stehen diese Gefühle und Vorstellungen im Einklang mit den Organisationszielen, so entsteht ein dichtes und enges Beziehungsnetz zwischen den beteiligten Personen und Personengruppen. Überwiegen jedoch informelle Beziehungen, so entstehen leicht voneinander unabhängig operierende Teile (Subsysteme) innerhalb des Gesamtgefüges. In einem solchen Spannungsverhältnis ergeben sich zwei Betrachtungsebenen:
▷ eine horizontale Nebeneinanderordnung von Zuständigkeiten, Aufgaben und Arbeitsfunktionen (Horizontalgliederung)
▷ eine vertikale, hierarchische Über- und Unterordnung von Positionen (Vertikalgliederung)

Beide Ebenen hängen unmittelbar zusammen und bringen wechselseitige Auswirkungen aufeinander hervor.

Im Altenheimbereich hat sich traditionsgemäß eine Aufgabengliederung herausgebildet, die nahezu völlig in den Bereichen Pflege, Verwaltung (Administration) und Versorgung (Hauswirtschaft) aufgeht. Die Tätigkeitsbereiche Pflege und Versorgung sind hierbei durchdrungen von planerischen und organisatorischen Verwaltungsabläufen. Aufgaben, die der Verbesserung des sozialen und psychologischen Umfeldes der Heimbewohner dienen, kamen erst später hinzu und sind daher wenig in das organisatorische Selbstverständnis des Altenheimes eingebunden; sie können daher als randständig angesehen werden.
Wir erhalten also folgende Funktionskette in der Horizontalgliederung: Bürokratische Verwaltung – pflegerische Verwaltung – hauswirtschaftliche Verwaltung – technische Abläufe – pflegerische Abläufe – Versorgungsabläufe (Hauswirtschaft) - - - Betreuungsabläufe (Beratung, Behandlung, Therapie).

Auffallend ist unmittelbar der im Vergleich zu den wenigen, direkt bewohnerbezogenen Funktionen aufgeblähte Verwaltungsbereich, der alle beruflichen Tätigkeiten durchdringt. Ein hohes Maß an direkter und indirekter Kontrollausübung ist die Folge. Dem entspricht in der Vertikalebene ebenfalls ein hohes Ausmaß an Hierarchisierung (Über- und Unterordnung) der beruflichen Positionen. Hier erhalten wir das in der Abb. 2 auf S. 9 dargestellte traditionelle Gefüge.

Es ergibt sich somit für den klassischen Altenheimbereich ein organisatorischer Gegensatz zwischen relativ wenigen bewohnerbezogenen Berufsaufgaben und einem hohen Maß an Kontrollausübung sowie an Über- und Unterstellungen. Hierdurch wird ein Klima der Geschlossenheit und Einengung des beruflichen Handelns erzeugt, daß zu vielen Konflikten und Spannungen sowohl unter den Mit-

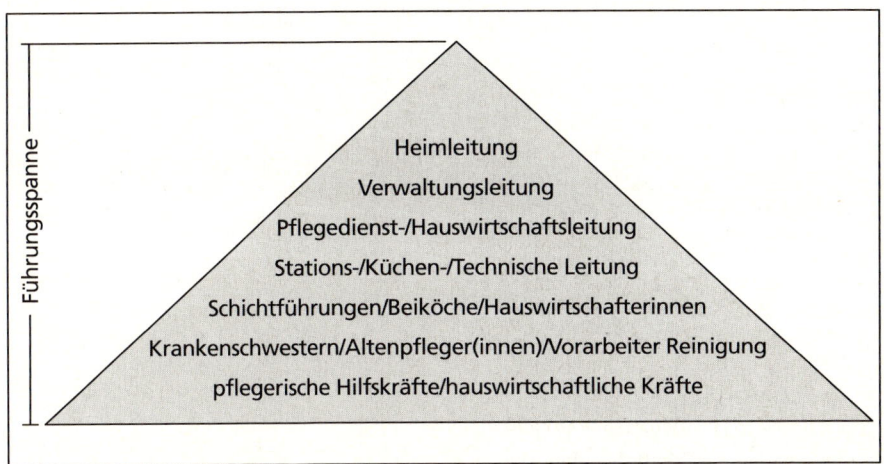

Abb. 2: Das klassische Hierarchiemodell direktiv geführter Altenheime

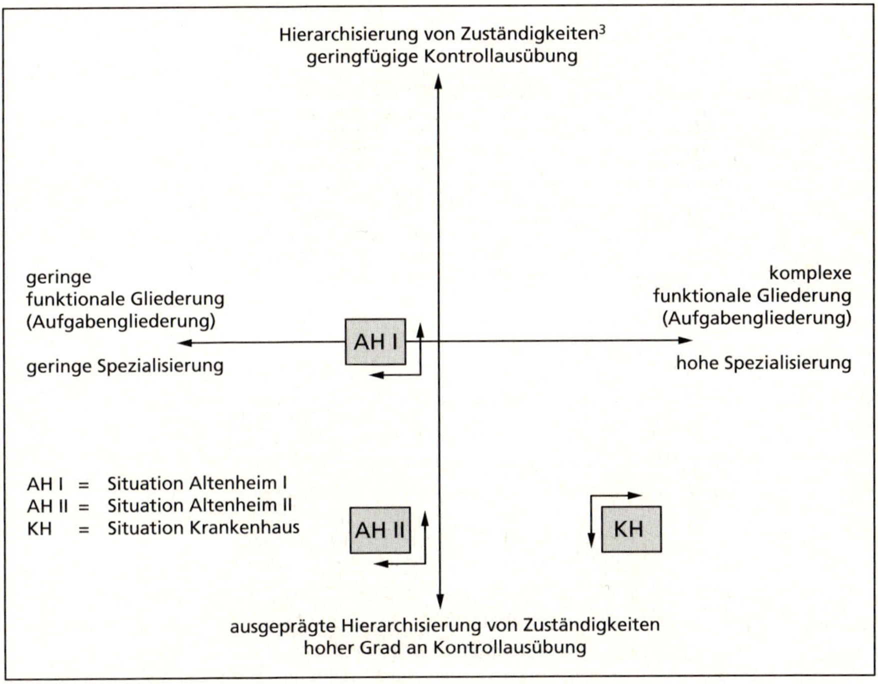

Abb. 3: Die Einschätzung des Ausmaßes von Verhaltensfestlegung in Abhängigkeit von funktionaler Gliederung und Hierarchie[3]

[3] Zugebilligte Verfügungsgewalt des Mitarbeiters über seine Fähigkeiten, Fertigkeiten und über die Fähigkeiten und Fertigkeiten seiner Untergebenen.

arbeitern als auch unter den Heimbewohnern führt.

Um nun diese Erkenntnisse zu verdeutlichen, ist es hilfreich, die Ebenen der Horizontal- und Vertikalgliederung gegeneinander aufzutragen. Es ergibt sich als abhängige Größe das Ausmaß an äußerer Fremdkontrolle und -planung des beruflichen Handelns. Je ausgeprägter diese Größe ist, desto geringer ist der Spielraum für Eigenzielsetzungen (Motivation) der Mitarbeiter, für die Begegnung zwischen Mitarbeiter und Bewohner und für die Respektierung der Privatsphäre im Altenheim. Je ausgeprägter also der Anspruch auf formale Verhaltenskontrolle vorgetragen wird, desto weniger können individuelle Bedürfnisse des älteren Menschen befriedigt werden. Ziel unserer Bemühungen kann daher nur sein, Mitbestimmung und Zusammenarbeit aller Beteiligten als gleichwertige Partner zu ermöglichen. Das Ausmaß an formaler Fremdbestimmung des Verhaltens im Altenheim läßt sich nun am besten im Vergleich zu einer anderen Einrichtung einschätzen, die auf gleichartige geschichtliche Entwicklungsmuster zurückgreifen kann, das Krankenhaus:

Aus der Abb. 3 auf S. 9 geht hervor, daß die vergleichsweise vielschichtigere Organisationsstruktur des Krankenhauses (KH) zwangsläufig ein hohes Maß an hierarchischen Über- und Unterstellungen nach sich zieht. Betrachten wir die entsprechenden Bezugsebenen, so wird deutlich, daß sich hier das Ausmaß von Spezialisierung und Professionalisierung mit dem Ausmaß von Befugnissen deckt. „Rigorosität der Unterordnungsverhältnisse ist mithin funktionsnotwendige Eigenschaft der Krankenhausstruktur." [3] Betrachten wir demgegenüber die Situation des Altenheimes II (AH II), so stellen wir rasch fest, daß hier offensichtlich ein relativ geringes Ausmaß an unterscheidbarer Aufgabengliederung dennoch einen hohen Grad an Kontrollausübung hervorbringt. AH II kann mithin als die typische, weil weithin verbreitete Form der Organisation von Altenhilfeeinrichtungen bezeichnet werden. Wie kommt es nun aber zu einer solchen scheinbar ungerechtfertigten Hierarchisierung des Altenheimes? Die heute durch Ausbildungsordnungen, Status, Prestige und Anforderungsqualifikationen unterschiedenen Berufsfelder „Altenpflege" und „Krankenpflege" haben denselben historischen Ursprung. Je nach Bezugsgruppe und deren angenommenen Bedürfnissen jedoch haben sich unterschiedliche Arbeitsschwerpunkte und Qualifikationsstrukturen herausgebildet. Statt jedoch ihre spezifische Aufgabenstellung als berufliche Identitätsgrundlage anzuerkennen, orientiert sich die Altenpflege zunehmend an den Normen und Wertvorstellungen der Krankenpflege. Die Arbeit in Alten- und Pflegeheimen wird vom dort beschäftigten qualifizierten Personal im Vergleich zur Tätigkeit im Krankenhaus als zweitklassig und minderwertig empfunden; dies zeigt deutlich, wie sehr der Altenpflege ein inhaltliches Berufsverständnis fehlt. Die Orientierung erfolgt daher ausschließlich an äußeren beruflichen Rahmenbedingungen wie z. B. der gesellschaftlichen Anerkennung (Sozialprestige). Die zukünftig zu erwartende Zunahme der Pflegeintensität im Bereich der stationären Altenhilfe fordert nun aber auch hier ein erhöhtes Maß an Fachlichkeit und damit an beruflicher Spezialisierung. Hier sehen nahezu alle Beteiligten die „historische Chance", endlich eine positionale

Gleichstellung mit dem Krankenhaus zu erreichen. Schon jetzt kann man eine deutliche Tendenz hin zu einer medizinisch-technischen und, daraus resultierend, zu einer administrativen Überlastung des altenpflegerischen Berufsfeldes verspüren. Nicht wenige Stimmen fordern einheitliche basale Ausbildungsgänge für Medizinalfachberufe. [4]

Damit würde es jedoch zu einer weiteren Abwendung von dem im Heimbereich angestrebten Prinzip der partnerschaftlichen Zusammenarbeit mit dem einzelnen Bewohner kommen. Es gilt folglich nun, den Nachweis zu erbringen, daß die stationäre Altenhilfe und die stationäre Krankenpflege völlig verschiedene Organisationsziele und damit völlig verschiedene Aufgaben vertreten, die sich nur da einander annähern, wo es um die Wahrnehmung von Tätigkeiten der Grund- und Behandlungspflege geht. Der „schöne Schein" einer Gleichartigkeit von Alten- und Krankenpflege in der Zukunft soll hier nachhaltig zerstört werden.

Vergleicht man nun das Ziel-Zweck-Schema eines Altenheims als eine ganzheitlich auf den Bewohner bezogene Organisation mit dem des Krankenhauses im herkömmlichen Sinne [5], so fällt unmittelbar das Fehlen wesentlicher Merkmale der medizinisch-apparativen Zuständigkeit im Altenheimbereich auf. Hier gibt es keine diagnostischen Funktionsabläufe (Diagnosen werden extern vom Hausarzt erstellt), allenfalls dürfen qualifizierte Mitglieder des Personalkörpers therapeutische Handlungen vornehmen. Eine Aufgabenteilung nach diagnostizierten Krankheitsmerkmalen (z. B. Innere Abteilung, Chirurgie, Gynäkologie) fehlt gegenüber dem Krankenhaus gleichfalls völlig; die Trennung von Altenheim-, Pflege- und Schwerstpflegebereich ist in diesem Zusammenhang als rein baulich-technische Maßnahme zu bewerten, die in vielen Seniorenheimen bereits gänzlich aufgehoben ist. Andererseits fehlen dem Krankenhaus alle Merkmale einer Einbeziehung der persönlichen Lebenssituationen des Patienten.

	Altenheim	Krankenhaus
Ziel	Schaffung eines erträglichen Lebensraumes	Erzielung eines möglichst nachhaltigen Heilerfolges
Aufgaben	– Linderung chronischer Krankheitssymptome – Grundpflege Kontinuität der Lebenssituation Eigenverantwortliche Lebensführung	Diagnose Therapie (Behandlungspflege) Isolierung als spezialisierte Therapie Grundpflege – –

Die Schaffung eines erträglichen Lebensraumes ist unmittelbar abhängig von einer relativ langfristigen zeitlichen Einwirkung und gestaltet sich überdies aus dem Eingeständnis des Nicht-Heilen-Könnens. Folglich bedarf es dann keiner hochverfeinerten Spezialisierung der Arbeitsabläufe. Für die Aufgabengliederung des organisatorischen Gefüges „Altenheim" bedeutet dies, daß im Vergleich zur Krankenpflege weit weniger Prozesse der Arbeitsteilung notwendig sind; was jedoch nicht besagt, daß auch weit weniger berufliche Kompetenz[4] und Professionalität verlangt ist. Damit ist das Problem beschrieben, ohne eine zusätzliche Ausbildung von Hierarchien und Kontrollfunktionen dennoch eine motivierende Anreicherung (Professionalisierung) des Berufsfeldes der Altenpflege zu erreichen. Die Lösung liegt in der Ermöglichung, Arbeitsschwerpunkte selbst festzulegen, an Entscheidungsprozessen teilzuhaben und Kontrollfunktionen selbst zu übernehmen (Arbeitsbereicherung = job enrichment). Die entsprechenden Managementfunktionen des Altenheims heißen: Management by delegation, management by objectives (vgl. das Kapitel: Motivierte Pflegetätigkeit). Wenn also ein geringeres Ausmaß an Sonderfunktionen im Altenheimbereich ausreichend ist, so dürfte im Sinne der gegenseitigen Abhängigkeit auch das Ausmaß von Über- und Unterstellung und Kontrolle nur gering sein. Im Bereich AH II ist dies nicht der Fall; hier wird eine sinnentleerte hohle Autoritätshierarchie dem Organisationsgebilde Altenheim aufgezwungen, an deren Zwängen der eigentliche Handlungszweck zugrundegeht. Die angemessene Form der Anordnung des Beziehungsnetzes zwischen den handelnden Personen in der Institution wäre AH I. Graduelle Unterschiede zur Beurteilung der Heimsituation mögen zwar noch durch die Größe der jeweiligen Einrichtung gegeben sein [6], jedoch ändert diese Variable nichts Grundsätzliches an der Aufgabenverteilung; lediglich der quantitative Umfang der Horizontalgliederung nimmt zu.

Ruth Bennett (1963) unterscheidet in ihrer Analyse von sozialen Organisationen zwei wesentliche Handlungsträger: The „staff system" and the „resident system". [7] Die Totalität[5] oder Einheitlichkeit des sozialen Erscheinungsbildes, die nun im folgenden als Beziehungs-Merkmal untersucht werden soll, hängt aber nun auch weitgehend davon ab, wie es den Mitgliedern des beruflich orientierten „staff-systems" gelingt, unter der Voraussetzung, daß ihnen überhaupt ein Entscheidungsspielraum gegeben ist, die Mitglieder des abhängigen „resident-systems" zum Mittelpunkt ihres Handelns werden zu lassen.

Gemeint ist damit auch, inwieweit die Heimbewohner mit ihren spezifischen Bedürfnissen berufliche und damit organisatorische Entscheidungsprozesse mit beeinflussen können, über den üblichen Entwurf hinaus, Objekte von beruflichen Handlungen zu sein. So

---

[4] Die zu einer bestimmten Tätigkeitsausübung erforderlichen Fähigkeiten, Fertigkeiten aber auch die notwendigen Befugnisse, diese in einer festgelegten Ordnung in den Organisationszusammenhang einbringen zu dürfen.
[5] Grad der Ausprägung, mit dem der menschliche Umgang und die Beziehungen in einer Einrichtung durch Regeln und Normen bestimmt sind.

erstaunt es auch kaum, wenn fast in der gesamten Literatur zur Organisationsproblematik der Gesundheitseinrichtungen der Patient oder Bewohner nicht als beruflicher Handlungspartner des Mitarbeiters, sondern als Angehöriger einer diesen Erfordernissen feindlich gesonnenen Geheimkaste betrachtet wird. „The staff system and the resident system function alongside the other much in the manner of castes." [8] Befunde hierzu finden sich auch in der Studie von Schmitz-Scherzer u. a. (1978), aus der hervorgeht, daß in Alten- und Pflegeheimen vom Personal Altersvorurteile unserer Gesellschaft übernommen werden, die jeglicher beruflichen Ausbildung zuwiderlaufen. In diesen Einschätzungen und Einstellungen werden ältere Menschen pauschal als inaktiv und an Veränderungen uninteressiert charakterisiert. [9] Hier zeigt sich deutlich, wie wenig doch von den Bedürfnissen älterer Menschen gewußt wird und wie wenig „Offenheit" gegenüber der tatsächlichen Lebenssituation der älteren Menschen besteht. Dieses menschlich beziehungslose Nebeneinander von Heimbewohnern und Personalmitgliedern in ein- und derselben Einrichtung bezeichnet Goffmann (1981) als die typische Erscheinungsform eines „sozialen Zwitters". Neben einer Lebens- und Wohngemeinschaft bilde sich in einem solchen „Zwitter" auch ein komplexes formales Verwaltungssystem. Je stärker nun der Lebensbereich von den Auswirkungen der Verwaltung überlagert werde, desto totaler gerate der soziale Charakter der Institution. Das zentrale Merkmal totaler Institutionen oder formaler Organisationen[6] bestehe darin, daß der an verschiedene Örtlichkeiten gebundene normale Lebensvollzug (z. B. Arbeiten, Wohnen, Erholen) in die ritualisierten Zwänge einer verwaltenden Zuständigkeit eingebunden sei:

▷ Alle Angelegenheiten des Lebens finden an ein- und derselben Stelle, unter ein- und derselben Autorität statt
▷ Die Mitglieder der Institution führen alle Phasen ihrer täglichen Aktivitäten in unmittelbarer Gesellschaft einer großen Gruppe von Schicksalsgenossen aus, wobei allen die gleiche Behandlung zuteil wird
▷ Alle Phasen des Arbeitsverlaufes sind exakt geplant, wobei diese Abfolge der Aktivitäten von oben durch ein System von Verhaltensregeln und durch einen Stab von Funktionären vorgeschrieben wird
▷ Die verschiedenen erzwungenen Tätigkeiten werden in einem einzigen rationalen Plan vereinigt, der angeblich dazu dient, die offiziellen Ziele der Institution zu erreichen. Tatsächlich hat er aber die Funktion, die menschlichen Bedürfnisse einer großen Gruppe nach quasi-

---

[6] Eigentlich sind zwar die Bezeichnungen „total" und „formal" gleichsinnig als jeweiliger Ausdruck so verschiedener, aber doch aufeinander bezogener Dimensionen wie des psychosozialen Klimas einerseits und der bürokratischen Durchgliederung andererseits zu verstehen, jedoch lassen sich die Begriffe „Institution" und „Organisation" nur teilweise zur Deckung bringen. Während die Institution auch die Form der Ausgliederung gesellschaftlicher Prozesse zum Zwecke der Spezialisierung und Professionalisierung von Handlungsweisen sowie deren ökologische und bauliche Repräsentation umfaßt, ist die Organisation mehr als ein zweckrationales Geschehen innerhalb von Institutionen zu verstehen, daß die Einhaltung der Ziele und Zwecke der Institutionalisierung einerseits und andererseits die größtmögliche ökonomische Effizienz bei der Aufgabenabwicklung garantiert.

bürokratischen Prinzipien zu kontrollieren

Die Handhabung einer ganzen Reihe von menschlichen Bedürfnissen durch die bürokratische Organisation ist somit ein zweites zentrales Merkmal totaler Institutionen. Typisch in diesem Zusammenhang ist, daß der Bewohner von den Entscheidungen, die sein Geschick betreffen, keine oder nur unzulänglich Kenntnis erhält. Es entwickeln sich somit in solchen festgefügten Ordnungen entlang der Bewohner- und Mitarbeitergruppen zwei voneinander geschiedene soziale Welten, die sich kaum gegenseitig durchdringen. Kontakte und Berührungen erfolgen nur als Ritus oder Zeremonie. Zu solchen festgefügten Verhaltensweisen zählen die morgendliche Begrüßung durch die Oberschwester, die Arztvisite, Feste und Feiern, die Bastelstunde, Vorgänge der Körperpflege. Es versteht sich von selbst: je rigider solche Verhaltensnormen Gültigkeit haben, desto vielfältiger und üppiger entwickelt sich ein Verhalten – und zwar auf beiden Seiten der Organisationsmitglieder –, das die Umgehung der bestehenden Vorschriften anstrebt unter Wahrung des äußeren Scheines. Das System solcher informellen Beziehungen bezeichnet Goffmann als „underlife"; es zielt ab auf die Schaffung persönlicher Freiräume. [10]

Es muß angemerkt werden, daß Goffmann nur die Konsequenzen der Verhaltensfestlegung älterer Menschen im Altenheim beschreibt. Faktoren der Verhaltensregulation, die solche Anpassungszwänge bewirken, werden nicht benannt.

Anders formuliert heißt dies, daß eine formale Organisation nicht ausreichend beschreibbar ist ohne Kenntnis der Wirkungsfaktoren, die die Intensität und die Art und Weise der beruflichen und privaten Beziehungen zwischen Menschen in Institutionen festlegen.

Pincus (1966) umschreibt diese Zwänge des institutionalen Umfeldes (institutional environment) als hervorgerufen durch das psychosoziale Milieu, in dem die Bewohner leben, ausgedrückt und/oder erzeugt von a) physikalischen Aspekten der Einrichtung, wie Design, Örtlichkeit, Möblierung und Ausstattung, b) Vorschriften, Regeln und Programmen des Tagesablaufs und c) dem Verhaltenszusammenhang zwischen Mitarbeitern und Bewohnern. Diese Aspekte des institutionalen Umfeldes wiederum ließen sich jeweils in vier Dimensionen beschreiben:

▷ öffentlich/privat
Grad der Möglichkeit für den Heimbewohner, einen persönlichen Bereich vom öffentlichen Leben in einer Einrichtung abzugrenzen

▷ reguliert/unreguliert
Grad des äußeren Zwanges für den Heimbewohner, sein Leben nach aufgebürdeten Regeln und Vorschriften gestalten zu müssen unter Vorwegnahme eigener Entscheidungen und Initiativen

▷ sparsame Ausstattung/vielfältige Ausstattung
Grad der Möglichkeit für den Heimbewohner, als gleichberechtigtes Mitglied der Organisation an der sozialen Interaktion mit Personal und anderen Heimbewohnern teilhaben und sich für Aufgaben und Hobbys einsetzen zu können

▷ isoliert/integriert
Grad der Öffnung der Einrichtung hin zum gegenseitigen Austausch

mit anderen Gruppen und Einrichtungen des lokalen Bezugsraumes [11]

Ruth Bennett (1963) untergliedert diesen Ansatz von Pincus weiter in organisatorische Merkmale, die den Freiheitsraum des einzelnen einengen:
▷ geplante Unterbringungsdauer
▷ Außenbezug der Aktivitäten (Einbeziehung der Öffentlichkeit)
▷ Vorgabe der Aktivitäten
▷ direkte oder indirekte Vermittlung von Verhaltensregeln
▷ Anweisungen zur Kontrolle des Bewohnerverhaltens
▷ Art des angewendeten Sanktionssystems[7]
▷ Art der Mitwirkung des Personals
▷ eigene Entscheidungsmöglichkeiten
▷ Freiwilligkeit des Eintritts
▷ Wohnmuster

In ihrer abschließenden Beurteilung schätzt sie die Ursachen für das Entstehen eines totalen Heimumfeldes wie folgt ein: Ordnung und Gleichförmigkeit würden hervorgebracht durch ein System von Autorität, das eine Reihe von sozialen Kontrollprozessen beinhalte. In totalen Institutionen spiegele die grundsätzliche Einstellung zum Gebrauch einer disziplinierenden Ordnung eine verkürzende Auffassung von der menschlichen Natur wieder. [12]

Jaco (1979) kritisiert an den Beschreibungskriterien der sozialen Gegebenheiten von Organisationen insbesondere, daß der Aspekt der baulichen und technischen Ausstattung nur neben weiteren erwähnt werde und daß seine Auswirkung auf die sozialen Beziehungen nicht hinreichend geklärt erscheine. In einer aufsehenerregenden Studie weist er nach, daß in Gesundheitsorganisationen das beruflich orientierte Verhalten direkt von der räumlichen Anordnung abhängt, ja sogar die Häufigkeit und die Qualität des Personal-Patienten-Kontaktes direkt von dieser Größe abhängig sind. Damit ist ausgesagt, daß auch ein Altenheim als ein spezielles ökologisches[8] Umfeld zu betrachten ist, das in seiner Ausprägung und Beschaffenheit unmittelbar verantwortlich ist für das entstehende psycho-soziale Milieu. Insoweit darf der ökologische Aspekt nicht nur als mit der Organisationsstruktur eng verflochten angesehen werden, sondern stellt sich darüber hinaus als eine analytisch trennbare, eigene Dimension dar. Jaco vollzieht daher eine Unterscheidung zwischen „social-" und „physical environment" und gewinnt dadurch eine neue und entscheidende Beziehungsdimension, die er je nach Erkenntnisabsicht in eine Makro- bzw. Mikroperspektive unterteilt. [13]

Zu den ökologischen Makrobedingungen zählt man die Lage des Altenheims (zentrale und periphere Wohnlage), die Behindertenfreundlichkeit seiner Bauweise sowie des zum Altenheim führenden Transportsystems und schließlich die Wohnortgröße sowie die Stadt-/Landrelation. Ökologische Mikrobedingungen finden sich in der Wohnform (Altenwohnung, Altenheim, Pflegeheim), in der Existenz von privatem Lebensraum, in der Ausstat-

---

[7] Belohnungs- und Bestrafungsmöglichkeiten, die zur Einhaltung der an die Ausübung bestimmter Rollen geknüpften Verhaltenserwartungen unerläßlich sind.
[8] Der ökologische Aspekt bezeichnet die Verflochtenheit von baulich-technischer Ausstattung mit den Verhaltensweisen von Menschen, die mit solchen Vorgaben leben müssen.

tung der Zimmer, im Arrangement der Möblierung, im Stimulationsgrad der Gemeinschaftsräume, in der Farbgebung der Verkehrsflächen, in dem Vorhandensein von Hobby-, Sport- und Gemeinschaftsräumen sowie in der Gliederung und Ausstattung der Funktionsräume und sanitären Anlagen; auch die Zahl und Qualität der vorhandenen prothetischen Hilfsmittel spielen eine wesentliche Rolle. [14] Eine Einschränkung der vielfältigen ökologischen Erfordernisse führt auch in der Annahme von Knobling (1983) dazu, daß der Heimbewohner im Umgang mit dem Personal versucht, solche empfundenen Mangelzustände auszugleichen. Weist das Personal derartige Erwartungen zurück, werden konfliktreiche Auseinandersetzungen wahrscheinlich.

Auf der anderen Seite beeinflussen die baulichen Gegebenheiten eines Heimes, etwa das Vorhandensein von Funktionsräumen und Refugien für das Personal, neben dem Ausmaß und der Qualität von technischer Ausstattung die Möglichkeiten des Pflegepersonals zu qualifizierter Arbeit und steuern den dabei empfundenen Belastungsgrad. [15]

Wir sehen also, daß der Grad der Fremdbestimmung des Verhaltens von Mitarbeitern und Heimbewohnern nicht ausschließlich durch die Anwendung bürokratischer Verhaltensregelungen erklärbar ist, sondern vielmehr auch abhängig erscheint von wesentlichen, planerischen Vorbedingungen ökologischer Art, die schon vor der baulichen Errichtung abgeklärt sind. Dadurch wird auf einen weiteren Aspekt der Organisationsanalyse verwiesen: Der gesellschaftliche Bezug einer solchen sozialen Formation. Rohde (1974) sieht die wesentlichen Erfordernisse einer sozialen Organisation in der Vereinbarung ihrer unbedingten Normen (und damit des sozialen Gefüges) mit dem allgemeinen kulturellen Wertsystem der Gesellschaft, mit den Normen anderer spezialisierter Organisationen, die wiederum besondere Aufgaben zuweisen, und natürlich mit den Interessen und Bedürfnissen der handelnden Individuen innerhalb eines solchen Systems. Folglich unterscheidet er das gesamtkulturelle von dem interinstitutionellen und dem individuellen Funktionserfordernis einer Organisation. [16]

Das Ergebnis des sozialen Klimas einer Einrichtung ist folglich zu sehen in der Überschneidung dreier unterschiedlicher Entscheidungsträger: Der Öffentlichkeit als Instanz sozialpolitischer Entscheidungsprozesse, der Beruflichkeit als Instanz der Vermittlung und Zuweisung fachgerechten Handelns und der Persönlichkeit als Instanz individueller Bedürfnisse. Auffallend ist dabei die relative Nachrangigkeit des individuellen Funktionserfordernisses, das außerhalb des im vorhinein entschiedenen Handlungsrahmens kaum konfliktfrei gestaltet werden kann. Letztlich geht es also bei der Organisationsanalyse immer auch um die Aufdeckung solcher gewonnener, gesellschaftlich vereinbarter Bedürfnisannahmen, die mehr oder minder in ihrer generalisierenden Form mit den tatsächlichen Bedürfnissen der in der Organisation miteinander umgehenden Personen übereinstimmen. Rohde (1974) spricht in diesem Zusammenhang von unterschiedlichen Wert- und Zielorientierungen, die jedoch im Zusammenhang organisatorischer Planung zu normgerechter Teilhabe und Handlung gebracht werden müßten, was wiederum eine Kontrolle über störendes Verhalten beinhalte. Solche der Selbsterhaltung der Organisation dienenden Anpassungszwänge seien entweder sachverantwortlich gesteuert, oder aber bedienten sich der Ausübung sozialer Kontrollgewalt. [17] Totalität der Heimsituation als das Ergebnis von fremdbestimmter Lebensweise kann folglich jetzt auch definiert werden als ein Maß von notwendigem äußeren Druck, um zu einer Überdeckung der Instanzen „Öffentlichkeit", „Beruflichkeit" und „Persönlichkeit" innerhalb des Organisationsrahmens zu gelangen. Dieser Druck wird ausgeübt durch Formalvorschriften.

Formalität ist also das wesentliche verhaltensbestimmte Merkmal zur Beschreibung sozialer Organisationen und bestimmt ihr berufliches und privates Innenleben. [18]

Wie die Angehörigen der Mitarbeiterschaft und der Bewohnerschaft miteinander umgehen, wird wie bereits beschrieben in ganz besonderer Weise bestimmt von ökologischen Voraussetzungen, die wiederum das Ergebnis von gesellschaftlichen Sichtweisen des Alterns sind. Die vorherrschende Meinung hinsichtlich der Nützlichkeit von Altenhilfeeinrichtungen zielt in unserer Bevölkerung nach wie vor auf die Versorgung von hilfebedürftigen Senioren ab. Im Vordergrund stehen dabei ökonomische Aspekte: Der berufliche Handlungsplan will mit möglichst niedrigem personellen und zeitlichen Aufwand möglichst viele Bewohner versorgen. Versorgung ist dabei gerichtet auf die Bereiche:
▷ Speisenzubereitung und Einnahme
▷ Grundpflege und Körperhygiene
▷ Reinigung von Wohnräumen und Verkehrsflächen
▷ Wäschereinigung und -bereitstellung

Diese beruflichen Handlungen zielen stets auf die Gleichartigkeit der zu Versorgenden ab und fassen deren angenommene Bedürfnisse zu großen, zeitlich und personell beherrschbaren Allgemeinannahmen zusammen (Generalisierung). Berücksichtigt werden also nur solche Anliegen des älteren Menschen, die auch Anliegen aller anderen Heimbewohner sein könnten. Ergebnis einer solchen verkürzenden Sichtweise sind bauliche Strukturen und Versorgungswege, die auf Gleichartigkeit und Allgemeingültigkeit abzielen. Hierzu gehören:
▷ lineare Anordnung von Räumen und Pflegezimmern
▷ Zusammenfassung von Versorgungsleistungen in großen Einheiten (Speisesaal, Aufenthaltsräume, Festsaal)
▷ Gleichförmigkeit von Raumgrundrissen
▷ Gleichförmigkeit von räumlicher Ausstattung
▷ direkte, möglichst kurze Versorgungswege (Störung des Wohncharakters durch benachbarte Funktionsräume, wie Bäder, Fäkalienräume, Müllräume)
▷ Betonung der baulichen Eigenständigkeit der Altenhilfeeinrichtung
▷ Ausblendung aus den Verkehrsbeziehungen mit der baulichen Nachbarschaft

Solche ökologischen Vorgaben zielen organisatorisch ab auf die reibungslose Eingliederung des versorgungsabhängigen Heimbewohners. Seine Meinung, seine bisherigen Lebensweisen und Gewohnheiten sind nicht gefragt. So ensteht ein Zusammenhang zwischen aktiven, sachkundigen, mit Allgewalt ausgestatteten Mitgliedern des Personalkörpers und passiven, hilfsbedürftigen und unmündigen alten Menschen dergestalt, daß die ersteren zum vermeintlichen Wohle der letzteren deren Leben bestimmen. Dadurch wird der Heimbewohner zu einem Urteilsobjekt, von dem man alles zu wissen glaubt, aber dessen persönliche Wünsche, Vorstellungen, Ideen und Lebenseinstellung überwiegend verborgen bleiben, weil sie das planerische Handeln nur stören würden. Diese organisatorische Verdrängung der Persönlichkeit der Bewohner führt schließlich zu Umgangsritualen, die allumfassende Verhaltensreglements beinhalten (Totalität der Heimsituation):

▷ der Bewohner kann den Tagesablauf nicht seiner persönlichen Lebensweise anpassen
▷ der Bewohner kann seinen Wohnraum nicht individuell gestalten
▷ der Bewohner kann sich wegen der Öffentlichkeit seiner Versorgung, alle Aktivitäten finden in Gemeinschaft statt, nicht zurückziehen
▷ der pflegebedürftige Bewohner wird darüber hinaus nahezu lückenlos rund um die Uhr kontrolliert
▷ Eigeninitiativen des Heimbewohners sind unerwünscht
▷ der Heimbewohner hat sich einer allumfassenden Gemeinschaftsordnung zu unterwerfen
▷ die Aktivitäten des Heimbewohners sind überwiegend fremdbestimmt, nicht er bestimmt, wann er zum Essen geht, wie er den Nachmittag verbringt etc.
▷ der Heimbewohner wird durch die Ausbildung des Schonraums „Altenheim" von den sozialen Bezügen nach „draußen" isoliert

Je nach Beschaffenheit der unterschiedlichen Einrichtungen der geschlossenen Altenhilfe sind die eben aufgezählten Merkmale mehr oder minder stark ausgeprägt; völlig zum Verschwinden bringt man sie niemals. Die Beharrungstendenz der eigenen Persönlichkeit zwingt aber nun den Heimbewohner, entweder offen durch Aggressionen und Auflehnung sich Freiräume, oder aber verdeckt durch Überanpassung sich Vorteile und Vergünstigungen zu verschaffen; auch die heimliche Umgehung von Geboten und Verboten dient diesem Zweck. Eine Fülle von Konflikten, Rebereien und Verweigerungen in Hinblick auf die Übernahme der Bewohner- oder Patientenrolle sind die Folge. Da geht es um die ständige Kritik am Essen, die als Ausdruck der Forderung nach individueller Betreuung verstanden werden muß, oder aber die Pflegeräume werden zum Ärgernis des Personals mit Fäkalien verschmiert, wobei es um die Durchsetzung des persönlichen Bestimmungsanspruchs des Heimbewohners geht, der sich gegen das zeitgleiche „Abtopfen" aller zur Wehr setzt. All dieses Aufbegehren verlangt zwingend nach einer persönlichen Verständigung zwischen Mitarbeiter- und Bewohnerschaft im Heimbereich. Jedoch werden solche individuellen Regelungen wiederum verhindert durch die dem Heimbereich eigentümliche, ausgeprägte Über- und Unterstellungsstruktur mit ihrem hohem Ausmaß an persönlicher Kontrolle jedes Mitarbeiters in Hinblick auf die Einhaltung der vorgegebenen Arbeits- und Dienstpläne. Wir sehen also, daß eine persönlichere Umgangsform mit Heimbewohnern erst dann sich vollziehen kann, wenn

▷ das Mitbestimmungsrecht von Mitarbeitern und Heimbewohnern an allgemeinverbindlichen Entscheidungen eingeführt wird (partizipative Teilhabe)

▷ die baulichen und technischen Vorgaben auch persönliche Lebensweisen der Bewohner gestatten
▷ das hohe Ausmaß an Über- und Unterstellungen und Fremdkontrolle im Personalbereich zugunsten von Maßnahmen der Eigenkontrolle und der Bereicherung des Arbeitsfeldes gesenkt wird
▷ der Versorgungscharakter der Altenheime zugunsten eines auf persönliche Fördermöglichkeiten des Heimbewohners abgestellten Betreuungskonzepts aufgegeben wird.

3. Formen beruflicher Beziehungen

3.1 Autoritäts- und Kommunikationsformen

Im folgenden wird der Versuch unternommen, den traditionellen Aufbau der sozialen Organisation „Altenheim" unter dem Gesichtspunkt einer soziologischen Systemanalyse bürokratischer Herrschaft zu beschreiben (siehe hierzu auch Abb. 4 auf S. 20). Anschließend sollen aber auch in diesem soziologischen Bezugsrahmen Weberscher (1958) Prägung Formen der Abwehr solcher Verhaltenszwänge nachgewiesen werden. Der Begriff Formalisierung drückt aus, wie stark alle beruflichen Tätigkeiten in einer sozialen Organisation von festgelegten Regeln bestimmt sind. Formalisierung umfaßt aber per Definition lediglich ein Instrumentarium ausdrücklich erklärter Verhaltensanweisungen (dienstliche Anweisungen, Stellenbeschreibungen, Heimvertragsnormen, Heimordnungen) für das Personal und die Heimbewohner. Das hiervon abhängige soziale Klima wird mit der Größe der Totalität oder dem Ausmaß von Verhaltenskontrolle in den sozialen Beziehungen erfaßt.

Aus der systemorientierten Darstellung eines allgemeinen Organisationszusammenhangs folgt, daß

▷ jede Organisation einen nach bürokratischen Merkmalen ausgerichteten Zweckverband darstellt
▷ die Formalität einer Organisation abhängig ist von der Möglichkeit, Arbeitsvorgänge wiederholbar, dauerhaft und generell zu regeln
▷ alle Tätigkeiten in einer Organisation, die regelbar sind, einer allgemeinen Bürokratisierung, das heißt Verwaltung, unterliegen

Wenn man nun als ursächlich für die Fremdbestimmung der alten Menschen und Mitarbeiter der Altenhilfeeinrichtungen die bürokratische Planung und Verwaltung annimmt, so deutet dieser Zusammenhang auf die Möglichkeit des Abbaus von Überorganisation hin, die im Alten- und Pflegeheim aus einer Annäherung an die Abläufe in Kliniken resultiert. Grundsätzlich geht es dabei noch einmal um den Nachweis, daß der stationäre Bereich der Altenpflege funktional weniger gegliedert ist und daher formal weniger verwaltet werden braucht als der Fachbereich der Krankenpflege. Als Verständnisgrundlage benötigen wir hierzu zunächst ein Modell, das die Beziehungen zwischen den Personen und Personengruppen in einer Organisation aufzeigt (Abb. 5).

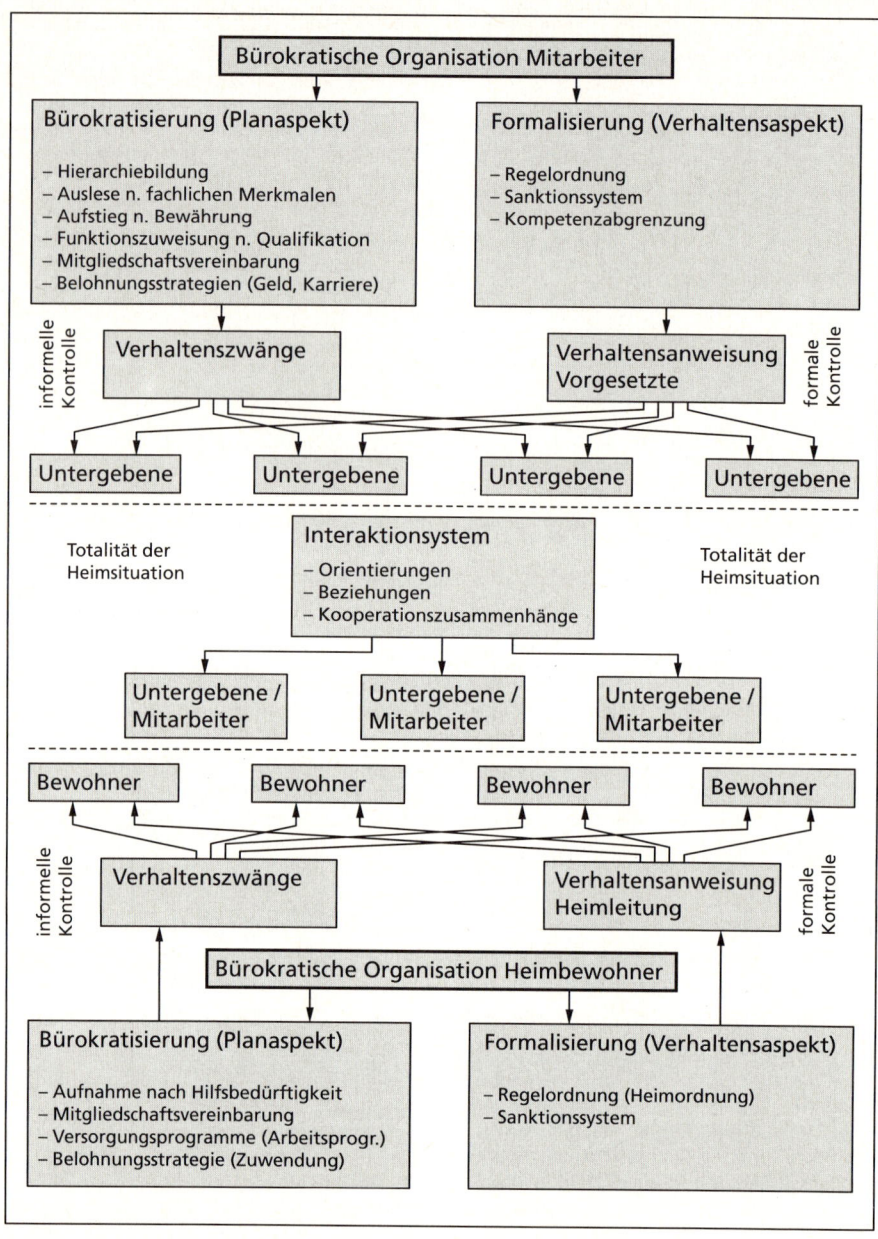

Abb. 4: Aufbau und Funktionsweise einer bürokratischen Organisation

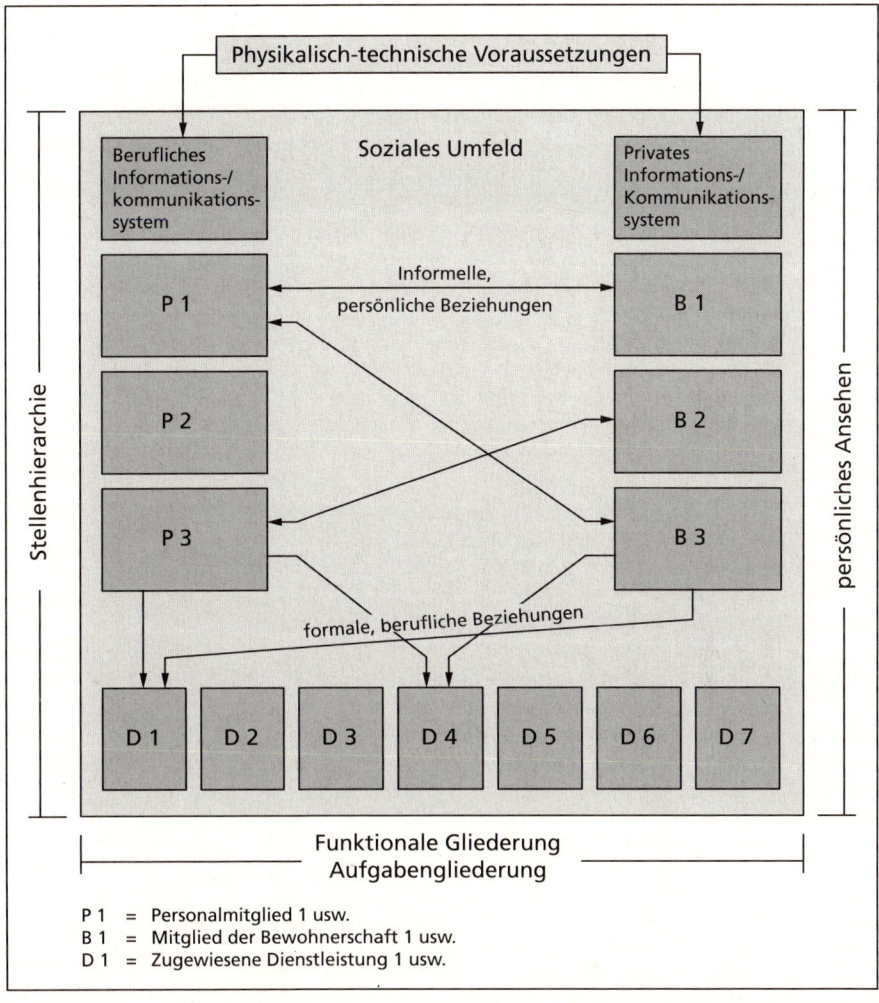

Abb. 5: Funktionale und hierarchische Einflüsse auf das Interaktionsgeschehen im Altenheim

Aus dem Modell läßt sich nun leicht ableiten: Je spezialisierter die Aufgabengliederung in einer Organisation, desto hierarchischer ihr Aufbau, desto geregelter verlaufen die privaten und beruflichen Beziehungen. Je vielschichtiger und enger folglich sich das berufliche Beziehungsgeflecht in einer hochgradig organisierten Einrichtung gestaltet, desto weniger bleibt Raum für die Erfüllung individueller Bedürfnisse von Bewohnern und Personalmitgliedern, weil nahezu das gesamte Denken auf beiden Seiten in der Einhaltung von Normen und Regeln befangen ist. Um nun die Überorganisation des Altenheimbereichs auf ein vernünftiges Maß an Planung und Kontrolle zurückzuschrauben, besinnen wir uns zurück auf die ursprüngliche Aufgabenstellung.

Aus den vier als wesentlichen erkannten Zwecken des Krankenhauses „Diagnose", „Therapie", „Pflege" und „Isolierung des Patienten" ergeben sich deutlich zwei übergeordnete Funktionskreise, nämlich der medizinische und der pflegerische Funktionskreis. Obgleich beide ineinandergreifen, sind sie doch voneinander zu trennen, da sie auf unterschiedliche Berufsgruppen bezogen sind und darüber hinaus unterschiedliche Zielsetzungen verfolgen. Für den Bestand und die Arbeit in der Organisation Krankenhaus von vitaler Bedeutung ist jedoch der Verwaltungsbereich, wie bereits aufgezeigt; er ist allen anderen Bereichen hierarchisch übergeordnet. Der medizinische Funktionskreis vereinigt in sich die diagnostischen und therapeutischen Ziele der Anstalt und damit die entsprechenden Behandlungs- und Pflegeformen.

Auch der pflegerische Funktionskreis weist Nebeneinanderordnungen auf und kann infolgedessen nicht als gleichförmig betrachtet werden. Aus der Abhängigkeit von den medizinischen Aufgaben ergeben sich Abgrenzungen, die den Linien der Fachabteilungen und Stationen folgen. Darüber hinaus werden Spezialisierungen notwendig, die aus der Teilung der generellen pflegerischen Aufgaben erwachsen (Grundpflege, Behandlungspflege). Aus der bürokratischen Wesensart aller Organisationen folgert, daß der Kreis der Verwaltungsfunktionen im Krankenhaus das gesamte Sozial- und Berufsgefüge durchdringt. Der Zweck dieses Bereichs liegt fundamental in der Sorge um den Bestand und Fortbestand der gesamten Einrichtung. Dabei lassen sich vier Aufgabengruppen bilden:

▷ bürokratisch-personelle Aufgaben (Mitarbeitereinsatz, Gehaltsabwicklung etc.)
▷ bürokratisch-materielle Aufgaben (Haushaltsplanung, Kassenwesen, Datenerfassung etc.)
▷ betrieblich-personelle Aufgaben (Mitarbeiterauswahl, Beförderungssysteme etc.)
▷ betrieblich-materielle Aufgaben (Kontrolle der Organisationsentwicklung)

Eine solche Unterteilung unterstellt, daß es zwischen dem somit entstehenden verwaltungsspezifischen Aufgabengebiet und dem mehr auf die planende Durchgliederung der Arbeitsabläufe ausgerichteten betrieblichen Aufgabengebiet spürbare und möglicherweise spannungsträchtige Einstellungsunterschiede gibt. Während das Verwalten auf Gewinnmehrung und Erhaltung bestehender Strukturen abzielt, drängen das Planen und Kontrollieren der Effektivität von Arbeitshandlungen zur Rationalisierung, Einsparung und Veränderung bestehender Arbeitsabläufe (Innovation).

Einer solchen Nebeneinanderordnung von Arbeitsaufgaben (Funktionen) entspricht nun ein hierarchisch angeordnetes System untereinander klar abgegrenzter Autoritätsbereiche. Die Patienten als die eigentlichen Kernpunkte aller betrieblicher Handlungen sowohl in der horizontalen als auch in der vertikalen Organisationsebene gehen aber in das allgemeine Geschehen, dessen Ausgangs- und Zielpunkt sie sind, nur als Objekte verschiedener

Handreichungen ein. Sie sehen sich den drei Machtblöcken der medizinischen Behandlung, der pflegerischen Betreuung und der verwaltenden Erfassung, ohnmächtig ausgeliefert.

Aus der schematischen Darstellung der Abb. 6 auf S. 24 ergibt sich die Notwendigkeit, zusätzlich einen weiteren Aufgabenbereich von den bereits angesprochenen zu trennen. Es ist dies der allgemeine Versorgungs- und Servicebereich, der wiederum ganz im Dienst der pflegerischen Betreuung der Patienten steht und verantwortlich ist für die Sicherstellung der Speisenversorgung, der benötigten Arbeitsmittel, der technischen Abläufe und der Einhaltung der Hygienevorschriften. Die Dreiecksform einzelner Elemente des Organisationszusammenhangs soll andeuten, daß hier berufliche Positionen in eine autoritätsgebundene Über- und Unterstellung gebracht worden sind. Infolgedessen erhalten wir vier grobe Zuständigkeitsebenen, die jeweils der nächsthöheren untergeordnet sind. Insgesamt ergibt sich aus dem Betriebsziel einer möglichst raschen und nachhaltigen Heilung ein streng hierarchisch gegliedertes System von Zuständigkeiten, das in gewisser Weise den Behandlungsablauf im Krankenhaus von der Aufnahme bis zur Entlassung in eine Rang- und Wertordnung zwingt. [19]

Demgegenüber zeigt die Abb. 7 auf S. 25 eindeutig eine weniger stark gegliederte Aufgabenzuweisung, der in der vertikalen Organisation auch nur zwei Zuständigkeiten entsprechen. Offensichtlich fehlen dem Altenheim die medizinisch-diagnostischen Absichten, die hier von externen Hausärzten beziehungsweise Fachkliniken wahrgenommen werden. Gleichfalls sind bestimmte Verwaltungsfunktionen in die übergeordnete Trägerschaftsinstanz verlagert, so daß der heiminterne Verwaltungsbereich entlastet erscheint und insgesamt weniger mit nichtbewohnerspezifischen Aufgaben befaßt ist. Auf der anderen Seite werden aber wichtige Entscheidungen, z. B. über die bauliche Beschaffenheit, über die technische Ausstattung, über erneuernde Betriebsabläufe damit an eine heimferne Instanz abgegeben.

In der Gesamtorganisation Altenheim spiegelt sich folglich das Betriebsziel, einen menschenwürdigen Aufenthalt für überwiegend chronisch erkrankte Senioren zu schaffen. Nicht der effiziente Heilungserfolg kann hier im Vordergrund stehen, sondern die Schaffung erträglicher Lebensbedingungen, die das Vorhandensein bestimmter Grunderkrankungen berücksichtigen. Die Funktionsebenen sind daher im Vergleich zum Krankenhaus stärker aufeinander bezogen und auf die unmittelbare Entscheidungsinstanz der Heimleitung hingeordnet. Während die Krankenhaushierarchie eine Rangordnung besitzt, die den Behandlungsverlauf wiederspiegelt und die Aufeinanderfolge bestimmter medizinischer wichtiger Detailschritte vorschreibt, spiegelt die Führungsebene des Altenheims einen nebeneinander geordneten Ablauf von Tätigkeiten wieder; dort geht es um Über- und Unterordnung der Behandlungs- und Pflegeabläufe zur Aufklärung und Heilung eines Krankheitsbildes, hier steht die Zusammenarbeit im Dienste der Betreuung des älteren Menschen im Vordergrund. – In der Intensität und Güte der Kommunikation innerhalb einer Organisation liegt nun das wesentliche Kriterium der Qualität ihres Funktionierens. Kommunikation um-

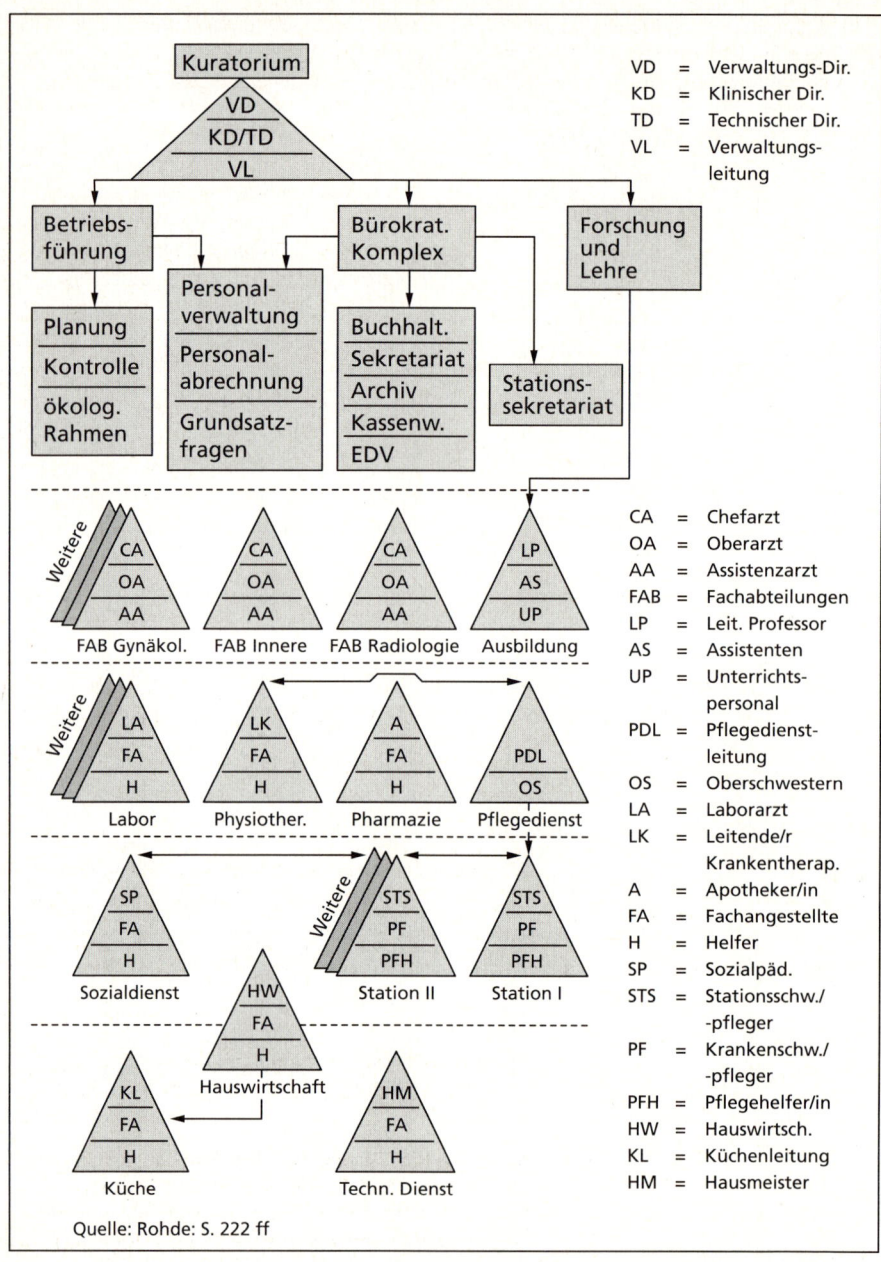

Abb. 6: Schematische Darstellung der funktionellen und hierarchischen Gliederung eines klassischen Krankenhausbetriebes

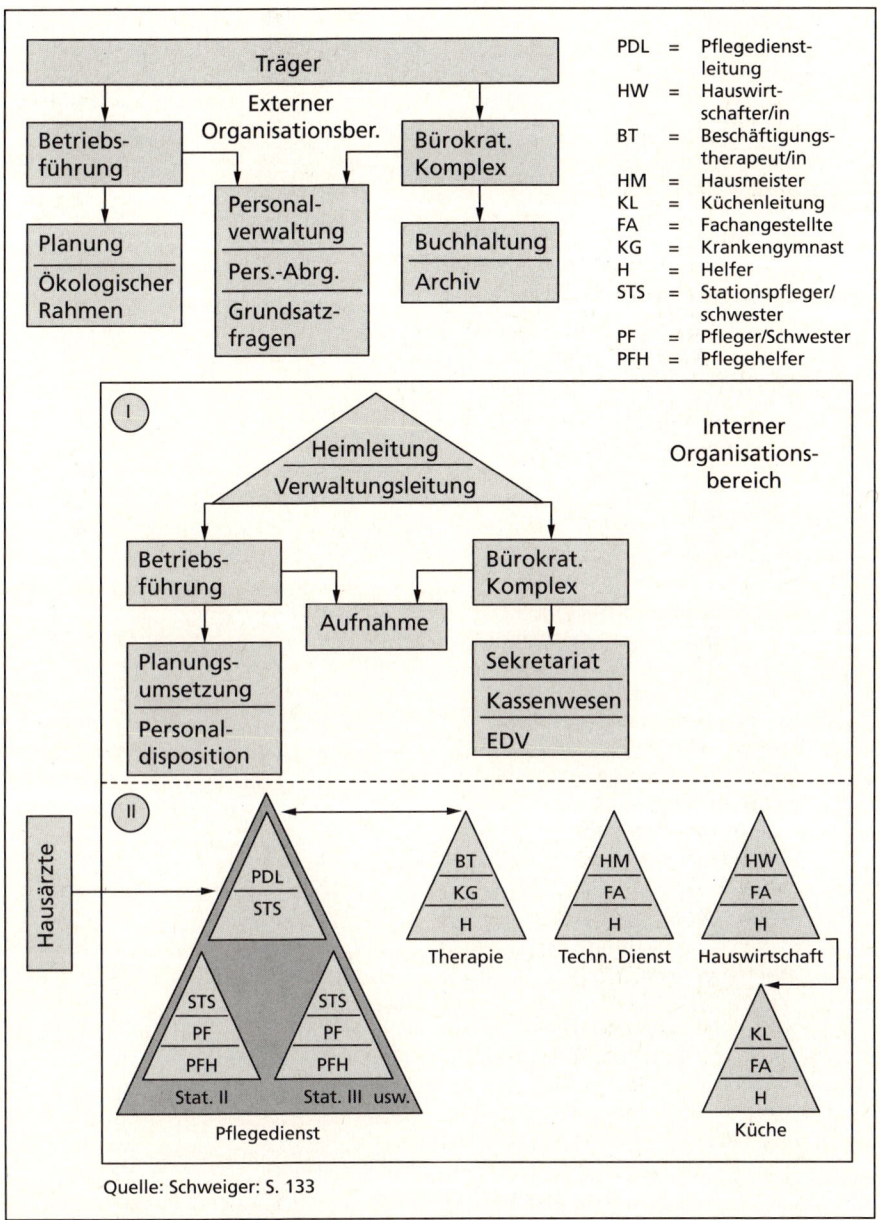

Abb. 7: Schematische Darstellung der funktionellen und hierarchischen Gliederung eines klassischen Altenheimbetriebes

faßt dabei sowohl Befehle und Anordnungen als auch Informationen, die ja überhaupt erst die Grundlage für zweckorientierte Entscheidungen bilden. Im Krankenhausbereich herrscht ein auf- und abwärts gerichteter Austausch vor, wobei die Kanäle und Schaltstellen der Befehlsübermittlung absoluten Vorrang gegenüber dem eigentlichen Informationsfluß haben. Das Ausmaß an Information ist teilweise direkt an die Position der einzelnen Stelle gebunden (Funktionsorganisation), das heißt, die einzelnen Aufgabenbereiche verfügen über jeweils spezifisches Informationswissen, das relativ isoliert nebeneinander vorgehalten wird und nur zentral einer bestimmten hierarchischen Schaltstelle zur Verfügung steht (z. B. Chefarzt). [20] Das Altenheim verfügt demgegenüber über nur wenige klar definierte Kanäle und Schaltstellen der Kommunikation, da aufgrund der Einfachheit der hierarchischen Gliederung direkte Kommunikations- und Informationswege möglich sind. Bestimmte Privilegien der Informationsspeicherung gibt es nur entlang der Schnittstelle Verwaltung/Pflege. Insgesamt gesehen sollte hier also ein nebeneinander geordneter Austausch überwiegen (Objektorganisation). [21] Dennoch ist das Ausmaß von Befehlsgewalt ohne gleichzeitige Anbindung an fachliches Wissen und sachliche Autorität im Altenheimbereich noch häufig sehr hoch. Wie bereits angedeutet, ist dies die Folge historisch-traditioneller Entwicklungen und Beharrungen innerhalb des Pflegeberufs und läßt sich nicht etwa aus der Organisationsanalyse ableiten. Solche hohe Autorität führt zu einer Einengung des Denkens und Handelns im Sinne Goffmans und schließlich zu einer weitgehenden Isolation von Mitarbeiter- und Bewohnergruppe. Je berufsbezogener die Kommunikationsmuster gestaltet sind, desto weniger Freiräume bleiben für eine persönliche Begegnung zwischen diesen beiden Gruppen.

Die im vorangegangenen erläuterten Muster des Handlungsablaufs in Krankenhäusern und Altenheimen sind auf das engste verknüpft mit einer jeweils charakteristischen Autoritätsausstattung, die die in Regeln und Rollen festgelegte Verteilung von Entscheidungs- und Anordnungsbefugnissen (Kompetenzen) einerseits, Ausführungs- und Gehorsamspflichten andererseits bestimmt. Hier zeigt sich sowohl für den Krankenhaus- als auch für den Altenheimbereich eine autoritätsgestützte Doppelgewalt des Personalkörpers. Diese hauptberuflich tätige Mitgliedsgruppe der beiden genannten Organisationen bestimmt über sich selbst und zugleich auch über die Mitgliedsgruppe der Patienten/Heimbewohner. Ist nun die Mitgliedsgruppe (Subsystem) „Personal" streng hierarchisch gegliedert, so durchdringt dieses eingleisige Anordnungsgefüge aufgrund der Rückverantwortlichkeit auch das Verhältnis zum Patienten/Heimbewohner. In Ausübung einer solchen doppelten Autoritätsgewalt findet sich kein Gleichgewicht zwischen sachlicher und persönlicher Autorität mehr. Zunehmender Machtmißbrauch gegenüber Unterlegenen als das reine Beharren auf zugewiesene Berufspositionen sind die Folge. Das schwächste Glied in dieser Kette ist der Heimbewohner/Patient, der sich durch offene Auflehnung oder Umgehung von Geboten persönliche Freiräume verschafft, die seinem Bedürfnis nach persönlicher Wertschätzung entsprechen. Aber auch auf der Personalseite gelingt es durch das Vorenthalten von Informationen beziehungsweise durch die Umdeutung von Tatsachen in verschlungenen Kommunikationskanälen doch indirekt mehr Macht auszuüben, als durch Kompetenzen zugemessen. Die auf unterschiedlich hohem Niveau angeordneten Kompetenzen des hochqualifizierten Krankenhauspersonals führen überdies zu Rivalitäten zwischen Mitarbeitergruppen, was sich wiederum auch auf das Verhältnis zum Patienten auswirkt.

Aufgrund der fehlenden historisch-traditionellen und aktuellen Notwendigkeit einer zentralen Autoritätsgewalt im Altenheim, zurückführbar auch auf die unterschiedliche Zielsetzung im Vergleich zur Klinik, vermag dieser Bereich noch am ehesten der hohlen Machtausübung durch Positionsrangeleien und Positionsgehabe zu entrinnen. Da die Auswirkungen einseitiger bürokratischer Verhaltensnormierung im Interaktionssystem der Organisation zumeist nicht zweckkonform verlaufen (Goffmans „underlife"-Phänomen), und überdies eine unmittelbare Verhaltenskontrolle in diesem unüberschaubaren System kaum möglich erscheint, kann hier die Sicherung der bürokratischen Einflußnahme nur durch Teilhabe, Mitbestimmung und Einsichtnahme erreicht werden (Partizipation). Die hier wünschenswerte Autoritätsstruktur ist eher gleichordnend ausgerichtet. Gemeint ist damit, daß möglichst alle Mitgliedsgruppen (Subsysteme) des Heimes Kontrolle auf die Einhaltung entweder sachlich notwendiger oder aber gemeinsam vereinbarter Regeln und Normen ausüben, ohne daß ein Organisationsmitglied dabei auf Dauer unterdrückt wird. [22] Diese Forderung bringt uns wieder zurück zu der Frage der wechselseitigen Bedürfniserfüllung zwischen Personal und Bewohnerschaft.

Der wesentliche Unterschied zwischen den Gesundheitseinrichtungen „Altenheim" und „Krankenhaus" ist das Fehlen des medizinisch-diagnostischen Aufgabenbereichs im ersteren Organisationsgefüge. Hochqualifizierte berufliche Anforderungen wie etwa die Bedienung eines Röntgengerätes, das Gewinnen von Laborbefunden oder das Beherrschen von Operationstechniken entfallen weitgehend. Diagnosen und Behandlungsweisen werden vom Hausarzt gestellt und spezielle Formen der Behandlungspflege in Fachkliniken verlagert. Der Schwerpunkt des beruflichen Handelns für die Mitarbeiter in der Altenpflege verlagert sich damit auf die Betreuung und Versorgung. Hierzu ist vergleichsweise ein geringeres Maß an beruflicher Abgrenzung und an Sachwissen erforderlich. Das strenge Autoritätsgefüge, Med. Direktor, Ober- und Chefarzt, Stationsarzt, Oberschwester, Stationsschwester und pflegerisches Hilfspersonal, ist wegen der geringeren Verantwortlichkeit für Leib und Leben eines Menschen hier nicht anwendbar. Da im Mittelpunkt des beruflichen Handelns im Altenheim ein oftmals chronisch Erkrankter steht, rücken hier Betreuungs- und Versorgungsleistungen in den Vordergrund, die auf die Schaffung eines erträglichen Lebensraums gerichtet sind; der Begriff Lebensqualität spielt hier eine zentrale Rolle. Der finale Aufenthalt erzwingt die Berücksichtigung der persönlichen Interessen der zu Pflegenden, die im Krankenhausbereich zweit- und drittrangig erscheinen. Um ein anregendes soziales Klima zu schaffen, das die Erfüllung vielfältiger

Wünsche und Anliegen der Bewohnerschaft zuläßt, bedarf es sowohl der formalen, beruflichen Beziehungen als auch der informellen, persönlichen Beziehungen zwischen Personalkörper und Heimbewohnern. Auch eine Zurücknahme von sinnentleerter Autorität (der Heimleiter als zentraler, unumschränkter, allwissender Mittelpunkt) ist, nimmt man diese Ergebnisse unserer bisherigen Betrachtungen ernst, zwingend notwendig. Natürlich stößt man dabei auf erbitterten Widerstand, weil sich Positionen wie die der Krankenschwester als allzuständige, bemutternde Zentralgewalt auf der Stationsebene über Jahrhunderte traditionell verfestigt haben.

Welche organisatorischen Einflüsse lassen sich nun aber mildern oder zurücknehmen, um das angestrebte Ziel zu erreichen:
▷ Abbau des traditionellen Rollenverständnisses von Krankenschwestern und Heimleitung
▷ Schaffung eines gleichberechtigten Austausches von Verwaltung, Pflege, Technik, Hauswirtschaft und Betreuung
▷ Schaffung eines Autoritätsgefüges, in dem die Heimleitung nur weitgehend Koordinationsaufgaben übernimmt
▷ Mitbestimmung der Mitarbeiter über Dienstplangestaltung, Arbeitszeiten, Arbeitsmethoden und Gütemaßstäbe für die Qualität der geleisteten Arbeit
▷ Abwendung von quantitativen Beurteilungsmaßstäben für erfolgreiche Pflege. (Möglichst viele Bewohner in möglichst kurzer Zeit versorgen.)
▷ Mitbestimmung der Bewohner, z. B. über Wohnraumeinrichtung, Aktivitäten, Tagesablauf, Speisepläne
▷ Zurücknahme bürokratischer Kontrolle zugunsten betrieblich-planerischer Beteiligung aller Organisationsmitglieder. (Was können wir tun, um die Heimsituation für uns, aber auch für unsere Bewohner zu verbessern?)

Wird das organisatorische Gefüge des Altenheimbereichs solchermaßen gestaltet, so bestehen große Chancen für eine persönliche Begegnung zwischen Mitarbeitern und Bewohnern, frei von zeitlichen, auf die Erfüllung eines Arbeitspensums und einer -norm gerichteten Zwängen. Wie aber kann eine solche informelle Beziehung konkret aussehen:
▷ die Pflegekraft weiß um die Vorgeschichte des Heimbewohners
▷ sie erspürt und erfragt dessen Abneigungen und Vorlieben
▷ sie erkennt dessen Schwächen, aber auch dessen Fähigkeiten, die es zu fördern gilt
▷ der Heimbewohner darf seine Gefühle, Gedanken und Vorstellungen äußern
▷ er darf Wünsche äußern, die ihm nach Möglichkeit erfüllt werden
▷ er weiß um die Vorlieben und Abneigungen der Pflegekraft
▷ beide Seiten dürfen einander Emotionen, empfundene Enttäuschungen und Kränkungen offen mitteilen

Notwendig zur Einhaltung dieser Forderungen ist für das Altenheim ein offenes, horizontales und direktes Kommunikationssystem. Um Lebensraum zu gestalten, braucht es keine langen Befehlsketten und zahlreiche Informationsschnittstellen. Wichtig ist der direkte Informationsfluß in ein gemeinschaftlich besetztes Entscheidungsgre-

mium. Dieses Gremium sollte ein gleichberechtigtes Votum aller Bereichsleitungen des Hauses möglich machen. Folglich wäre eine solche Führungsinstanz besetzt mit der Heim- und Verwaltungsleitung, der Küchenleitung, der Hauswirtschafterin, dem Hausmeister und der Pflegedienstleitung. Aufgabe der Heimleitung ist in diesem Zusammenhang das Erkennen und Ausräumen von Konflikten, die Verbesserung der Zusammenarbeit, das Aufweisen von betrieblichen Reibungspunkten und das Einbringen von sachlich unabweisbaren Forderungen (Heimgesetze, behördliche Auflagen etc.). Die vorbezeichnete Konferenz sollte gestützt und ergänzt werden durch die folgenden Kommunikationsformen:
▷ Stations- und Bewohnergespräche (Pflege und Therapie von Bewohnern)
▷ Stationsleitungsgespräche
▷ Heimparlament (Versammlung möglichst vieler Bewohner)

3.2 Die Struktur des Pflegeberufes

Zum Wesen einer Organisation gehört auch, daß sie zur Erfüllung ihrer Aufgaben aus einem Reservoir von verfügbaren Bewerbern diejenigen auswählt, die besonders geeignet erscheinen. Eine solche Eignung wird im Bereich des Subsystems „Personal" in der Regel durch Ausbildungsverordnungen sichergestellt. Zurückgreifend auf die Erkenntnisse aus dem zweiten Abschnitt dieses Kapitels (S. 5 ff.) meint dies auch, daß die Organisationen zum einen Vertreter historisch-gesellschaftlicher Erwartungen sind, zum anderen aber selbst auch solche

Bilder und Einstellungen mitprägen, indem sie junge Menschen in ganz bestimmter Weise für ihre Zwecke beeinflussen. Insofern spielen also auch gesellschaftliche Vorstellungen über das, was Altenhilfe soll, eine Rolle neben den aktuellen Anforderungen, die der Beruf an seine Vertreter stellt und neben den solchermaßen beeinflußten Erwartungen und Vorstellungen, die der einzelne Mitarbeiter seinem Beruf gegenüber hegt. Dieses Neben- und Miteinander von gesellschaftlichen, berufsständischen und persönlichen Erwartungen gerinnt in der konkreten Pflegetätigkeit zu Handlungsweisen, die wesentlich das soziale Klima in den Einrichtungen mitprägen. In der Struktur des Pflegeberufes äußern sich folglich solche Erwartungen und Einstellungen.

Obgleich wir im Altenheimbereich mit verschiedenen professionellen Mitarbeitergruppen zu tun haben, soll im folgenden lediglich die Berufsarbeit näher analysiert werden, die den unmittelbarsten Bezug zum Heimbewohner als dem Ausgangs- und Endpunkt aller Tätigkeiten herstellt, nämlich die pflegerische Berufsarbeit.

3.2.1 Doppeleinstellung zum Beruf

Im Vergleich mit anderen Sozialberufen rangiert der Beruf der Krankenschwester im Ansehen der Bevölkerung an erster Stelle; der des Krankenpflegers ist dagegen weit weniger hoch bewertet. Diese Unterscheidung resultiert vermutlich aus der Übereinstimmung der für diese Tätigkeit scheinbar verlangten beruflichen Eigenschaften mit den als typisch weiblich geltenden Persönlichkeitseigen-

29

schaften der Frau. Solche Vorstellungen drücken sich in wünschenswerten Verhaltensmerkmalen wie „opferbereit", „gemeinnützig", „verantwortlich" und „idealistisch" aus. Der Pflegeberuf wird als typisch weibliches Betätigungsfeld angesehen, das den männlichen Berufspartner kaum befriedigende Möglichkeiten zu bieten vermag. Aus diesem Grund entscheiden sich auch weit weniger Männer, in das Berufsfeld einzudringen. Außerdem ist die berufliche Einstellung der Männer qualitativ von der der Frauen unterscheidbar. Während Krankenschwestern vor allem beruflich ihre weibliche Identität verwirklichen wollen und damit im eigentlichen Sinne keine Berufswahl treffen, erstreben Krankenpfleger mehr die Verwirklichung konkreter Zielvorstellungen. Inhaltlich äußert sich dies darin, daß hier Frauen mehr unbestimmte, altruistisch-selbstlose Motive verwenden, Männer hingegen mehr berufsorientierte sachliche Motive. Für beide Gruppen gilt jedoch, daß sie ganz klar die relativen Nachteile ihres Betätigungsfeldes sehen: Schlechte Bezahlung, keine geregelte Arbeitszeit, mangelnde Aufstiegsmöglichkeiten und, zusätzlich bei den Krankenpflegern, das eingeschränkte soziale Prestige des Krankenpflegers, seine mangelnde Anerkennung durch die Gesellschaft. [23] Wenn also beide Seiten dennoch, da sie diesen Beruf ausüben, solche „Nachteile" in Kauf nehmen, so zeigt sich darin eine grundsätzliche Übereinstimmung der Motivbereiche „Helfen-Wollen" und „Übernahme verantwortlicher gesellschaftlicher Aufgaben". Die Gründe für die Berufswahl sind demzufolge auf beiden Seiten sowohl intrinsisch[9] als auch extrinsisch[10] verankert. Intrinsisch wirken beim Krankenpfleger die Wichtigkeit von Arbeitsinhalten und -gegenständen, bei der Krankenschwester hingegen der Vollzug eines nicht berufsbezogenen „Dienstideals"; extrinsisch wirken beim Krankenpfleger die Aufwertung des relativ niedrigen sozialen Prestiges, bei der Krankenschwester hingegen die Bestätigung ihres „Dienenwollens", letztlich eine Bestätigung ihrer Geschlechtsrolle.

Sauter u. a. (1985) bestätigen diese geschlechtsspezifische Orientierung des Pflegeberufes auch für den Bereich der Altenpflege. Die Ergebnisse der vorangegangenen Überlegungen werden deutlicher, wenn man bedenkt, daß dem Altenheim die wesentlich zur Berufsidentifikation der Krankenpflege beitragende, medizinisch-diagnostische Funktionsebene weitgehend fehlt. Deshalb kristallisieren sich hier geschlechtstypische Merkmale der Berufssituation besonders deutlich heraus. Zum einen arbeiten in der stationären Altenpflege schätzungsweise lediglich 17 % Männer gegenüber 83 % weiblichen Mitarbeitern, zum anderen sind aber die Altenpfleger auf der Leitungsebene überrepräsentiert. Offensichtlich sind die Männer zwar in Minderheit, jedoch sind sie anteilsmäßig qualifizierter und befinden sich in günstigeren Positionen in der Heimhierarchie. Als Erklärung hierfür dienen zwei unterschiedliche, überprüfte wissenschaftli-

---

[9] intrinsisch, hier: Der Thematik der beruflichen Tätigkeit entspringend.
[10] extrinsisch, hier: Den äußeren Rahmenbedingungen beruflicher Tätigkeit entspringend (z. B. Lohn, Sozialprestige).

che Annahmen, die eine Doppeleinstellung zum Altenpflegeberuf ausdrücken:
Die in der Altenpflege tätigen Männer seien leistungs- und aufstiegsorientierter, fortbildungsinteressierter, stärker auf Spezialisierung und Professionalisierung aus als ihre altersgleichen Kolleginnen, und umgekehrt seien die in der Altenpflege tätigen Frauen stärker inhaltlich beziehungs- und personenorientiert als ihre altersgleichen Kollegen. [24] Ostner (1981) kommt in ihrer Untersuchung, die sich derselben Fragestellung unterzieht, zu ganz genau dem gegenteiligen Ergebnis: „Die These, daß bei der Berufswahl der Mädchen inhaltliche Interessen vergleichsweise größeres, statusbezogene Gesichtspunkte vergleichsweise geringeres Gewicht als bei der Berufswahl der Jungen haben, kann nicht aufrecht erhalten werden." Im weiteren verweist sie auch die Annahme einer ausschließlichen Orientierung des Kranken-/Altenpflegers an der erreichbaren beruflichen Position in das Reich der Irrtümer. [25]

Der Widerspruch zwischen den aufgezeigten Befunden ist jedoch ein nur scheinbarer. Wenn beide Seiten sich sowohl an inhaltsbezogenen als auch an Statusmerkmalen in ihrer Einstellung orientieren, so hat dies nach außen unterschiedliche, bereits erwähnte Folgen. Die Frau wird in ihrer dienenden Funktion bestätigt, während der Mann versucht, diese weibliche Berufsrolle zu durchbrechen und zwar durch Aufwertung derjenigen „nichtweiblichen" Berufsanteile, die Aussicht auf eine Erhöhung des Sozialprestiges eines nicht „männlichen" Berufes bieten. Touhey (1974) weist genau diesen, die wahre Berufsorientierung verschleiernden Effekt nach. Das Eindringen von Männern in einen typischen Frauenberuf führt zu einer Erhöhung des beruflichen Prestiges. [26] Dies geschieht allerdings nicht ohne weiteres, sondern hängt mit dem beschriebenen zwanghaften Mechanismus und seiner Motivverschiebung zusammen.

Abschließend kann der äußere Widerspruch der gefundenen, wissenschaftlich abgesicherten unterschiedlichen Verhaltensweisen dahingehend aufgeklärt werden, daß es offensichtlich im Berufsfeld der Alten- und Krankenpflege erzwungene „männliche" wie auch „weibliche" Einstellungen und Verhaltensweisen gibt, die jedoch nicht identisch mit dem tatsächlichen Geschlecht sein müssen. So kann etwa eine Krankenschwester, die sich von der ihr zugewiesenen privaten und beruflichen Doppelaufgabe des „selbstlosen Dienens" emanzipiert hat, durchaus eine männliche Berufseinstellung einnehmen, indem sie kündigt und eine Stelle als Funktionsschwester annimmt. Umgekehrt kann ein Krankenpfleger seine beruflichen Inhalte mehr auf den Patienten verlagern, weil er sich davon eine wahre Erfüllung erhofft. Für solche Tendenzen gibt es gesichertes Material. [27]

3.2.2 Hohe Fluktuation

Ein wesentliches Merkmal des Pflegeberufes ist sein hohes Maß an Fluktuation, das heißt an Stellenwechsel und gänzlicher Berufsaufgabe und an beruflicher Mobilität, das heißt Aufstieg und Fortkommen. Als typisch weibliches Berufsfeld werden von der Altenpflege vornehmlich Frauen angezogen. Wegen der besonderen Nähe der Krankenpflege zu typisch weiblichen Eigenschaften erscheinen der pflegerischen Mitarbeiterin die Bereiche „Häuslichkeit" und „berufliche Krankenpflege" als im wesentlichen inhaltsgleich. Beides verlangt allgemeinmenschliche Eigenschaften wie Mitleidensfähigkeit, Gespür für den anderen, Geduld, Anteilnahme, Fürsorglichkeit, Hintanstellung eigener Bedürfnisse usw. Daher nimmt es nicht Wunder, wenn viele Krankenschwestern zur Übernahme ihrer familiären Verpflichtungen nach der Heirat nicht befristet, sondern endgültig aus dem Berufsleben ausscheiden; übernehmen sie doch eine Funktion, die sie als gleichwertig erleben. Weiterhin sind die nach Jahren des beruflichen Pausierens wieder in die Altenpflege zurückkehrenden Frauen größtenteils an Teilzeitarbeit interessiert. Hier zeigt sich deutlich die Austauschbarkeit von beruflicher Pflege und Fürsorge für die Familie.

Ein zweiter Motivkomplex für den Arbeitsplatzwechsel ist der Wunsch nach beruflicher Veränderung, nach beruflichem Aufstieg. Einen solchen Effekt erhoffen sich die jüngeren Pflegekräfte vor allem vom Wechsel aus dem Pflegedienst in den Funktionsdienst, das heißt in eine Position, die durch medizinisch-technische Aufgaben in stärkerem Maße am Prestige der medizinischen Behandlung teilhat als die Patientenpflege. Auf dem Altenheimsektor bezogen heißt dies, daß viele Altenpfleger und -pflegerinnen in den Krankenhausbereich überwechseln, weil sie sich dort funktionellere und damit angesehenere Aufgaben erhoffen. Die älteren Schwestern und Pfleger erhoffen sich von einem Wechsel des Arbeitsplatzes den Aufstieg in eine Führungsposition. Merkmale „männlicher" Berufsorientierung liegen auf der Hand.

Ein dritter Grund liegt in der kritischen Bewertung der Arbeitsbedingungen in der Altenpflege, vollzogen im Vergleich mit eigenen Wertvorstellungen, die von überwiegend jungen und nicht mehr an einem überholten Dienstideal orientierten Mitarbeitern eingebracht werden.

Hier gilt, je mehr das im Heimbereich durch Ge- und Verbote vertretene Wertsystem mit der beruflichen Orientierung und Einstellung übereinstimmt, um so weniger häufig vollzieht sich ein Wechsel. [28] So kann beispielsweise eine Einrichtung mit einem starren, auf unbedingtem Gehorsam aufgebauten Autoritätsgefüge durchaus Mitarbeiter halten, die für sich traditionelle weibliche Denkmuster des Dienenwollens und Gebrauchtwerdens vollziehen. Entscheidend für das Auftreten von hoher Fluktuation ist folglich das Zusammenspiel von persönlichen Berufseinstellungen, -absichten und -interessen mit den tatsächlich vorfindbaren Bestandteilen des Arbeitens am alten Menschen, wie beispielsweise Zeitdruck, hohes Maß an Fremdbestimmtheit, Überstunden, wenig Entscheidungsspielraum.

3.2.3 *Halbberuflichkeit*

Die weitgehende Übereinstimmung von gesellschaftlich verankerten Vorstellungen weiblicher Fähigkeiten mit den Ausbildungs- und Einstellungsanforderungen der beruflichen Altenpflege läßt auf eine mangelnde „Beruflichkeit" überhaupt schließen. Berufliche Arbeit verlangt Einstellungen und Orientierungen wie Durchsetzungsfähigkeit, Konkurrenzverhalten, Leistungsorientierung, Egoismus, Arbeitsdisziplin und Gefühlsenthaltung; der überwiegend „weibliche" Anteil pflegerischer Tätigkeit hingegen verlangt personenzugewandte Einstellungen wie Bereitschaft zur Unterordnung, Anteilnahme, Fürsorglichkeit und Einfühlungsvermögen. Aus einem solchen Widerspruch folgert die Frage: Ist denn die pflegerische Tätigkeit überhaupt ein Beruf?

Das Konzept eines Berufes entsteht im allgemeinen durch eine Verknüpfung der folgenden Bestandteile:
▷ fachliche Zuständigkeit auf der Grundlage theoretischen Wissens
▷ Koppelung der beruflichen Ausübung der erworbenen Fähigkeiten und Kenntnisse an ein Prüfungsverfahren
▷ Monopol auf die Vermittlung und Anwendung der beruflichen Fähigkeiten
▷ fachliche Kontrolle durch Mitglieder der Berufsgruppe
▷ Bestätigung der beruflichen Tätigkeit durch soziale Wertschätzung

Während nun die Elemente der fachlichen Zuständigkeit und die Absicherung derselben durch ein Prüfungsverfahren im Rahmen der Ausbildung und Zulassung zum Altenpflegeberuf offensichtlich begründet werden, ist dies bei den anderen Kriterien nicht der Fall. Ein Monopol auf die Vermittlung und Anwendung erworbener beruflicher Fähigkeiten existiert nicht, da auch laienhafte Privatpflege durchaus gesellschaftliche Anerkennung findet, ohne daß je eine Ausbildung erfolgt wäre. Auch werden hilfsweise minder qualifizierte Personen zugelassen (Krankenpflege-, Altenpflegehelfer), die zu einem wesentlichen Teil pflegerische Aufgaben wahrnehmen. Hieraus ergibt sich die sattsam bekannte Zuständigkeitsrangelei und die Abschottung zwischen Krankenschwestern/-pflegern, Altenpflegern/-innen und dem Hilfspersonal. Hinzu tritt der Umstand, daß von Berufsfremden (Ärzte, Verwaltungsfachleute) festgelegt wird, welche Aufgaben die Altenpflege bei der Einplanung in eine Dienstleistungsorganisation zu erfüllen hat. Auch die fachliche Kontrolle der Berufsausübung obliegt nicht den Mitgliedern selbst, sondern bekanntermaßen den Ärzten, die sich weitgehend außerhalb dieses pflegerischen Horizontes bewegen. Der letzte Punkt der Anforderungen an einen Beruf erscheint hingegen äußerlich erfüllt. Die pflegerische Tätigkeit wird der Öffentlichkeit als sozial wertvoll, als gemeinnützig präsentiert. In Wahrheit aber ist gerade diese Tätigkeit nicht selbständig wirksam, sondern nur eingebunden in ein Organisationsgefüge, reglementiert durch Vorschriften und Regeln in hierarchischer Abfolge. Insofern nimmt der Pflegeberuf eine Mittelstellung ein zwischen Eigenbestimmung seiner Inhalte und Fremdbestimmung durch Verwaltung und Medizin; das zugeordnete Schlagwort heißt „Halbberuflichkeit". [29]
Bischoff (1984) geht sogar noch einen Schritt weiter und bezeichnet das hier umrissene Feld als einen Nicht-Beruf, da die Krankenpflege eine überwiegend körpernahe Privattätigkeit sei. [30] Eingedenk der eben beschriebenen Ausrichtung, auch hin auf das ärztliche Tätigkeitsfeld und der Erfüllung wesentlicher Merkmale, die einen Beruf kennzeichnen, kann diese These nicht aufrechterhalten werden. Sie entstammt wohl vielmehr dem Überschwang emanzipatorischen Denkens in Hinblick auf die Befreiung aus den Zwängen geschlechtsabhängiger Erwartungen. In Wahrheit kann es dabei nicht, wie bereits gezeigt, um die

Zerschlagung „männlicher" oder „weiblicher" Orientierungsmuster gehen, sondern insgesamt um das Finden einer einzigen, ganzheitlichen beruflichen Inhaltsbestimmung.

3.2.4 Hausarbeitsnähe

Pflegearbeit weist eine gewisse Nähe zur Arbeit in der Familie und zu einer umfassend verstandenen Hausarbeit auf. Dies wird deutlich in den Leitbildern einer traditionellen „weiblichen" beruflichen Einstellung:
▷ Krankenpflege als Liebestätigkeit
▷ Einsatz der ganzen Person für andere Menschen
▷ Allzuständigkeit/Allkompetenz

Das traditionelle Verständnis dieses Berufes besteht also in der Nähe zu körperlichen und seelischen Bedürfnissen von Menschen, in einer gewissen Unbestimmtheit der Arbeitszeitanordnung (Unregelmäßigkeit, Unberechenbarkeit) sowie in dem Erfordernis von sogenannten „Jederfraufähigkeiten", wie Einfühlungsvermögen, Erfahrungswissen, Geduld, Gespür für die Belange des anderen. Berufliche Tätigkeit fordert hier also nicht einzelne Funktionen, sondern den Einsatz der ganzen Person, die Zurückstellung selbst privater Interessen. Äußerlich führt eine solche Bewertung des Pflegeberufes zu abwertenden Arbeitsbedingungen:
▷ unregelmäßige Arbeitszeit (Schichtdienst, Wochenenddienst, Teildienst, Überstunden)
▷ schlechte Bezahlung
▷ fehlende Aufstiegsmöglichkeiten
▷ fehlende Trennung von Arbeits- und Freizeit

▷ fehlende klare funktionale Arbeitsteilung zwischen pflegerischem und ärztlichem Bereich

Pflegearbeit erhält damit einen unauflöslichen Ganzheitscharakter, der ihre Allzuständigkeit, Vielfältigkeit, ihren Abwechslungsreichtum und ihren Bezug zu Menschen wiederspiegelt. Solche Faktoren erleichtern zwar die berufliche Identifikation, fördern aber zugleich auch das Gefühl von Unzufriedenheit und Unzulänglichkeit; denn Pflegearbeit ist Arbeit ohne Ende, scheinbar erfolglose Arbeit, die, kaum erledigt, schon wieder von neuem entsteht. Der Zwiespalt für den einzelnen Pflegemitarbeiter entsteht entweder aus der Absicht, „helfen zu wollen" und der Erkenntnis, aufgrund der Arbeitsbedingungen „nicht helfen zu können" oder aber aus der Absicht, durch die Berufsausübung gesellschaftliche Anerkennung zu finden, die dann letztlich doch versagt bleibt. Die Hausarbeitsnähe der pflegerischen Tätigkeit wirkt sich folglich nachhaltig schädlich auf die Arbeitseinstellung und -bereitschaft des Mitarbeiters aus, wenn nicht andere Anforderungen an das fachliche Können gestellt werden. Die geforderten Tätigkeiten dürfen keinesfalls beschränkt bleiben auf das Waschen, Ankleiden und Füttern des alten Menschen sowie auf die Zimmerreinigung, die Medikamentenverteilung und das Bettenmachen. Darüber hinaus bedarf es ganz wesentlich des Anreizes hochbewerteter Fachaufgaben, wie der Erkennung und Mitbehandlung von Diabetes, von apoplektischen Anfällen, von Arthrosen, von cerebralen Abbauerscheinungen. In zunehmendem Maße wird hierdurch die Altenpflege zum gleichwertigen Partner der medizinischen Berufsausübung. Konflikte und Reibungen sind hier vorhersehbar, jedoch gibt es keinen anderen Weg, soll die berufliche Tätigkeit nicht zum endgültigen Eingeständnis von Jedermannsfähigkeit werden. Zukünftig gefragt sind auch sämtliche Maßnahmen, die der Förderung der vorhandenen Restfähigkeiten der alten Menschen dienen; es muß sich ein Wandel von der Hausarbeitsnähe des Pflegeberufs vollziehen hin zu einer therapeutischen Fachlichkeit.

Hausarbeitsnähe verlangt gerade im Alten- und Pflegeheim nach der Ausführung niedrigstehender, immer wiederkehrender Arbeiten, die letztlich am Bewohner kaum Erfolge zeigen. Zudem fehlt im Vergleich zum Krankenhaus die Möglichkeit, auf angesehenere, höherbewertete Bereiche der Berufsarbeit auszuweichen. Das Personal bleibt mithin in diesem Dilemma befangen, wenn es nicht gelingt, in eine Krankenanstalt überzuwechseln. Umgekehrt empfinden ausgebildete Krankenschwestern häufig ihren Einsatz in der stationären Altenhilfe als minderwertig. [31]

3.2.5 Erzwungene Distanz zum alten Menschen

In der Berufsausübung der Altenpflege vollzieht sich, wie in jedem anderen Beruf auch, das Prinzip der Leistungsbelohnung. Je mehr Leistung der Mitarbeiter erbringt, desto mehr direkte (Lob, Gehalt) oder indirekte Belohnungen (Ansehen, Dankbarkeit) erfährt er durch seine soziale Umgebung. Die Arbeit am alten Menschen und der damit verbundene Sinn ist nun das inhaltliche Thema, welches die Mitarbeiter traditionell „intrinsisch" motiviert und zugleich belohnt, ausgedrückt im Gefühl des „Helfenkönnens", des „Gebrauchtwerdens" und der „Zuständigkeit". [32] Gerade der Umgang mit Siechtum und Tod läßt aber oftmals keinen Sinn erahnen und führt Absichten wie „Helfenkönnen" ins Gegenteil. Gleichgültig wie hoch das Maß der Bemühungen und Anstrengungen auch sein mag, langsamer körperlicher Verfall und am Ende der Tod sind sichere Ergebnisse pflegerischen Handelns. Damit sind die psychologischen Gesetzmäßigkeiten der Leistungsbelohnung außer Kraft. Somit vollzieht sich in der Altenpflege eine erzwungene Änderung der ursprünglichen Absichten. Dies wird deutlich in der Abkehr vom zwischenmenschlichen Umgang hin zur sachlichen Tätigkeit in überschaubaren, vorhersehbaren Abläufen (Arbeitsroutine). Ein solches Verhalten wird deutlich z. B. durch Flucht in die Apparatemedizin oder durch Steigerung der Intensität von Arbeitsabläufen; wohl in dem Bewußtsein, noch etwas getan zu haben. [33]

3.2.6 Einbindung in die Heilkunst

Der Pflegeberuf erscheint unter diesem Gesichtspunkt nicht als eigenständig, sondern als eingespannt in die Zwecke der Medizin. Die strikte Trennung zwischen ärztlicher und pflegerischer Tätigkeit ist erst relativ spät entstanden. Auch das „Heilen" hat eine eindeutige Verwandtschaft zur Hausarbeit, zur allgemeinen Körpersorge. Das Berufsbild des Arztes löste sich erst von der allgemeinen pflegerischen Tätigkeit mit der Schaffung von Kliniken. Die ursprüngliche Laientätigkeit erfuhr damit eine neue Qualität. Pflegearbeit galt von da an als Vor-, Zu- und Nacharbeit der klinischen Medizin. Sie mußte sich um jene Phänomene kümmern, die wie die vitalen Körpervorgänge (Hunger, Durst, Ausscheiden) und der Gefühlsbereich weitgehend von der medizinischen Perspektive nicht erfaßt sind. Krankenpflege nimmt damit eine eigenartige Zwischenstellung ein zwischen Hausarbeit und medizinisch orientierter Berufsarbeit. Damit leitet Pflege ihr Selbstverständnis aus den Erfordernissen klinischer Medizin zwar ab und teilt mit ihr auch das Verständnis von Krankheit, und doch gilt sie als niedere Arbeit, die lange nicht die soziale Wertigkeit genießt wie der Arztberuf. Aus dieser traditionellen Rivalität beider Berufe folgert, daß zum einen sich die Medizin gegenüber der Pflege abschottet, was sich z. B. in den Anordnungsbefugnissen der Ärzteschaft auch in pflegerischen Angelegenheiten ausdrückt, und daß zum anderen die Pflege immer auch zur Beherrschung klinisch-medizinischer Abläufe drängt.

Ein weiterer Schwerpunkt in der Geschichte der Herausbildung der Pflegeberufe vollzog sich 1965 mit der Inkraftsetzung einer Rahmenvereinbarung über die Ausbildung der Altenpflegekräfte. Auch diese Ausgliederung führte langfristig zu einer Aufgabenabgrenzung gegenüber der Krankenpflege, weil im Bereich des Altenheimes die menschenzugewandte körperlich-seelische Betreuung im Vordergrund steht und nicht die besondere Fachkenntnis über Verlauf und Behandlung von möglichst vielen Erkrankungsformen.

Insgesamt erscheinen folglich Zuständigkeitsbewertungen und damit verbunden das Autoritätsgefüge der Pflege innerhalb des Organisationsgefüges „Altenheim" mehr bedingt zu sein durch überkommene berufliche Spaltungsvorgänge als durch sachliche Gegebenheiten des Aufgabengebietes. Zwar besitzt der Hausarzt die volle Entscheidungs- und Anordnungshoheit gegenüber dem Heimpflegepersonal, aber dennoch überträgt er Tätigkeiten, die formalrechtlich nur vom Arzt ausgeführt werden dürften, in den Zuständigkeitsbereich der Pflege (z. B. Spritzen, Bedienung medizinisch-technischer Geräte). [34]

3.2.7 Einbindung in übergeordnete Planungs- und Ablaufprozesse

Ein entscheidendes Merkmal der Halbberuflichkeit der pflegerischen Tätigkeit ist ihre Einbindung in fremdbestimmte, nicht inhaltliche nach ökonomischen Gesichtspunkten gestaltete zeitliche Abläufe und Zusammenhänge. Pflegearbeit ist damit in einen übergeordneten Betriebsablauf eingepaßt und von Rationalisierungsmaßnahmen wie dem Einsparen von Personal, der Zerlegung der ganzheitlichen Personensorge in kleine, leicht handhabbare Einzelschritte, der Vorgabe zeitlicher Richtwerte und Arbeitsstandards betroffen. Im Mittelpunkt des betrieblichen Denkens und Handelns steht damit nicht mehr der hilfsbedürftige Mensch, sondern die Handhabbarkeit seiner Erkrankungen und Leiden. Der hilfsbedürftige Bewohner ist in solcher Sichtweise ein Objekt von Pflegemaßnahmen geworden, die er selber nicht mehr durchschaut. Unmittelbare Menschensorge als Wesenskern des Pflegeberufes überhaupt wird zur Sorge um die Einhaltung von Norm- und Kontrollvorgaben, die angeblich dem Wohle des Heimbewohners dienen, aber in Wahrheit seine Bedürfnisse nach betriebswirtschaftlichen Gesichtspunkten verwalten. [35]

Die logische Schlußfolgerung solcher Überlegungen kann nur sein, daß im Heimbereich die Pflege nicht nur zu einer Tätigkeit neben vielen anderen wird (Hauswirtschaft, Technik, Verwaltung), sondern zur zentralen Mitte allen Denkens und Handelns. Die Gesichtspunkte der ganzheitlichen Betreuung und Versorgung eines alten Menschen wie Hilfe zur körperlichen Unabhängigkeit, Hilfe zur sozialen Teilhabe und die Hilfe zur Führung eines weitgehend selbstbestimmten Lebens sollten das betriebliche Denken und Handeln durchdringen. Alle zeitlichen Planungen sollten sich auf den individuellen Rhythmus des Heimbewohners beziehen. Das bedeutet Verzicht auf:
▷ vorgegebene Zeitpläne (Essenszeiten, Ruhe- und Schlafzeiten, Toilettenzeiten)
▷ die Vorgabe allgemeiner Dienstleistungen (Badepläne, Beschäftigungsprogramme, Pflegeablaufpläne) zugunsten individueller Regelungen
▷ allumfassende Regelungen und Anordnungen durch die Heimverwaltung (Heimordnungen)
▷ Übernahme von Schiedsrichterfunktionen in Konflikt- und Streitfällen unter den Heimbewohnern
▷ Zwänge, die eigenbestimmtes Handeln und Denken ausschließen (Vorgabe der Kleidung, des Tuns, der Tagesabläufe etc.).

3.3 Die Rollenanforderungen

Das bisher untersuchte, bürokratisch geleitete berufliche Zusammenwirken im Altenheim, das auch unterschiedliche berufliche Orientierungen und Wunschbilder der Mitarbeiterschaft berücksichtigen muß, kann nun auch beschrieben werden mit der Handhabung verschiedener Rollenanforderungen, die an jeden Mitarbeiter gerichtet sind. Unter einer Rolle versteht man ein Bündel von sozialen Erwartungen und Normen, die an den Inhaber einer bestimmten Position (Rangordnung) innerhalb des Organisationsgefüges gerichtet sind. Solche Erwartungen bewirken ein Doppeltes: Zunächst werden durch sie bestimmte berufliche Verhaltensweisen festgelegt, die man besser erfüllt, will man nicht Bestrafungen riskieren; zugleich drückt sich in den Erwartungen aber auch die sichere Annahme aus, daß sich der Mitarbeiter genau in diesem Sinne verhält, so daß eine verläßliche Vorhersage möglich wird. Rollenanforderungen bilden im psychischen Innenraum des Mitarbeiters angemessene Einstellungen und Werthaltungen aus, die die Verläßlichkeit des erwarteten Handelns garantieren (Internalisierung).

Die Kontrolle der Einhaltung solcher Handlungserwartungen (Distanz zum Heimbewohner, Einhaltung von zeitlichen Vorgaben, Gehorsam gegenüber Ärzten und Stationsschwestern, Aufrechterhaltung von Ruhe und Ordnung auf der Station) übernimmt ein System von Regeln, Ge- und Verboten und sozialen Abhängigkeiten (Über- und Unterstellungen sowie Abhängigkeitsbeziehungen zwischen Versorgern und Versorgten). Entworfen ist damit zum einen ein betriebliches, zum anderen ein soziales Sanktionssystem (vgl. Abb. 4).

Nachdem wir aus der Gegenüberstellung zweier Einrichtungen des Gesundheitswesens (Abschnitt 3.1 in diesem Kapitel) klare Vorteile in Hinblick auf eine humanere Umweltgestaltung zugunsten des „Altenheims" herausgearbeitet haben, soll im folgenden die Betrachtung sich auch ganz auf diese Besonderheit beziehen, das heißt, Rollenbeziehungen zwischen Arzt und Patient bzw. zwischen Arzt und Schwester sollen als heimuntypisch unberücksichtigt bleiben.

Grob zu unterscheiden sind noch innerhalb des Heimgefüges „Berufs"- und „Privatrollen", die sich hier gegenseitig beeinflussen können. Berufsrollen leiten sich von der Mitgliedschaft in oder Zugehörigkeit zu einer bestimmten Berufsgruppe (Krankenschwester, Altenpfleger, hauswirtschaftliches Personal) ab und sind nach oben und unten gegliedert in Positionsrollen (Über- und Unterstellungen). Auch der Heimbewohner muß sowohl in seiner in den Berufszusammenhang eingepaßten Krankenrolle als auch in seiner Rolle als Privatmensch innerhalb einer Gesundheitsorganisation begriffen werden. Im Sinne unserer mehrfach benannten Ansätze zur Humanisierung des Heimbetriebes ist hierfür entscheidend, inwieweit es gelingt, die aufeinander bezogenen Berufs- und Kranken(Patienten)-rollen zu durchbrechen zugunsten eines persönlichen Miteinanders von Mitarbeitern und Heimbewohnern.

Die Forderung an die Organisation wäre folglich, Raum zu geben für solche zwanglosen menschlichen Beziehungen durch Heruntersetzung des Maßes an Reglementierung, zeitlicher Gliederung des Tagesablaufes und Fremdbestimmung des Handelns von Mitarbeitern und Bewohnern.

3.3.1 Die Mitgliedschaftsrolle/Die institutionelle Krankenrolle

Die Mitgliedschaftsrolle des Pflegepersonals regelt insgesamt die Zugehörigkeitsbedingungen zu einer stationären Altenhilfeeinrichtung. Mit dem vertraglichen Eingehen auf diese Bedingungen bestehen keine Zweifel mehr an deren Gültigkeit, das heißt, durch den zumeist freiwilligen Eintritt in einen solchen Zusammenhang erkennt das Pflegepersonal solche Bedingungen als verbindlich und mit der eigenen Einstellung identisch an. Wer also Mitglied des sozialen Systems „Altenheim" werden will, akzeptiert,
▷ daß dort ältere, überwiegend chronisch erkrankte Menschen betreut und medizinisch versorgt werden
▷ daß dort arbeitsteilig gearbeitet wird und die Arbeitsteilung über ein System von Zuständigkeiten und Befehlsgewalten zusammengeschlossen wird
▷ daß dort Anordnungen Folge geleistet wird, die keiner individuellen Begründung bedürfen

Indem nun die Organisation die Mitglieder „Personal" und „Bewohner" in einen Dienstleistungszusammenhang sich gegenüberstellt, abstrahiert sie von deren individuellen Interessen und Bedürfnissen und erlaubt nur die Einbringung derjenigen Verhaltensweisen, die einen solchen Zusammenhang nicht wesentlich stören. Eine solche Generalisierung von Verhaltensweisen ist zunächst rational begründet, stellt sie doch zugleich die Grundlage beruflicher Zusammenarbeit überhaupt dar. Neben solchen Verfahrensweisen des Auswählens von zielgerechten Verhaltensmustern gibt es aber auch Prozesse, die auf der Grundlage historisch-tradierender Berufsstandards fraglos übernommen sind. Hier besteht keine Begründung durch den Ablauf der Organisation selbst, sondern eine überkommene Regelung wird nicht hinterfragbar, autoritär abgesichert. Als Beispiel können hier die Selbstverständlichkeit der Übernahme überholter Vorstellungen von selbstloser Hingabebereitschaft, von ständiger Unterordnung und von persönlicher Opferbereitschaft gelten. Ein wesentliches Merkmal überkommener Verhaltensbestimmungen ist deren Generalanspruch, in allen beruflichen Situationen wirksam zu sein und damit die Aussage, auch hochkomplizierte, auf viele Mitarbeiter verteilte Arbeitsprozesse gestalten zu können.

Die Auseinandersetzung zwischen dienender Pflege und hochspezialisierter Krankenversorgung vollzieht sich gerade im Altenheim unter dem Druck zunehmender Hilfebedürftigkeit sehr rasch. Von Mitarbeitern, die präzise und unverzüglich gleichsam als Stellvertreter des Arztes Krankheitsverläufe abschätzen, Krisen erkennen und Zusammenhänge herstellen sollen, kann nicht zugleich verlangt werden, sie dürften nur über „Jeder-Frau-Fähigkeiten" verfügen. Da wo es um den Entwurf gezielter Förderpflege geht, unter Einbeziehung des die übliche pflegerische Kompetenz übersteigenden therapeutischen und psychologischen Fachwissens, kann nicht Allzuständigkeit gefragt sein. In dieser Hinsicht wird die Mitgliedschaftsrolle des Altenheims in der Zukunft zunehmend traditionelles, hierarchisch abgesichertes Verständnis abbauen und dafür autonome Freiräume für verantwortliches Mitarbeiterhandeln schaffen müssen. Für die pflegerischen Mitarbeiter folgt hieraus heute noch Unsicherheit in der beruflichen Orientierung. Traditionelle Forderungen nach Unterordnung und Opferbereitschaft stehen den aktuellen beruflichen Forderungen nach Fachwissen, Kompetenz, Entscheidungsverantwortlichkeit und Teamfähigkeit gegenüber.

Ein weiterer Aspekt der Mitgliedschaftsrolle ist die erwartete Unterdrückung emotionaler Reaktionen. Gefordert ist damit ein emotional neutrales Verhalten, von dem aus erst pflegerische Stabilität im Sinne von Gleichbehandlung möglich erscheint. Diese Neutralität gegenüber Leid, Krankheitsbelastung, persönlichem Schicksal und dem daraus resultierenden Verhalten garantiert erst die reibungslose Funktionsfähigkeit des arbeitsteiligen Ablaufs zum Wohle der Heimbewohner.

Um nun die Mitgliedschaftsrolle, die die Organisation dem Heimbewohner zuweist, näher bestimmen zu können, bedarf es zunächst einer Klärung darüber, wie die zur Heimaufnahme führenden Zustände von Krankheit und Siechtum umschrieben sind. Gesundheit gilt uns allgemein als der Zustand optimaler Leistungsfähigkeit eines Individuums im Hinblick auf die Ausübung gesellschaftlich zugewiesener Rollen- und Aufgabenmuster. Eingeschlossen in einen solchen Fähigkeitsbegriff sind sowohl physische als auch geistig-seelische Voraussetzungen. Krankheit, insbesondere die chronische Krankheit, ist demzufolge beschreibbar durch unumkehrbare, den ganzen Zukunftshorizont ausfüllende Störungen der individuellen Leistungsfähigkeit, solchen Verhaltenserwartungen nachkommen zu können.

Die Störung ist dabei eine generelle und erfaßt nicht nur Teile dieser Aufgaben und Rollen. Damit sind wesentliche Voraussetzungen zur Heimaufnahme chronisch kranker älterer Menschen benannt:
▷ der Ausschluß der Fähigkeit zur Selbsthilfe, das heißt, das Unvermögen aus eigener Kraft zur normalen gesellschaftlichen Teilnahme zu gelangen
▷ der Ausschluß ambulanter Hilfsmöglichkeiten, die gewisse Teilstörungen kompensieren
▷ das Erfordernis zur Schaffung fachlicher Einrichtungen zur Gewährung nicht nur vorübergehender Hilfe

Im Rahmen der Heimaufnahmeprozedur wird der chronisch-kranke ältere Mensch auf seine Mitgliedschaftsrolle im Altenheim und auf seine Krankenrolle als Objekt dienlicher Hilfsmaßnahmen verpflichtet. Beide Rollenmerkmale sind charakterisiert durch die Unfreiwilligkeit ihrer Ausübung durch den Heimbewohner; weiterhin durch die Nichtverantwortlichkeit des Betroffenen für sich selbst, durch die abgestufte Herausnahme des Betroffenen aus familiären, behördlichen, staatsbürgerlichen und sozialen Verpflichtungen nach dem Grad der Hilfsbedürftigkeit, durch die beiderseitige Akzeptanz der Unmöglichkeit einer völligen Rehabilitation und durch die Akzeptanz des Betroffenen, daß er auf Dauer in einer kompetenten Hilfsagentur leben und mit ihr zusammenarbeiten muß.

Im weiteren folgt aus dem Eingehen der heimtypischen Rollenverpflichtungen die Anerkennung,
▷ daß dort Fachkräfte die Verantwortung für das persönliche physische und psychische Wohlergehen übernehmen
▷ daß dort die durch eine solche Verantwortungsübertragung inhaltlich bestimmten Verrichtungen nicht mehr in einem persönlichen Rhythmus, sondern im arbeitsteiligen Rhythmus organisiert sind
▷ daß dort Fremdbestimmung die persönliche Selbstbestimmung ersetzt und diese Fremdbestimmung angeblich zum persönlichen Nutzen geschieht
Verlangt wird damit vom Heimbewohner eine weitgehende Zurücknahme seine gewohnten individuellen Ansprüche auf ein zugewiesenes Maß. [36]

3.3.2 Die Berufsrolle/Patientenrolle

Die Berufsrolle des Pflegepersonals beziehungsweise die komplementäre Rolle des Patienten sind derart typisch für die Altenheimorganisation, daß sie sich kaum gedanklich trennen lassen. Der überwiegende Teil des Verwaltungsablaufs ist auf diese Rollenbeziehung beziehungsweise auf die Kontrolle der Einhaltung der ihr zugeschriebenen Verhaltensmuster ausgerichtet. Durch das Fehlen des Arztes im hierarchischen Aufbau ergibt sich eine eigenartige Doppelfunktion des Pflegepersonals; zum einen erfüllt es beruflich-pflegerisch die Vertretung der zur Selbsthilfe nicht fähigen Heimbewohner, zum anderen übernimmt es aber auch die Vertretung des fachlichen Handelns des abwesenden Arztes vor diesen Patienten. Die Anlage einer solchen Zwei-Rollen-Struktur des Pflegeberufs im Altenheim erzwingt präzise Zuständigkeitsabgrenzungen gegenüber dem Arzt und gegenüber den hilflos ausgelieferten Heimbewohnern. Tatsächlich werden dem Pflegepersonal aber immer mehr medizinische Tätigkeiten übertragen, wie Spritzengeben, Blutabnehmen, Blutdruckmessen, Diabetesbestimmung, welche die Machtstellung gegenüber dem Heimbewohner weiter ausbauen auf einer Ebene undurchschaubarer Verrichtungen, die dem Bewohner Angst und Respekt einflößen.

Diese Berufsrolle des Pflegepersonals gründet sich auf dem gesellschaftlich erkannten Grundbedürfnis nach Pflege, das immer dann auftritt, wenn häuslich-familiäre oder andere ambulante Hilfsmöglichkeiten versagt haben oder von vornherein ausfallen. Die pflegerische Berufsrolle ist damit außerfamiliär bestimmt. Sie muß auf jedermann anwendbar sein, der zu der beschriebenen Personengruppe hilfsbedürftiger älterer Menschen zählt. Zu dieser „Jedermannsausrichtung" der Pflegerolle gehört als ihr Kern die Selbstverleugnung und Aufopferungswilligkeit des Pflegepersonals, berufliche Grundtugenden, die hier familiäre Nähe und soziale Gemeinschaft ausdrücken und zugleich ersetzen sollen (Hausarbeitsnähe).

Die Grundorientierung der Pflegerolle nach „Jedermannsfähigkeiten" besitzt aber heute keine Allgemeingültigkeit mehr. In zunehmender Weise gesellen sich neben solche überkommenen „weiblichen" Orientierungsmuster auch „männliche" Verhaltensbestimmungen, die auf Fachlichkeit, Sozialprestige und Spezialisierung der Pflegearbeit ausgerichtet sind (vergleiche den Abschnitt 3.2 in diesem Kapitel). Opferwilligkeit und Hingabe stellen keinen Lohn für sich mehr dar, soweit sich die Berufsausübenden nicht selbst zu einer solchen traditionellen Wertvorstellung bekennen. So läßt sich am ehesten der Aufgabenbereich der Grundpflege als typisch für ein überkommenes Rollenbild der Altenpflege festlegen; darüber hinaus wächst diesem „Wesenskern" der Pflege aber verstärkt auch der Sektor der sogenannten Behandlungspflege zu, der starke fachliche Akzente setzt. Verstärkt wird diese Tendenz noch durch unsere Forderungen nach einer individuellen „Förder"- oder „Forderungspflege", die an den vorhandenen Restfähigkeiten des einzelnen Bewohners anschließt und versucht, durch gezielte Rehabilitationsmaßnahmen eine selbstverantwortliche Lebensführung wieder möglich werden zu lassen.

Aus einem solchen Angebot beruflicher Orientierungsmöglichkeiten, die entweder ungenaue und verwaschene Vorstellungen von menschlicher Zuwendung entwickeln oder aber technischen Prozessen verhaftet sind, die keinen Bezug mehr zum älteren Menschen erkennen lassen, kann nun das Pflegepersonal individuelle Rollenschwerpunkte auswählen:
▷ bürokratisch (Pflege als Amt)
▷ professionell (Pflege als Beruf)
▷ caritativ (Pflege aus Berufung)

Diese Rollenschwerpunkte beinhalten folglich drei unterschiedliche Identitäten für das Altenpflegepersonal: Sie sind Angestellte der Institution, sie sind verantwortliche, selbständige Professionsangehörige und sie stehen im Dienste der Allgemeinheit. Wegen des fehlenden medizinisch-diagnostischen Funktionskreises erhöht sich im Bereich der stationären Altenpflege insbesondere der Entscheidungszwang zwischen einer berufsorientierten und einer caritativ orientierten Rollenausübung. Grund- und Behandlungspflege als Herausforderungen, „weibliche" und „männliche" Orientierungsmuster, kennzeichnen dieses Dilemma.

Auf der Grundlage traditioneller Rollenvorstellungen, ausgehend folglich von einer eher caritativen Berufsorientierung, entwickelt das Pflegepersonal oftmals gegenüber dem Heimbewohner eine „Mutter-Ersatz-Rolle", die als Verhaltensaspekt in Überversorgung, erdrückender Fremdbestimmung und übergroßer Emotionalität besteht und im Gegenzug beim Heimbewohner abhängiges, unselbständiges Verhalten hervorruft. Mitarbeiter mit diesem Berufsverständnis werden kaum eigenpflegerisches Verhalten bei Heimbewohnern unterstützen, das als Voraussetzung zur Befreiung aus institutionellen Zwängen gelten kann. [37]

Die komplementär sich zur Berufsrolle verhaltende Patientenrolle des Heimbewohners umfaßt nun die folgenden Strukturmerkmale: Weitgehende Passivität des Verhaltens, ein hohes Maß an Unterordnungsbereitschaft, Vertrauen auf die Kompetenz des Fachpersonals, Unterdrückung individueller Wünsche und Ansprüche, die im Rahmen der Organisation nicht erfüllbar erscheinen, physische und psychische Abhängigkeit und Einschränkung des Verhaltensspielraums zugunsten der Übereinstimmung mit vorgetragenen Forderungen, Normen und Regeln. Ein entscheidendes Erlebnis für den Heimbewohner ist hierbei, daß er im Rahmen der Organisation weniger als Persönlichkeit und vielmehr als Träger eines Krankheitssyndroms gesehen wird. Es bildet sich somit eine strikte Trennung zwischen dem auf ein spezifisches Krankheitsbild gerichteten Fachverhalten und dem persönlichen Umgangsverhalten heraus. Gleichfalls fällt auf, daß die Patientenrolle aufgrund ihrer passiven Anlage Kontaktaufnahmen mit der sozialen Umgebung unterdrückt. [38]

3.3.3 Die Positionsrolle/ Der „gute" und „schlechte" Patient

Jede Berufsrolle innerhalb der Altenheimorganisation entfaltet nun nach „oben" und „unten" durch Über- und Unterstellungen autoritäre Schaltstellen und Befehlsgewalten. Es entstehen somit vertikal verlaufende Abstufungen, denen jeweils eine klar umrissene Zuständigkeit, eine mehr oder minder ausgeprägte Anordnungs- und Kontrollgewalt und damit eine autoritäre Machtposition zugewiesen werden. Das bisher beschriebene Rollenbild des Pflegepersonals differenziert sich dann in die Positionsrollen der Pflegedienstleitung, der/des Stationsschwester/-pflegers, des fachlichen Personals und der nichtqualifizierten Pflegehelfer. Solche Statusunterschiede äußern sich nach außen oft dort, wo traditionelle, hierarchisch abgesicherte Vorstellungen wirken, beispielsweise in dem Tragen verschiedener Berufskleidung, in der Vornahme ganz bestimmter, privilegierter Handlungen durch ganz bestimmte Personen (z. B. Taschengeld-, Tablettenausgabe) und in der eifersüchtigen Überwachung der Einhaltung solch strikter Kompetenzabgrenzungen. Da wo die Autoritätsstruktur hierarchisch verläuft, ist auch das Personalgefüge nicht nebenordnend im Sinne eines größeren Ganzen angeordnet, sondern unterordnend im Widerspruch zur idealen Organisation des Altenheims.

Unterschiedliche Rangpositionen haben aber nun offensichtlich auch jeweils verschiedene Sichtweisen des Heimbewohners zur Folge. Verschiedene Ranghöhen und Führungsspannen eröffnen offensichtlich auch verschiedene Perspektiven der Wahrnehmung. So ist es wahrscheinlich, daß die Pflegedienstleitung den Heimbewohner eher aus der positionalen Distanz als ein Behandlungsobjekt begreift, während ein Mitglied des Stationspersonals ihn möglicherweise eher als ein Individuum mit ganz persönlichen Bedürfnissen und Verhaltensweisen zu sehen vermag. Auch können Einstellungen mit der Position wechseln. Eine zur Stationsschwester avancierte Altenpflegerin kann möglicherweise ihre Tätigkeit, die sie zuvor als aufopferungsvolle Pflege am alten Menschen begriffen hat, nunmehr als Zuarbeit für medizinisch-technische Abläufe uminterpretieren.

Auf der anderen Seite wird aber nun auch aufgrund solch verschiedener Sichtweisen das Verhalten des Heimbewohners durch verschiedene Konsequenzen beantwortet. Das jeweils wünschenswerte Verhalten wird belohnt, störendes Verhalten hingegen wird kritisiert oder auf andere Weise negativ sanktioniert. So können nebeneinander, je nach beruflicher Position, verschiedene Vorstellungen darüber existieren, was das Verhalten eines „guten Bewohners" ausmacht. Der „emanzipierte" Heimbewohner, der sich wehrt, aktiv ist, nachfragt und an den Umständen seiner medizinisch-pflegerischen Betreuung Interesse zeigt, wird von dem pflegerischen Mitarbeiter als „gut" eingestuft, der eine eher „männliche" Berufsorientierung besitzt. Hingegen wird der „handliche Bewohner", der den reibungslosen Organisationsablauf nicht stört und behindert, von der Gruppe favorisiert, die eine eher traditionell-weibliche Orientierung vertritt, wobei berufliche Anerkennung hier nicht aus dem Vollzug der Aufgabe selbst, sondern vielmehr aus der erwünschten Dankbarkeit des Bewohners bezogen wird. [39]

Für das zentrale Tätigkeitsfeld der pflegerischen Betreuung ergeben sich verschiedene Positionsrollen, die alle mit unterschiedlichen Befugnissen, Autoritäten und Wissen über betriebliche Zusammenhänge ausgestattet sind. Für einen „klassischen Altenheimbetrieb" (vgl. dazu Abb. 2) ergibt sich damit das folgende Bild:

In der Abb. 8 markieren die Punkte 1.–6. die unterschiedlichen Informationsstände, mit denen die Positionen innerhalb des pflegerischen Aufgabenkreises ausgestattet sind. So wird das Fachpersonal und erst recht das Hilfspersonal niemals in der Lage sein, selbständig verantwortlich zu arbeiten, weil hierzu die notwendige Übersicht in dem betrieblichen Zusammenhang fehlt. Aus demselben Grund werden Heimleitung und Fachpersonal niemals dasselbe Wissen und dieselbe Meinung über den Heimbewohner haben. Wie aber soll dann jemals der Heimbewohner als individuelle Persönlichkeit begriffen werden, wenn die oberen Heimverantwortlichen nichts über ihn erfahren. Wir sehen also deutlich, daß eine solche positionale Ausrichtung der Berufsrolle Pflege mit ihrer typischen Informations-

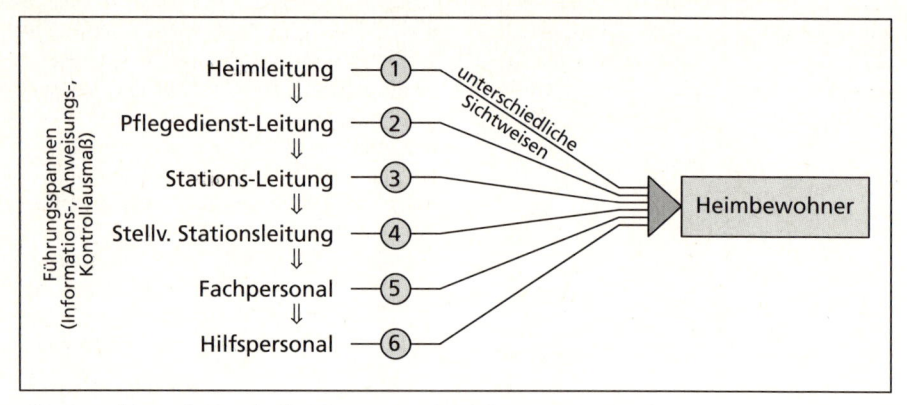

Abb. 8: Entfaltung der Berufsrolle Pflege entsprechend der Position

richtung von „oben" nach „unten" dringend zu überwinden ist.

Die Führungskräfte müssen begreifen lernen, daß die Information Untergebener über wesentliche betriebliche Zusammenhänge diese in die Lage versetzt, selbständige Urteile und Einschätzungen abzugeben, die wiederum Entscheidungen erleichtern und positiv beeinflussen im Sinne einer realistischen Handlungsweise.

Wichtige Bestandteile eines solchen wechselseitigen Austausches können wöchentlich stattfindende Heim- und Stationskonferenzen sowie bewohnerbezogene Aussprachen sein.

Worüber sollte ein Austausch erfolgen?
▷ über geplante Anschaffungen
▷ über Dienstplanänderungen/Personaleinsatzpläne
▷ über benötigte Sachmittel
▷ über technische, pflegerische oder hauswirtschaftliche Probleme
▷ über Personalengpässe
▷ über geplante Einstellungen und Entlassungen
▷ über Trägerentscheidungen
▷ über Heimaufnahmen
▷ über Rehabilitationschancen einzelner Bewohner
▷ über das soziale Klima auf den Stationen

Im Verlaufe solcher Gespräche ist darauf zu achten, daß auch die Meinung der Untergebenen Beachtung findet beziehungsweise Entscheidungen auf einer möglichst breiten Basis der Zustimmung getroffen werden (management by participation). Eine Organisation, die alle ihre Mitglieder an Entscheidungen teilhaben läßt, ist damit weniger autoritär und insbesondere weniger von der „eigentlichen Sache" entfernt als ein Gefüge, das zu einer Entscheidungsfindung erst weite Wege (Informationskanäle) zurücklegen muß. Die Berufsrolle des pflegerischen Mitarbeiters gliedert sich weniger stark in unnötige Zuständigkeiten; der Heimbewohner steht allen Entscheidungsträgern unmittelbar vor Augen.

Globale Sichtweisen von einem „guten" oder „schlechten" Patienten weichen einer ausgewogenen Beurteilung der einzelnen Persönlichkeit mit ihren Chancen, mit ihrer Lebensgeschichte, ihren Vorlieben, Abneigungen und Schwächen.

Ist der Druck des unbedingten Gehorsams den Untergebenen genommen, werden sie als fähig angesehen, Entscheidungen mitzutragen; so gestaltet sich auch deren Berufsrolle farbiger und vielseitiger. Jedes Personalmitglied darf sich dann einordnen in caritative, professionelle oder bürokratische Schwerpunkte. Hierdurch wird insgesamt die Arbeitszufriedenheit gesteigert und fachliches Handeln und Überlegen gestärkt. Auch verbessert dies die Zusammenarbeit mit anderen Kollegen und Kolleginnen, die sich wiederum andere Schwerpunkte gesetzt haben. Ein horizontaler Informationsaustausch sorgt für rasche Übermittlungswege und dafür, das realistische Situationsberichte an die Vorgesetzten weitergegeben werden.

Spannungen, Probleme und Konflikte bleiben bei einer geringen Ausprägung von Positionsrollen nicht lange verborgen; vielmehr gelangen sie ohne Umwege in die „Öffentlichkeit" der Stations- oder Heimkonferenzen und werden hier einer sachlichen Klärung zugeführt.

3.3.4 Privatrollen: Junger Helfer – alter Klient

Besonders wesentlich für das private Klima eines Altenheims sind die Rollenbeziehungen zwischen Personalmitgliedern und Heimbewohnern, soweit sie nicht durch den Betriebsablauf bestimmt sind. Hervorzuheben ist hier insbesondere die Beziehung zwischen junger und alter Generation. Die unterschiedlichen Lebenserfahrungen prägen hier eine breite sozio-kulturelle[11] Kluft. Unterschiedliche Wertvorstellungen, Verhaltensnormen und Symbole erschweren den Umgang zwischen Pfleger/innen und Bewohnern im Heim und bilden den Hintergrund für mangelndes Verständnis füreinander, gegenseitiges Mißtrauen und Kommunikationsschwierigkeiten. So läßt sich nachweisen, daß ältere Menschen häufig traditionelle, auf Anstand, Sitte und äußere Gepflegtheit abhebende Umgangsformen vom Personal erwarten, während umgekehrt das Personal in seine Sichtweise vom älteren Menschen negative gesellschaftliche Altersvorurteile projiziert, zum Beispiel Starrsinn, Autoritätshörigkeit, Schwund geistiger Leistungsfähigkeit, mangelnde Selbständigkeit usw.

Das übliche Autoritätsverhältnis zwischen den Rat und Anweisungen erteilenden Alten und den Rat und Anweisungen entgegennehmenden Jungen ist im Heimbereich auf den Kopf gestellt. Hier sind die jungen Pfleger im Unterschied zu den alten Klienten mit offizieller Verfügungs- und Strafgewalt ausgestattet und können damit ihre Machtansprüche leichter durchsetzen. Außerhalb eines solchen allgemeinen Generationenkonflikts öffnet die Psychoanalyse noch eine weitere Blickrichtung: Der jüngere Helfer wird vom Heimbewohner als Kind/Enkelkind angesehen, während der Helfer umgekehrt den älteren Menschen als

---

[11] Bezeichnung für das Ineinandergreifen von sozialen Lebensbedingungen, beruflicher und gesellschaftlicher Position und kultureller Teilhabe (Sprachausdruck, Verhaltensformen etc.).

Eltern-/Großelternteil erlebt. In diese Rollenbeziehung[12] gehen folglich auch entwicklungsbezogene Einstellungen, Hoffnungen und Ängste ein, die sich im Verlaufe der Kindheit und frühen Jugend herausgebildet haben. [40]

3.4 Konflikte und ihre Bewältigung

Aufgrund der beschriebenen Widersprüche zwischen formalen und informellen Beziehungen in der klassischen, bürokratisch verwalteten Altenheimorganisation ergeben sich nun dort eine Fülle von Konflikten, die jedem Heimleiter sehr vertraut erscheinen. Ursächlich kann man diese ordnen in Ziel-, Zweck-, Autoritäts- und Rollenkonflikte, wobei untereinander eine wechselseitige Überlagerung und Beeinflussung besteht. Aufgrund einer solchen Verflochtenheit lassen sich die einzelnen Konfliktbereiche nur schwer unterscheiden, das heißt ein und dieselbe Ursache kann auf verschiedenen Ebenen zu Spannungen führen.

Unter Zielkonflikten verstehen wir die Tatsache, daß eine Organisation gleichzeitig mehrere, nicht ganz miteinander vereinbare Ziele verfolgt oder das verschiedene einflußreiche Gruppen innerhalb oder außerhalb der Organisation nicht darüber übereinkommen, welches Ziel die Organisation verfolgen soll. Angesprochen ist hier das „Was" der Zielperspektive. Entsprechend definieren sich Zweckkonflikte als die Spannungen, die fast natürlich, ohne Zutun der beteiligten Personen dadurch entstehen, daß die Organisation mehrere Zwecke zu erfüllen hat; hier geht es um das „Wie" der Zielperspektive.

Im Gegensatz zu solchen Spannungen, die mehr in der Horizontalorganisation ihren Ursprung nehmen, sind die Autoritätskonflikte in der Vertikalstruktur verankert. Sie entstehen aus der Tatsache, daß zur Wahrnehmung zielorientierter Aufgaben bestimmte Funktionsbereiche in Über- und Unterstellungsverhältnisse gegliedert werden, daß also Positionen und Positionsgruppen mit unterschiedlichen Entscheidungs-, Kontroll- und Weisungsbefugnissen ausgestattet sein müssen. Stimmen Funktionszuweisung und Kompetenzausstattung nicht überein, entstehen zwangsläufig Autoritätskonflikte. Auch hier spielt die Persönlichkeit des jeweiligen Positionsinhabers keine wesentliche Rolle; der Konflikt existiert außerhalb seines persönlichen Bereichs.

Schließlich setzt der Zusammenhang von horizontaler und vertikaler Organisationsstruktur für bestimmte Mitarbeiter/Bewohnergruppen oder für einzelne Mitarbeiter/Bewohner einen Verhaltenshorizont, der mit widersprüchlichen formalen oder informellen Zwängen ausgestattet sein kann. Rollenkonflikte entstehen hier durch die oft unterschiedlichen Ansprüche, die zugleich an ein- und dieselbe Person gerichtet werden.

---

[12] Die Art und Weise des Verhaltenszusammenspiels zwischen zwei oder mehreren Personen, das gekennzeichnet ist von Erwartungen, Pflichten, Regeln und Zwängen einer bestimmten, vereinbarten Rolle; hier die Rolle von Privatmenschen in der Heimsituation.

3.4.1 Ziel-/Zweckkonflikte

Die Organisation Altenheim verfolgt zugleich die Ziele, älteren Menschen einen Lebensraum zu schaffen, der dem Grad ihrer Hilfebedürftigkeit optimal angemessen ist, und es soll dabei Wirtschaftlichkeit des Einsatzes von Arbeitskraft und Material, also Kostenökonomie, herrschen. Beide Absichten lassen sich gewöhnlich durchaus in einen sinnvollen Zusammenhang bringen, aber häufig geht auch eine Moral der „Einsparung um jeden Preis", die nach rein wirtschaftlichen Prinzipien aufrechnet, zu Lasten des pflegerischen Standards und der allgemeinen Lebensqualität in einer solchen Einrichtung. Solche Gegensätze können vom Träger ausgehen, aber auch persönlich zwischen Heimleitung und Pflegedienstleitung, als Vertreter unterschiedlicher Berufsgruppen, ausgetragen werden. Ein in der Regel noch schärfer empfundener Konflikt rankt sich um die zur Erreichung solcher Ziele notwendigen Verwaltungsaufgaben.

Die entscheidende Spannungsfront verläuft hier zwischen der Pflege und der Verwaltung. Während Pflege eine auf die allgemeine Personensorge abgestellte, unmittelbar körperbezogene Tätigkeit darstellt, geht es im administrativen Raum um die Sicherung der dazu notwendigen äußeren Bedingungen, wie z. B. Finanzen, Personalvorhaltung, bauliche und sachgegenständliche Voraussetzungen. Da wo nun solche Rahmenbedingungen sich verselbständigen, vollzieht sich eine Abkehr von der Personensorge hin zur Personenverwaltung; dies äußert sich in einer Fülle von Ordnungsvorschriften, die dann über rigide Heimordnungen, über die Bestimmung und Festlegung der Quantität und Qualität der Beziehungen zwischen Personal und Bewohnern, ein hohes Maß an Totalität der Heimsituation begründen helfen. Weiterhin können Spannungen zwischen verschiedenen Teilbereichen der Administration selbst auftreten, nämlich da, wo die vorausdenkenden planerischen Erfordernisse der Betriebsführung mit den auf Beständigkeit und materieller Sicherung abzielenden Erfordernissen der Bürokratie kollidieren.

Auch ein drittes Konfliktpotential soll nicht verschwiegen sein: Das Auseinanderklaffen zwischen der mehr auf die Erhaltung eines erträglichen gesundheitlichen status quo ausgerichteten körperbezogenen Pflegetätigkeit und der auf die psychosoziale Rehabilitation hinwirkenden therapeutischen Tätigkeit. Diese unterschiedliche Ausrichtung führt oftmals zu gegenseitiger Ablehnung oder zu gegenseitigem Konkurrenzverhalten zwischen pflegerischen Mitarbeitern und Beschäftigungstherapeuten oder Krankengymnasten. [41]

3.4.2 Autoritätskonflikte

Die Autoritätsstruktur eines Altenheimes ist als Verteilungsmuster der Ordnungs- und Entscheidungsmacht anzusehen. Die von der Spitze der Heimleitung her absteigende Folge der Übertragung solcher Macht bezeichnet man auch als Statusdifferenzierung. Im Heimbereich ist nun dieser hierarchische Zwischenraum, der den Abstand von „oben" nach „unten" bezeichnet, weniger ausgeprägt als im Krankenhaus. Dies eröffnet einerseits die Chance, zu nebenordnenden Informationswegen zu gelangen, andererseits ist aber vergleichsweise hier auch die Zentralmacht der Heimleitung ungleich stärker ausgebildet.

Konflikte zwischen delegierter Zuständigkeit und einem zentralistischen Eingreifen der allmächtigen Heimleitung werden in der Regel autoritär gelöst. Da es keinerlei Zwischenpositionen gibt, die ein solches Autoritätsgefälle abschwächen könnten, vollziehen sich zwischen beiden Lagern häufig Auseinandersetzungen, die einerseits auf dem Beharren auf unumschränkte Machtausübung, andererseits auf der Forderung zur Legitimierung dieses Machtanspruchs basieren. Ein weiterer Konflikt entsteht aus dem Unterschied zwischen vertraglich abgesicherter, eingesetzter Amtsautorität und der tatsächlichen Möglichkeit des Vollzugs. Eine Umsetzung eines solchen hohlen Autoritätsanspruchs wird häufig dadurch verhindert, daß Entscheidungsträger umgangen oder über eine Notwendigkeit einer Entscheidung nicht informiert werden. Es bilden sich so „heimliche" Instanzen, die oft mehr Befugnisse an sich ziehen als der offizielle Vertreter. So kann es kommen, daß zunächst stets die Verwaltungsleitung befragt wird, was der Heimleiter über einen bestimmten Sachverhalt denkt. [42]

3.4.3 Rollenkonflikte

Der Mitgliedschaftsrolle des Personals entspringt die Verpflichtung, sich gegenüber dem Heimbewohner emotional neutral zu verhalten, um eine Gleichbehandlung zu garantieren. Dies kann dort nicht aufrechterhalten werden, wo gleiches Handeln nicht situationsangemessen wäre, wo der Heimbewohner individuelle Förderung benötigt. Hier wird die verantwortliche Pflegefachkraft stets einen bewußten Normbruch vollziehen müssen, um dem ihrer Berufsrolle entspringenden Selbstvorwurf unzureichender Pflege zu entgehen.

Auf der anderen Seite vollzieht sich in der Übernahme der Krankenrolle durch den Heimbewohner, insbesondere wenn man die zunehmende Hilfsbedürftigkeit dieser Menschen mitdenkt, keine freiwillige Zustimmung, Mitglied der Einrichtung „Altenheim" zu werden. Weil sich der ältere Mensch oftmals nicht mehr artikulieren kann, oder sein Votum aus Gründen eines „höheren" Notstandes heraus übergangen werden muß, erfährt er eine Zwangsmitgliedschaft im Altenheim. Die entsprechende psychische Rebellion kann sich in bewußter Normenübertretung, aber auch in Passivität und Rückzug äußern (vergleiche hierzu die Diskussion über die Abwehrstrategien am Ende dieses Kapitels). Das vorläufige Nicht-Vorhandensein seiner Fähigkeit, gesellschaftlich wünschenswerten Rollenbeziehungen nachzukommen, ist für die Altenhilfeeinrichtung ein Grund, quasi stellvertretend und auf Dauer eine „Lebensordnung" für den Heimbewohner zu entwerfen (Totalität der Heimsituation). Dies ist eine direkte Folge der beruflichen Verhaltensausrichtung am gesundheitlichen Status der aufzunehmenden älteren Menschen.

Weitere Konfliktgegenüberstellungen sollen hier nur stichwortartig angedeutet werden: Traditionsverbundenheit „dienender Pflege" – komplexe, hochspezialisierte eigenverantwortliche Arbeitsprozesse; Allzuständigkeit – Spezialisierung; generalisierte Handlungsmuster – persönliches Engagement für den Heimbewohner.

Ein bedeutender Anteil der pflegerischen Berufsrolle besteht nun aber aus verwaltenden Aufgaben. Die Anforderungen der Altenheimbürokratie richten sich z. B. auf die Anlegung von Dienstplänen, Organisationsablaufplänen, Bestandsverzeichnissen, Dienstbüchern, Bewohnerkarteien, Dokumentationsübersichten, Taschengeldlisten, Bedarfsanforderungen. Nur zu einem Teil sind solche Tätigkeiten als bewohnerbezogen anzusehen. Da die berufsorientierte Sorge um das physische und psychische Wohl des Bewohners nicht unmittelbar mit dem guten und reibungslosen „Funktionieren" des Altenheimbetriebes sich überdeckt, können verwaltende und pflegerische Prinzipien in Konflikt geraten, denn beide Bereiche unterscheiden sich wesentlich in

▷ dem Grad der Standardisierung der Tätigkeiten und Verfahren
▷ der Mittelbarkeit beziehungsweise Unmittelbarkeit der Tätigkeit für den Heimbewohner
▷ dem Grad der Autorität gegenüber dem Heimbewohner
▷ dem Auseinanderklaffen von rationellen Arbeitsabläufen und den pflegerischen Idealen

Konfliktmöglichkeiten birgt aber auch der Gegensatz traditioneller leitbildhafter Rollenvorstellungen und die Notwendigkeit ständiger beruflicher Weiterbildung. Die herkömmliche Krankenschwesternrolle enthielt als bindenden Bestandteil ein hohes Maß an ständiger Leistungsbereitschaft und Unterordnung. Heute sind im Zusammenhang mit der Stellvertretung des abwesenden Arztes gegenüber dem Bewohner eine Fülle kompetenter Aufgaben auf das Pflegepersonal zugekommen, die mit angestammtem Rollenverhalten nicht mehr zu lösen sind. Hausarbeitsnähe wird daher zunehmend ersetzt durch berufliches Können und eigenverantwortliches Handeln. Caritativ orientierte Pfleger sind somit in einen großen konflikthaften Zusammenhang mit der professionellen Berufsausübung gestellt. Der beschriebene Zwiespalt äußert sich in der treffenden Umschreibung: „Menschliche Nähe oder berufliche Distanz", als den beiden Extrempositionen beruflichen Handelns am Bewohner.

Zusammengefaßt entspringen hier folglich Spannungen aus der dreifachen Möglichkeit, individuelle berufliche Schwerpunkte zu setzen. Berufliche Orientierungen, die sich als „administrativ", „professionell" oder „caritativ" kennzeichnen lassen, stehen also untereinander in einem konfliktreichen Zusammenhang. Eine innere Übereinstimmung mit dem professionellen oder bürokratischen Rollenverständnis verhindert folglich die Verwirklichung der caritativen Zuschreibung und umgekehrt. Auch die Beziehungen zwischen Heimbewohnern und Mitarbeitern, soweit sie sich im beruflichen Raum vollziehen, sind oftmals widersetzlich. Zum Konflikt wächst sich dies dann aus, wenn der Bewohner nicht der ihm auferlegten Herabsetzung seiner persönlichen Ansprüche nachkommt, wenn er sich aktiv verhält und Anordnungen sowie Handlungsmuster hinterfragt. Dadurch wird die Entsprechung „Mutter-Ersatz"- und „Patientenrolle" aufgelöst, was zu einem hohen Maß an Handlungsunsicherheit auf beiden Seiten führen kann. Oftmals ist die Flucht in Aggressivität oder sinnentleerter

Autorität auf der Personalseite die Folge.

Positionsrollen werden eingegangen aufgrund der Zuteilung eines bestimmten Rangplatzes (zugewiesener Status) innerhalb des beruflichen Altenhilfesystems. Status und Positionen bezeichnen damit die Anerkennung, die einem bestimmten Personalmitglied von anderer Seite gezollt wird. Statusunterschiede (Statusinkonsistenzen) ergeben sich aus der Tatsache, daß zugewiesener Status und tatsächlicher Status nicht übereinstimmen, daß der zugewiesene Status höher eingeschätzt wird, als er tatsächlich ist, oder daß der Status nicht genügend Anerkennung findet. Konflikte mit untergeordneten oder überstellten Berufskollegen am Arbeitsplatz sind dann unvermeidlich. Indem das Pflegepersonal die Anweisungen der Pflegedienstleitung nicht oder nur ungenügend beachtet, schränkt es ihren Status ein.

Umgekehrt vollzieht sich dies, wenn die Pflegedienstleitung sich als unumschränkt weisungsbefugt im pflegerischen Bereich einstuft und damit die zentrale Position der Heimleitung in Frage stellt. In beiden Fällen können die jeweiligen Positionsinhaber dieser Statusverschiebung autoritär entgegentreten, was in der Regel dazu führt, daß eine übergeordnete Instanz entscheiden muß (Heimleitung oder Träger). Weitere Beispiele für Statusunsicherheiten bestehen in dem geschlechtsspezifischen Prestigeabfall zwischen Altenpflegerinnen und Altenpflegern beziehungsweise zwischen Pflegedienstleitern und Pflegedienstleiterinnen. Die unterschiedlichen in der Altenpflege vorherrschenden Berufsstile, die auf „männliche" beziehungsweise „weibliche" Orientierungen zurückgehen, beinhalten auch unterschiedliche Sichtweisen des „guten" und „schlechten" Bewohners, so daß der Status ein- und derselben Person je nach Einschätzung des Pflegepersonals einmal höher, einmal niedriger ausfallen kann. Verhaltensunsicherheiten auf beiden Seiten sind die unmittelbare Folge. [43]

Die Ursachen für solche Statusunsicherheiten sind stets in unterschiedlichen, positionsgebundenen Sichtweisen und Interpretationen der Aufgabenstellungen und -bezüge zu sehen. Bürokratische Ordnungen, die nicht durch Zielvereinbarung und Mitgestaltung entstehen, sind stets unvollständig, ungenau, widersprüchlich und damit auslegebedürftig. Der Interpretationsvielfalt der Organisationsmitglieder entspricht dann das sich zwangsläufig bildende Konfliktgefüge.

3.4.4 Generationskonflikte

Der Hauptstreitpunkt beruht auf den unterschiedlichen sozialen und kulturellen Bräuchen der sich im Altenheim begegnenden Generationen. Weiterhin sind auch enorme wechselseitige Informationsunterschiede über die je unterschiedlichen Lebensbedingungen vorhanden. Verschärfend wirkt sich aus, daß hier auch das Autoritäts- und Machtverhältnis zwischen Alter und Jugend auf den Kopf gestellt ist, denn die pflegerischen Mitarbeiter, also die „Jungen", sind mit Machtbefugnissen gegenüber den „Alten" ausgestattet.

Das psychoanalytisch zu deutende wechselseitige Übertragungsgeschehen von Eltern-/Großelternrolle und Kind-/Enkelkindrolle beinhaltet für den jüngeren Pflegemitarbeiter Beunruhigung, Angst und Störungen in der

Berufsausübung, da er sich in die Position eines Kindes gedrängt fühlt; es bedeutet für den älteren Menschen übergroße Erwartung in Hinblick auf Respekt und Unterordnung, aber auch in Hinblick auf Anerkennung und Zuneigung. [44]

Die beschriebenen Konfliktfelder und Einzelkonflikte fordern aber nun von den Betroffenen Strategien zur Lösung, Milderung oder Umgehung der auftauchenden Probleme. Niemand, weder Mitarbeiter noch Heimbewohner, kann auf Dauer mit ungelösten Widersprüchen und Gegensätzen leben. Deshalb vollzieht sich im Innenleben des Betroffenen ein Prozeß der Aussöhnung mit oder der Flucht vor Widersprüchen.

3.4.5 Strategien der inneren Abwehr von Konflikten

Die Lebenssituation des Heimbewohners ist innerhalb der klassischen Altenheimorganisation bestimmt durch die Einengung seiner Persönlichkeit, die Veränderung seiner gewohnten Verhaltensweisen, den Entzug von Zuneigung und emotionaler Nähe und die verschiedenen, oft widersprüchlichen Deutungen seiner Stellung im sozialen Heimgefüge. Eine Selbsteinschätzung des Integrationsgrades wird dem Bewohner nicht zugestanden; verhaltensbestimmend ist hier die diesbezügliche Einschätzung durch das Pflegepersonal. Es ergeben sich somit widersprüchliche Anforderungen und Bewertungen: Der Bewohner wird als Patient, aber nicht als Persönlichkeit akzeptiert. Man belohnt sein Wohlverhalten durch persönliche Zuwendung, welche jedoch stark zeitgebunden ist. Es werden pflegerische Maßnahmen ergriffen, ohne daß der ganze Mensch in solche Planungen einbezogen wird. Dies alles bedeutet einen Frontalangriff auf die Identität, auf die in einem langen Leben ausgereifte Persönlichkeit des Bewohners. Die erzeugten psychischen Spannungen versucht er zu beherrschen oder abzubauen durch sogenannte „Abwehrmechanismen". Sie sollen wieder den Einklang herstellen zwischen innerem Bedürfnis und äußerem Geschehen. Nach Anna Freud (1973) sind nun an die Selbstbehauptung der Persönlichkeit in einem solchen Geschehen praktische, innenwirkende Kräfte zur Abwehr oder Integration äußerer Einflüsse geknüpft. Die lebenslang gewonnene Ich-Stabilität müsse gegen Ansprüche der sozialen Umwelt, gegen deren Normen und Werte, die nicht die eigenen seien, verteidigt werden. Oder aber das „Neue" müsse in das eigene Erleben einfließen, so daß eine neue Balance, ein neues inneres Gleichgewicht entstehe. Abwehrmechanismen dienten folglich der Versöhnung des unter äußerem Druck nicht zur Befriedigung gelangenden Trieb- (Bedürfnis-)geschehens. Der Bezug zur Außenwelt sei dabei ein nur indirekter, da solche Abwehrvorgänge nicht direkt auf äußere Herausforderungen reagieren, sondern durch sie vielmehr eine innerpsychische Steuerung des Triebgeschehens hervorgerufen werde, das dann schließlich mehr oder minder mit den Forderungen der Umwelt in Einklang stehe. Aus dieser Sicht vollziehe sich das Geschehen der Abwehr weitgehend unbewußt; Aufgabe der Psychoanalyse sei nun dessen Erhellung, um zu einer bewußteren Form der Auseinandersetzung zu gelangen, die Aussicht auf Erfolg verspreche. [45]

Lerntheoretische Aussagen erweitern diese Annahme nun dadurch, daß man auch direkt nach außen wirkende, festgelegte Handlungsweisen annimmt, die der Wahrung und Erhaltung der persönlichen Identität in der Auseinandersetzung mit der Umwelt dienen. Solche verfestigten Handlungsweisen stünden im Dienste der Verwirklichung und Durchsetzung von Grundthemen der persönlichen Existenz (Daseinsthemen), wie Umgang mit anderen, Umgang mit Tod und Sterben, Suche nach Liebe und Zuwendung. – Abwehrmechanismen umfassen mithin den mehr unbewußteren Reaktionsbereich der Triebabwehr, Daseinstechniken[13] erweitern diesen um die Elemente der Erfahrung, des Lernens, möglicherweise auch der Veränderung in Hinblick auf die Verwirklichung nach außen gerichteter Ziele.

Thomae (1968) unterscheidet die folgenden Techniken:
▷ Leistungsbezogene, umweltverändernde Techniken (Daseinsbewältigung durch Energieaufwand)
▷ Anpassungstechniken (Daseinsermöglichung durch Änderung des eigenen Verhaltens)
▷ Defensive, bewußtseinsentziehende Techniken der Verdrängung (Daseinsermöglichung durch Abwehr schädlicher Impulse und weitgehender Reduzierung des Verhaltensspielraums)
▷ Evasive Techniken (Daseinsermöglichung durch physisches oder gedankliches Hinausgehen aus den Spannungsfeldern)
▷ Aggressive, umweltschädigende Techniken (Daseinsermöglichung durch direkte oder indirekte Schädigung der dinglichen oder sozialen Umwelt). [46]

Die Qualität wie auch die Quantität des Einsatzes von Daseinstechniken bestimmen sich nunmehr aus der subjektiv erlebten Belastung des älteren Menschen durch die neue Heimsituation und nicht etwa aus seiner objektiven Belastung. Nach neueren Untersuchungen unterliegt die Art und Weise des Einsatzes von Daseinstechniken einem deutlichen Einfluß der Persönlichkeit; insbesondere wird der Einfluß des Sozialstatus herausgestellt. [47]

3.4.6 Strategien der beruflichen Verarbeitung von Konflikten

Der berufliche Aufstieg

Hier wird der Versuch unternommen, größere Unabhängigkeit, mehr Entscheidungsbefugnis, höhere Statussicherheit, mehr fachliche Kompetenz zu gewinnen, was aber auch stets mehr Distanz zum Heimbewohner bedeutet. Aufstieg kann zum einen im Sinne fachlicher Spezialisierung zum Beispiel zur Intensiv- oder Laborschwester im Krankenhaus vollzogen werden. Durch das Fehlen des medizinisch-diagnostischen Funktionskreises sind hierfür im Heimbereich keine Möglichkeiten vorhanden. Fachliche Spezialisierung zeichnet sich durch

---

[13] Synonym mit dem Begriff der Daseinstechnik wird in der anglo-amerikanischen Literatur der Begriff „coping-mechanism" zur Kennzeichnung der auf Erfahrung gründenden Auseinandersetzung mit Stressoren und belastenden Situationen verwendet.

„Fristigkeit", das heißt durch die zeitliche Begrenztheit der Tätigkeitsausübung infolge eines höheren Verschleißes der Arbeitskraft aus. Aufstieg kann zum anderen vollzogen werden als das Aufrücken in eine höher bewertete Tätigkeit. Hiermit verbunden sind meist Fort- und Weiterbildungsqualifikationen, die zu erwerben sind; mitunter genügen aber auch persönliches Wohlwollen der Vorgesetzten oder Wohlverhalten. Im Heimbereich vollzieht sich aber in jedem Fall mit dem Aufstieg Entfremdung von der normalen Pflegetätigkeit, vom Bewohner und von den Kollegen.

Zunehmende Verberuflichung (Professionalisierung)

Aufgrund des veränderten Berufsalltags in der Pflege lassen sich traditionelle Berufsstandards der dienenden, hausarbeitsnahen Pflege nicht mehr vereinbaren mit den Forderungen nach komplizierter Förder- und Behandlungspflege. Zur Folge hat dies Emanzipation in zweifacher Hinsicht: Zum einen Befreiung aus einer „weiblichen" Rollenfestlegung der Pflege, zum anderen die Emanzipation von einer aus der Medizin abgeleiteten „Halbberuflichkeit".

Professionalisierung bezeichnet hier also das Bemühen, sich gegen die Medizin als eigenständiges, souveränes Tätigkeitsfeld abzugrenzen, wobei überholte diffuse Vorstellungen von „Allzuständigkeit" hinderlich erscheinen. Wissen und die Verfügungsgewalt darüber sollen folglich so gestaltet und beanspruchbar sein, daß andere Berufsgruppen (Medizin) davon ausgeschlossen bleiben. Die Pflege will endlich ihre Voraussetzungen selbst kontrollierbar gestalten. Dieser Anspruch auf größere berufliche Autonomie beruft sich auf drei Wirkfaktoren:

▷ Pflege wird verstärkt ein arbeitsteilig differenziertes, kooperatives Gemeinschaftshandeln zwischen Arzt und Pflegepersonal
▷ Pflege hat immer mehr Kompetenzen von der im Altenheim nicht direkt vertretenen ärztlichen Seite überantwortet bekommen
▷ Pflege erhält verstärkt die Funktion der „Vertretung des Arztes am Bewohnerbett" als Bezugstherapie, die fachliche Fundierung und Schulung voraussetzt

Die Verberuflichung der Pflege vollzieht sich in dem Bemühen, ein Gegengewicht zum klinisch-technischen Ablauf ärztlicher Diagnostik zu schaffen. An ihre Stelle tritt hier die tiefere Einsicht in die psychischen und sozialen Bedingungen, die mit Abläufen des chronischen Krankseins einhergehen. Eine solche Ausschließlichkeit pflegerischen Handelns soll sich jetzt auf den Bereich der Zuwendung und des Gesprächs richten, auf jenen Bereich also, der bis heute aus dem medizinischen Beruf ausgeschlossen ist. Beziehungsarbeit soll jetzt zum beruflichen Arbeitsgegenstand der Pflege werden als ihr unverwechselbares Kriterium für Beruflichkeit. Obgleich hierdurch Personennähe vorgegeben wird, birgt die zunehmende zwangsläufige „Verwissenschaftlichung" der Pflege das Moment einer neuen Distanzierung vom Heimbewohner in sich, denn die hausarbeitsnahen Fähigkeiten wie Empathie, Geduld, Intuition gehen verloren.

Identifikation mit Wissen und technischen Fertigkeiten

Hier vollzieht sich eine Gleichsetzung mit den Herausforderungen der Intensiv-Medizin, die ihre eigenen Maßstäbe setzt. Das Pflegepersonal übernimmt den Habitus ärztlicher Routine und ärztlichen Denkens und erlebt sich in einer „Expertenrolle", was in der letzten Konsequenz aber wieder zur Verdrängung der berechtigten Ansprüche der Bewohner auf mitmenschliche Zuwendung führt. Die Kluft zwischen Medizinberuf und Pflege wird durch die Aufgabe des eigenen Standpunktes nur noch erhöht.

Identifikation mit dem Bewohner

Das Gegenstück zur Identifikation mit der ärztlichen Berufseinstellung bildet die nicht-berufliche Identifikation mit dem Bewohner. Zu unterscheiden sind dabei
▷ eine Form der aufzehrenden, aufopferungsvollen, distanzlosen Zuwendung, die eine entsprechende Beantwortung vom Bewohner erheischt
▷ eine Form der Indienststellung des Bewohners für eigene Sehnsüchte, Hoffnungen oder aber für Eigenzwecke wie Erfolg und Anerkennung

Die Nähe zu psychopathologischen Befunden, die sich im sogenannten „Helfersyndrom" äußern, ist hier auffällig. Der Bewohner beziehungsweise der pflegerische Mitarbeiter beuten sich in ihrer Verklammerung wechselseitig psychisch aus, indem sie stets hinter den Erwartungen und Sehnsüchten des anderen zurückbleiben.

Die Abhängigkeit vom jeweils anderen wird zum Markenzeichen solcher irregeleiteter Vorstellungen von menschlicher Zuwendung.

„Leben und leben lassen"

Dieses berufliche Verhalten sucht zwischen den Organisationskonflikten „Abhängigkeit–Unabhängigkeit", „Anerkennung–Abwehr" sowie „Nähe–Distanz" einen gangbaren Mittelweg. Grundlegend ist die Auffassung pragmatischen Handelns, das seine Zwecke im gegenseitigen Nutzen und in der sinnvollen Berufserfüllung setzt.

Ritualisierung

Hier geht es vornehmlich um das Abwehren von Nähe, um die Herstellung und Erhaltung von Distanz und um die Abwehr des Hineingezogenwerdens in Gefühle und Ängste der Bewohner. Das Ritual ist folglich die organisatorisch erwünschte Form des Umgangs mit älteren Menschen. In diesem Sinne ist sie affirmativ, dient sie doch dazu, Bestehendes nicht in Frage zu stellen beziehungsweise eine kritische Hinterfragung zu verhindern. Daneben gibt es jedoch auch Resignation, die anerkennt, daß unter den gegebenen Organisationsbedingungen eine individuelle Pflege nicht möglich ist. Rituale vollziehen sich häufig im Rahmen festlicher Begegnung, der wöchentlichen Visite des Hausarztes, der Vornahme von Ersatzhandlungen für Zuwendung (Hygienemaßnahmen, Aufräumen, Ordnunghalten), aber sie können sich auch äußern als immerwährende Notstandshaltung (Einsatzbereitschaft im Krisenfall), die das Bedürfnis nach persönlicher Zuwendung überdeckt. [48] Strategien der Bewohner, die es ermöglichen, die aufgezeigten, aus der Heimaufnahme erwachsenden Konflikte zu kompensieren, haben wir bereits als Daseinstechniken gekennzeichnet. Der Bewohner kann in der Regel nur psychische Reaktionen zeigen, da er aktiv in das Heimgeschehen nicht eingreifen kann oder darf.

Aus der Zusammenfassung der Möglichkeiten des inneren und äußeren Aufbaus der Altenheimorganisation ergibt sich das folgende Bild:
▷ das Altenheim als soziales Gefüge ist wenig angewiesen auf eine große Bandbreite von beruflichen Sonderfunktionen
▷ das Altenheim als soziales Gefüge ist wenig angewiesen auf ein hohes Maß an Über- und Unterstellungen
▷ das Altenheim als soziales Gefüge schöpft ein hohes Maß an Konflikthaftigkeit aus überkommenen gesellschaftlichen Vorstellungen, die den Heimbereich überlagern
▷ das Altenheim als soziales Gefüge ist traditionell mehr Verwaltungsraum als Lebensraum für seine Bewohner

Ähnliches gilt für die Ausübung des Pflegeberufes in einem solchen Gefüge:
▷ der Pflegeberuf ist belastet durch überkommene Vorstellungen „dienender Hilfsbereitschaft"
▷ der Pflegeberuf ist inhaltlich eingeengt durch seine „Halbberuflichkeit" und durch die Einbindung in medizinisch-diagnostische Vorgänge
▷ der Pflegeberuf ist Ausgangs- und Zielpunkt gesellschaftlicher Konflikte und traditioneller Vorstellungen, die ihn in seiner Existenz bedrohen
▷ der Pflegeberuf vollzieht sich innerhalb zugewiesener Rollenbeziehungen am Heimbewohner vorbei
▷ der Pflegeberuf trägt unter dem Druck von vorgeschriebenen Routine- und Verwaltungshandlungen immer mehr zur Entpersönlichung bei.

Das Altenheim hat folglich dort Entwicklungschancen, wo es seine vorhandenen Freiräume nutzt, sich von Zwängen befreit und sich der persönlichen, individuellen Betreuung seiner Bewohner stellt. Um solche Freiräume auszufüllen, brauchen wir handlungsfähige, fachlich versierte Mitarbeiter, die sich nicht als Anhängsel medizinischer Entscheidungen begreifen. Die notwendigen Befreiungsschritte erfordern daher ein hohes Maß an beruflicher Motivation von jedem Mitarbeiter. Demgegenüber steht als Partner der alte Mensch, der auch motiviert, das heißt am Heimleben aktiv beteiligt werden soll. Unser nächstes Kapitel beschäftigt sich also ausführlich mit den Voraussetzungen, die ein solches Mitgestalten auf beiden Seiten ermöglichen. Soziales Gestalten im Altenheimbereich vollzieht sich daher stets zwischen dem Anspruch nach einem reibungsfreien Betriebsablauf (Organisation) und dem Anspruch nach der Wahrung der Grundanliegen der hier eingebundenen Personen (Motivation).

Literatur zu Kapitel 1

1. vgl. hierzu:
Georgopoulos, Basil S. & Mann, Floyd C.: The hospital as an organization, in: Jaco. E. G. (Ed.) Patients, physicians and illness. New York 1979. S. 299.
Rohde, Jürgen Johann: Soziologie des Krankenhauses. Stuttgart 1974. S. 97–108.

2. Mayntz, Renate: Soziologie der Organisation. Hamburg 1971. S. 36.
3. Rohde, J. J., a.a.O. S. 217.
4. Balluseck, Hilde von: Die Pflege alter Menschen. Institutionen, Arbeitsfelder und Berufe. Berlin 1980. S. 273–281.
5. Rohde, J. J., a.a.O. S. 141ff.
6. Schweiger, Dieter: Organisation in Alten- und Pflegeheimen, in: Das Altenheim 1978/6. S. 131.
7. Bennett, Ruth: The meaning of institutional life, in: The Gerontologie 1963/3. S. 119.
8. ebda. S. 120.
9. Schmitz-Scherzer, R./Schick, I. u. a.: Altenwohnheime, Personal und Bewohner, Schriftenreihe des Bundesministers für Jugend, Familie und Gesundheit, Bd. 57. Stuttgart 1978. S. 63, 94.
10. Goffman, Erving: Asyle. Frankfurt 1981. S. 16–23, 95–112, 202.
11. Pincus, Allen: The definition and measurement of the institutional environment in homes for the aged, in: The Gerontologist 1966/8. S. 207–210
12. Bennett, R., a.a.O. S. 117–125.
13. Jaco, E. G.: Ecological aspects of hospital patient care, in: Jaco, E. (Ed.) a.a.O. S. 324–344.
14. Schick, Ingrid: Alte Menschen in Heimen. Köln 1978. S. 16, 18–21.
15. Knobling, Cornelia: Interaktionsprobleme im Altenheim. Dissertatio Würzburg 1983. S. 20–22.
16. Rohde, J. J., a.a.O. S. 109f.
17. ebda., S. 114.
18. Fischer, Lorenz: Die Institutionalisierung alter Menschen. Köln 1976. S. 149.
19. vgl. hierzu: Weber, Max: Wirtschaft und Gesellschaft. Tübingen 1956. S. 124–130, 650–678. Mayntz, R., a.a.O. S. 85ff. Rohde, J. J., a.a.O. S. 207–228.
20. vgl. hierzu: Patzer, Volker: Die Institutionen der Krankenversorgung und medizinische Berufe, in: Geissler, Brigitte & Thoma, Peter (Hrsg.): Medizin-Soziologie. Frankfurt 1975. S. 238. Koch, Jens-Jörg: Der Einfluß von Kommunikation, Hierarchie und sozialem Abstand auf die Krankenpflege und den Genesungsprozeß, in: Picing, Maria (Hrsg.): Krankenpflege in unserer Gesellschaft. Stuttgart, 1972. S. 68f. Mayntz, R., a.a.O. S. 90–96.
21. Schweiger, D., a.a.O. S. 131–134.
22 vgl. hierzu: Mayntz, R., a.a.O. S. 97–104. Patzer, V., a.a.O. S. 238–242.

Häfner-Ranabauer, Wiltrud: Autorität – ihre Bestimmung und Funktion im Krankenhaus, in: Pinding, M. (Hrsg.), a.a.O. S. 50–63.
23. Studienstiftung der Verwaltungsleiter deutscher Krankenanstalten (Hrsg.): Die gesellschaftliche Einschätzung von Krankenpflegeberufen in der Bundesrepublik Deutschland. Stuttgart 1969. S. 14–57, 196–223.
24. Sauter, M./Kempe, P./Closs, Chr.: Männer in einem typischen Frauenberuf. Alten- und Krankenpfleger in der Altenhilfe, in: Das Altenheim 1983. S. 53–57.
25. Ostner, Ilona & Krutwa-Schott, Almut: Krankenpflege – ein Frauenberuf. Frankfurt 1981. S. 162ff.
26. Touhey, John C.: Effects of additional men on prestige and desirallity of occupations typically performed by women, in: Journ. Appl. Social Psych. 1974/4. S. 330–334.
27. Ostner, I. & Krutwa-Schott, A., a.a.O. S. 166.
28. Pinding, Maria/Münstermann, Jörg/Kirchlechner, Berndt: Berufssituation und Mobilität in der Krankenpflege. Schriftenreihe des Bundesminister für Jugend, Familie und Gesundheit, Bd. 22. Stuttgart 1975. S. 89–113.
29. ebda., S. 153ff. Bischoff, Claudia: Frauen in der Krankenpflege. Frankfurt 1984. S. 138f.
30. ebda., S. 153ff.
31. vgl. hierzu: Ostner, Ilona & Beck-Gernsheim, Elisabeth: Mitmenschlichkeit als Beruf. Frankfurt 1979. S. 26–58. Bischoff, C., a.a.O. S. 155ff. Ostner, I. & Krutwa-Schott, A., a.a.O. S. 74f.
32. Ostner, I. & Krutwa-Schott, A., a.a.O. S.99.
33. Ostner, Ilona: Möglichkeiten der Bewältigung von Arbeitssituationen in der Pflege, Teil I, in: Altenpflege 1979/10. S. 340.
34. vgl. hierzu: Ostner, I. & Beck-Gernsheim, E., a.a.O. S. 14–20, 51, 63–70. Ostner, I.: Möglichkeiten der Bewältigung von Arbeitssituationen der Pflege, Teil I, a.a.O. S. 339. Balluseck, H. v., a.a.O. S. 135ff.
35. vgl. hierzu: Ostner, I. & Beck-Gernsheim, E., a.a.O. S. 37–58. Ostner, I.: Möglichkeiten der Bewältigung von Arbeitssituationen der Pflege, Teil I, a.a.O. S. 339f.
36. vgl. hierzu: Gallagher, Eugene B.: Lines of reconstruction and extension in the Parsonian sociology of illness, in: Jaco, E. G. (Ed.), a.a.O. S. 162–168.

Parsons, Talcott: Definitions of health and illness in the light american values of social structure, ebda., S. 120–134.
Rohde, J. J., a.a.O. S. 296–304.
Volkholz, Volker: Krankenschwestern, Krankenhaus, Gesundheitssystem. Stuttgart 1973. S. 91–96.
37. vgl. hierzu:
Rohde, J. J., a.a.O. S. 277–296.
Corwin, Ronald G.: Krankenschwestern im Rollenkonflikt, in: Luckmann Theodor & Sprondel, Walter (Hrsg.): Berufssoziologie. Köln 1972. S. 91–93.
Schulman, Sam: Mother surrogate – after a decade, in: Jaco, E. G. (Ed.), a.a.O. S. 272–280.
38. vgl. hierzu:
Suchman, Edward A.: Stages of illness and medical care, in: Journal of health and human behaviour 1965/6. S. 122–125.
Tagliacozzo, Daisy, L. & Mauksch, Hans O.: The patients view of the patients role, in: Jaco, E. G, (Ed.) a.a.O. S. 185–200.
39. vgl. hierzu:
Ostner, I.: Möglichkeiten der Bewältigung von Arbeitssituationen der Pflege, Teil I, a.a.O. S. 340.
Koch, J. J., a.a.O. S. 69ff.
Sandrock, Fritz: Untersuchungen zur Sozialstruktur einer Krankensituation unter Berücksichtigung des pflegerischen Funktionsbereichs. Kaupen-Haas, (Hrsg.): Soziologische Probleme medizinischer Berufe. Abhandlungen zur Mittelstandsforschung, Bd. 36. Köln 1968. S. 195–209.
40. Knobling, C., a.a.O. S. 46–62.
41. vgl. hierzu:
Reingold, Jacob & Dobrof, Rose: Organization theory and homes for aged, in: The Gerontologist 1965/5. S. 95.
Rohde, J. J., a.a.O. S. 323ff.
Mayntz, R., a.a.O. S. 74ff.

42. Rohde, J. J., a.a.O. S. 352–357.
Koch, J. J., a.a.O. S. 74.
43. vgl. hierzu:
Kaupen-Haas, Heidrun: Die Reduktion beruflicher Statusinkonsistenz in: Kaupen-Haas, H. (Hrsg.) a.a.O. S. 227–249.
Rohde, J. J., a.a.O. S. 302–316.
Ostner, I.: Möglichkeiten der Bewältigung von Arbeitssituationen der Pflege, Teil I, a.a.O. S. 340.
Gurland, Elisabeth: Menschliche Nähe und berufliche Distanz – Umgang von Mitarbeitern mit Senioren im Heim, in: Das Altenheim 1980/4. S. 73–76.
Reingold, J. & Dobrof, R., a.a.O. S. 92ff.
Corwin, R. G., a.a.O. S. 91ff.
Volkholz, V., a.a.O. S. 94.
Koch, J. J., a.a. O. S. 69ff.
44. Knobling, C., a.a.O. S. 49–62.
45. Freud, Anna: Das Ich und die Abwehrmechanismen. München 1973. S. 34ff.
46. Thomae, Hans: Das Individuum und seine Welt. Göttingen 1968. S. 366ff.
47. Langemann, U. v.: Reaktionsformen auf Belastungssituationen bei älteren Menschen. Phil. Dissertation. Bonn 1970. S. 130.
48. vgl. hierzu:
Rohde, J. J., a.a.O. S. 345ff.
Ostner, Ilona: Möglichkeiten der Bewältigung von Arbeitssituationen in der Pflege, Teil II, in: Altenpflege 1979/11. S. 376–379.
Sprondel, Walter M.: „Emanzipation" und „Professionalisierung" des Pflegeberufes – Soziologische Analyse einer beruflichen Selbstdeutung, in: Pinding, Maria (Hrsg.): Krankenpflege in unserer Gesellschaft. a.a.O. S. 17–26.
Schmidbauer, Wolfgang: Helfen als Beruf, Reinbek 1983. S. 15–28.

Das Persönlichkeitsbild der Heimbewohner

1. Persönlichkeitstheorien

Bevor wir uns die Frage stellen, was den alten Menschen befähigen kann, aktiv das soziale Leben innerhalb des Heimbetriebes mitzugestalten, müssen wir uns wohl oder übel auch die Frage nach den unterschiedlichen Verhaltensbedingungen zwischen alten und jungen Menschen vorlegen. Welche Gedanken, Vorstellungen und Lebensweisen sind altersabhängig? Welche alterstypischen Verhaltensweisen im sozialen Umgang gibt es? Kurzum, wir fragen nach dem Menschenbild, das die Wissenschaft (Anthropologie, Gerontologie) vom alten Menschen entworfen hat. Bevor wir also Zielvorstellungen und Therapiemöglichkeiten entwickeln, müssen wir sicher sein, auch wirklich das Wesen des Alters erkannt zu haben. Alle Aussagen zu einer Theorie des Alterns, die nicht in eine Vorstellung darüber münden, welche Vorgänge und Veränderungen sich altersabhängig vollziehen, zielen im Grunde ins Leere, weil sie nicht erklären, sondern nur beschreiben.

Es ist daher, will man eine solche Erklärung abgeben, unbedingt notwendig, diese nicht dadurch zu verengen, daß sie nur eine Betrachtungsweise (soziologisch, psychologisch, sozialpolitisch) spiegelt. Vielmehr muß eine Erklärung über das Wesen des alten Menschen offen sein für die vielfältigen Lebensbedingungen, die Alter in unserer Gesellschaft tatsächlich haben kann. Eine solche persönlichkeitstheoretische Hinterlegung der praktischen Pflegearbeit fehlt bis dato nahezu vollständig.

Unsere Fragestellung wird nun in der Persönlichkeitspsychologie aufgegriffen, gerichtet auf „die menschliche Person"[1] in der Zeit; die menschliche Person also in Hinblick auf ihre geschichtliche Existenz, die Person insofern sie in einem konkreten historischen Lebenslauf Wirklichkeit wurde." [1] Das Ringen um eine klar formulierte Definition von Persönlichkeit ist nach wie vor aktuell und hat zu unterschiedlichen Forschungsansätzen, Methoden und Theorien geführt. Grundsätzlich folgt aus der gegebenen Bestimmung von Persönlichkeit, daß der Prozeß des Alterns sich nicht aus dem Gesamtlebenslauf als einer Einheit herauslösen läßt. Wohl mag es leichte Verschiebungen in der Ausprägung eines Merkmals geben, niemals aber wird die alternde Persönlichkeit sich ohne massiven äußeren Druck in ihrem Wesenskern ändern. Gemeinsam ist somit allen Persönlichkeitstheorien eines: Der Mensch wird als individuelles Erscheinungsbild und Wesen begriffen.

Unterscheidbar sind die einzelnen Theorien nach je verschiedener Erkenntnisabsicht, nach äußeren Merkmalen sowie nach Methoden und Vorgehensweisen (nomothetische/ ideographische Ansätze, biographische Methoden etc.). Um einer Zer-

---

[1] Hiermit wird das statische, das der bloßen körperlichen Existenz übergeordnete Element der Persönlichkeit zum Ausdruck gebracht. Es charakterisiert den Menschen als ein unverwechselbares Sonderwesen im Weltgeschehen und bezieht zugleich auch die aktuellen seelischen Vorgänge, ihre Entwicklung und die individuellen Prägungsformen ein.
Lit.: Lersch, Philipp: Der Aufbau der Person. München 1951. S. 46

splitterung in kleinste Unterscheidungseinheiten vorzubeugen, soll hier jedoch der methodische Aspekt ausgeklammert bleiben. Somit entsteht die folgende Grobklassifikation der unterscheidbaren Ansätze [2]:

1.1 Strukturale Ansätze (Zustände)
Der Strukturbegriff bezieht sich auf einen zumeist hierarchischen Aufbau von Persönlichkeitsmerkmalen

1.1.1 Schichtenmodelle
Die Persönlichkeit fällt hier weitgehend zusammen mit der Person, die aus Stufen und Schichten von Dispositionen zusammengesetzt begriffen wird. Die Organisation der Person erfolgt gewöhnlich nach einem zentralen, vereinheitlichenden oder ganzheitlichen Prinzip
Vertreter: Lersch, Rothacker, Wellek

1.1.2 Tiefenpsychologische Schichtmodelle
Organisation der Person durch Es-/Ich- und Über-Ich-Strukturen
Vertreter: Freud

1.1.3 Metaphysische Konzepte
Bestimmte Persönlichkeitsbereiche werden begriffen als Ausdruck des Über-Sich-Hinausweisens menschlicher Existenz
Vertreter: Klages, Scheler, Stern

1.2 Dynamische Ansätze (Abläufe)
Im Vordergrund steht das Werden der Persönlichkeit, hervorgerufen durch innenbürtige Entwicklungs- und Triebkräfte, die relativ umweltstabil und damit beharrlich ein vorgegebenes Entwicklungsgeschehen vorantreiben

1.2.1 Stufen- und Phasenmodelle
Die Entwicklung der Persönlichkeit wird beschrieben als die Notwendigkeit des Durchlaufens bestimmter Reifephasen
Vertreter: Erikson, Bühler

1.2.2. Ganzheitliche genetische Strukturtheorie
Betrieben wird eine ganzheitliche Wesensschau in der Zeit. Durch das Voranschreiten des Alterns werden aus diffusen Ganzheiten des Erlebens, Fühlens und Wahrnehmens schließlich durch Umwelteinflüsse gestaltete Ganzheiten, die durch Erfahrungen strukturiert sind
Vertreter: Krüger

1.2.3 Phänomenologischer Ansatz
Die gesamte Ordnung eines Menschen in jedem Stadium seiner Entwicklung wird beschrieben
Vertreter: Warren, Carmichael

1.3 Feld- und systemtheoretische Ansätze (Zusammenhänge)
Die Zusammenschau von strukturalen und genetischen Ansätzen unter Einbezug der Wechselwirkung zwischen Umwelt und Individuum, welche einen Erfahrungsraum ausbildet

1.3.1 Kulturanalytische Theorien
Untersucht wird der Prägungsgehalt verschiedener Kulturen auf das Verhalten des Individuums
Vertreter: Mead

1.3.2 Theorie der Entwicklungsaufgaben
Untersucht wird die Prägung der sich entwickelnden Persönlichkeit durch die Konfrontation mit gesellschaftlichen Forderungen (Aufgaben), die typisch für einen bestimmten Entwicklungsstand sind. Die entsprechenden Entwicklungsaufgaben werden als Produkt aus individuellen Leistungsmöglichkeiten und gesellschaftlichen Forderungen beschrieben
Vertreter: Havighurst

1.3.3 Rollentheoretische Auffassungen
Persönlichkeit wird beschrieben durch das Eingebundensein des Individuums in Rollenbeziehungen, die gesellschaftlich definiert sind
Vertreter: Sarbin

1.3.4 Behavioristische Ansätze
Verhaltensbeschreibungen des Individuums durch Reiz-Reaktionsverknüpfungen unter Ausklammerung seelischer Vorgänge, z. B.
S-R-Theorien
(Stimulus-response-theory)
Vertreter: Watson, Pawlow, Skinner

1.3.5 Neo-Behavioristische Ansätze
Verstehen von Persönlichkeit als Verhaltensanlage in Abhängigkeit von Umweltreizen und sich verfestigenden inneren Impulsen der Verhaltensregulierung (Motive)

1.3.6 Eigenschaftszentrierte Ansätze
Vertreter: Cattel, Allport

1.3.7 Motivations- und lerntheoretische Ansätze
Vertreter: Maslow, Hull

1.3.8 Explizite Feldtheorien
Beschreibung des Verhaltenszusammenhangs von Person und Umgebung als wechselseitiges Bedingungsgefüge des Lebensraums

1.3.9 Topographische Ansätze
Vertreter: Lewin, Goldstein, Murray

1.3.10 Kognitive Persönlichkeitstheorie
Vertreter: Tolman

Angesichts der Tatsache, daß die Heimaufnahme einen Auswahlprozeß darstellt, der einseitige Hilfe- und Versorgungsabhängigkeit zum Inhalt hat, erhebt sich die Frage nach der Humanität solcher Menschenbilder, die diese Abhängigkeit ursächlich als biologischen Zwang, entwicklungstypische Anpassungsleistung oder starre Verhaltensanlage festschreiben. Der Aspekt der Befreiung des hilfebedürftigen Individuums aus solchen Zwängen anerkennt die Möglichkeit einer Förderung der Selbstmächtigkeit des alternden Menschen durch Therapie und Rehabilitation. Kulturoptimistische[2] Ansätze, die Verhalten als im wesentlichen durch gesellschaftliche Normen festgelegt ansehen, biologistische Ansätze, die Entwicklung als inneres Reifegeschehen verstehen, statische Ansätze der Strukturierung von Persönlichkeitsbefindlichkeiten, die keinerlei Umwelteinflüsse berücksichtigen, und mechanistische Verstellungen, die Verhalten als gelernte Verknüpfungsmuster verfestigen, leugnen allesamt diese Möglichkeit.

---

[2] Die Annahme, daß für die Ausprägung persönlicher Merkmale und Verhaltensweisen überwiegend äußere, kulturelle Einflüsse verantwortlich seien.

2. Alternstheorien

Aus den aufgezeigten Ansätzen der Persönlichkeitstheorie folgen nun unmittelbar entsprechende Theorien des Alterns [3]:

2.1 Biologistische Ansätze
Gliederung des gesamten Lebenslaufes nach Phasen und Stufen, die in biologisch bestimmter Reihenfolge durchlaufen werden müssen, z. B.
Stufen- und Phasenmodelle
Vertreter: Erikson, Bühler

2.2 Sozialpsychologische und soziologische Ansätze
Altern wird hier umschrieben als relativ verfestigte Verhaltensanlage, als Ergebnis der permanenten Auseinandersetzung mit den Normen und Forderungen der Umwelt

2.2.1 Modell der Entwicklungsaufgaben
Altersspezifische Entwicklungsaufgaben werden durch gesellschaftliche Erwartungen und Forderungen an das Individuum gestellt. Eine Möglichkeit der positiven Auseinandersetzung mit solchen Aufgaben besteht in der flexiblen Annäherung an die entsprechenden gesellschaftlichen Erwartungen
Vertreter: Havighurst, Peck

2.2.2 Sozialisationstheoretische Ansätze
Altern ist hier bezogen auf die durch bestimmte Formen des sozialen Austausches bedingten Veränderungen des individuellen Verhaltens. Sozialisation[3] als dynamisches Geschehen ist eng verknüpft mit dem Rollenbegriff[4], aus dem sich die Notwendigkeit der Anpassung an gesellschaftliche Erwartungen ergibt. Voraussetzungen der Verhaltensorganisation sind Flexibilität, Initiative und Mobilität
Vertreter: Hartmann, Rose, Neugarten

2.2.3 Etikettierungsansatz (Labelling Approach)
Grundlegend ist hier die Annahme, Anpassung und Bewältigung von Problemsituationen im Alter seien abhängig von sozialen Beurteilungen und Zuschreibungen (Fremdzuschreibung, Selbstzuschreibung), die das Individuum durch seine soziale Umwelt erfahre. Alte Menschen besäßen für solche Zuschreibungen (Etikettierungen) eine besondere Empfänglichkeit, weil die Altersnormen nur vage definiert seien und dadurch Status- und Rollen-

---

[3] Im weiteren Sinne auch Bezeichnung für die Anpassung des Individuums an die Normen der Gesellschaft. Sozialisation bezeichnet sowohl einen Prozeß, der aus dem Individuum entwicklungsgemäß abläuft, als auch eine Aufgabe, die lenkend von der Gesellschaft geleistet wird.
[4] Erwartungshaltungen und Handlungsentsprechungen, die eng mit dem Innehaben gewisser gesellschaftlich definierter Positionen verknüpft sind. Diese Positionen können formal definiert sein (Richter, Arzt) oder auch informell (Schulfreund, Nachbar). Der Begriff „Rolle" bezeichnet folglich das Insgesamt der mit einem solchen Status verbundenen gesellschaftlichen Beziehungen. Das Ausmaß der Verhaltensregulation richtet sich nach dem Grad der Verbindlichkeit, die solche Erwartungen für das Individuum besitzen. Soziale Rollen beinhalten auch die Erwartung verschiedener Sanktionsrisiken, die sich wechselseitig beeinflussen.

unsicherheiten hervorgerufen würden. So hätten sie den Etikettierungen oft kein stabiles und positives Selbstbild entgegenzusetzen und gerieten in den Teufelskreis zunehmender Abhängigkeit von äußeren Einflüssen
Vertreter: Kuypers, Bengtson, Hohmeier, Pohl

2.3 Feldtheoretische/ kontexttheoretische Ansätze

Das Individuum wird begriffen als eingebunden in ein physikalisches und soziales Umfeld. Seine Identität beziehe der alternde Mensch aus der Auseinandersetzung mit dieser Umgebung. Der Kontext, der Zusammenhang zwischen Person und Umwelt sei somit handlungsleitend. Der alternde Organismus besitze die Fähigkeit, sich in seinem Umfeld selbst zu orientieren, soweit dieses nicht störend oder zerstörend in den Regulationsvorgang eingreife. Das bestimmende Prinzip dieser Orientierung im Umfeld sei das der homöostatischen Balance[5].

2.3.1 Kognitive Theorie des Alterns
Vertreter: Thomae

Vergleicht man nun die speziellen Alternstheorien, so fällt unmittelbar das Fehlen des Ansatzes auf, der Alternsprozesse erklärt aus der Schichtung bestimmter Persönlichkeitsmerkmale (struktualer Ansatz). Hierdurch wird ersichtlich, daß lediglich der ständig voranschreitende Prozeß des Alterns für unsere Fragestellung bedeutsam sein kann. Insofern besitzt dieser Prozeß einen inhaltlichen Zusammenhang mit dem Werden und Wachsen der Persönlichkeit als einem Gesamtgeschehen, das nicht durch eigenständige Phasen unterbrochen wird. Altern entwickelt sich folglich aus einem Gesamtlebenslauf heraus und kann nicht als eigenständige Daseinsform begriffen werden.

Zum zweiten fällt auf, daß sich sowohl die biologistischen als auch die sozialpsychologischen und soziologischen Ansätze klar zu einem normativen Alternsvorgang bekennen, der entweder aus einem inneren Entwicklungsgeschehen oder aber aus der einseitigen Anpassung an gesellschaftlich vermittelte Lebensaufgaben und Erwartungen begründet wird. Während ein reines Entwicklungsgeschehen Altern als abträglichen (defizitären) Prozeß beschreibt, setzt die Anpassung an gesellschaftliche Erwartungen (Etikettierungen) voraus, daß die Gesellschaft eine klar umrissene und abgegrenzte Altersrolle entwickelt hat, daß die Rollenanforderungen sich durchsetzen, und daß das Individuum blindlings bereit ist, solchen Anforderungen zu entsprechen.

Altern als normativer Vorgang, dies bedeutet im Sinne der aufgezeigten

---

[5] Psychische Grundhaltung des Individuums, zwischen innerer Befindlichkeit und äußeren Forderungen der Umwelt eine harmonische Übereinstimmung durch wechselseitige Verhaltensänderung zu schaffen. Diese kann bestimmt werden durch die persönliche Anpassung an die Umwelt, aber auch durch die soziale Anpassung der Umwelt an die Bedürfnisse des Individuums.

theoretischen Ansätze entweder nachlassende Funktionsfähigkeit oder einseitige Anpassung[6] an biologische, soziale und physikalische Verhaltenszwänge. Da das Erkenntnisinteresse jedoch einem Individuum als handlungsmächtigem Subjekt gilt und nicht einem ohnmächtigen Objekt körperlicher und gesellschaftlicher Zwänge, fallen solche Ansätze aus unseren weiteren Betrachtungen heraus. Anders gewendet bedeutet dies die Lossagung von einer Sichtweise des Alterns als nur biologisches oder soziales Schicksal. Altern muß vielmehr auch als persönliches Schicksal begriffen werden.

Um den Gefahren von einseitigen Verhaltenszuschreibungen (Etikettierungen), von biologistischen Festlegungen und der zusammenhanglosen Betrachtung von Verhaltenselementen zu entgehen, bedarf es einer Theorie, die sowohl anlagebedingte Muster (Entwicklungsgeschehen) als auch verändernde Umwelteinflüsse in ihren Horizont einbezieht, unter Berücksichtigung des Individuums als der gestaltenden Mitte in dem derart beschriebenen Lebensraum. Damit wäre der Anlage-Umwelt-Streit[7] in den Persönlichkeits- und Alternstheorien zugunsten eines Fließgleichgewichts aufgehoben, das die angeborenen und er-

---

[6] Dieser Begriff der Sozialwissenschaften stammt ursprünglich aus dem Sozialdarwinismus und wurde innerhalb der Lernpsychologie zur ursächlichen Kennzeichnung von Verhaltensänderungen verwendet. Umschrieben wird damit auch heute noch häufig die normative Forderung, das Individuum müsse mehr oder weniger passiv die jeweiligen gesellschaftlich diktierten Existenzbedingungen hinnehmen und habe so gut wie möglich im vorgegebenen Rahmen zu funktionieren, im Sinne einer harmonischen Übereinstimmung. Die Sozialpsychologie beschreibt im selben Zusammenhang Übereinstimmung als ein äußeres Zeichen von Anpassung, hervorgerufen durch Gruppendruck (group pressure) oder sozialem Druck (social pressure). Durch solche Vorgänge erfolge eine Verhaltenssteuerung in Richtung auf normgerechtes, rollengerechtes Handeln und Angleichung an die Erwartungen der sozialen Umwelt. Aktive Veränderungen des Individuums aus einem solchen Verständnis bedeuten immer nur Veränderungen im Einklang mit gruppenkonformen sozialen Interessen. In der Gerontologie ist Anpassung im Zusammenhang mit der Diskussion über die ideale Norm des erfolgreichen Alterns zum zentralen Begriff geworden, der im Sinne von Übernahme (nicht beeinflußbare Verhaltensänderung durch neue soziale Situationen) verstanden wird. Anpassung zerfällt hier in eine subjektive (Lebenszufriedenheit) und in eine normative Komponente (Übereinstimmung mit Erwartungen der Umwelt), bleibt jedoch stets auf wünschbare, gesellschaftlich anerkannte oder erzwungene Verhaltensweisen bezogen. Die subjektive Meinung, der persönliche Umgang mit diesen Normen und Wertvorstellungen wird nicht zur Erklärung von Verhalten berücksichtigt.
In der neueren Diskussion rückt man daher weitgehend von diesem belasteten Begriff ab und setzt neue Inhalte in der Bewältigung von typischen Lebensaufgaben (Lehr 1977) oder in der Kontinuität der Lebenssituation (Schenk 1975).
Die Kritik an dem Anpassungsbegriff entzündet sich vornehmlich an 4 Punkten:
▷ Rollentheoretische, innerpsychische, sozialpsychologische, physische und umweltbezogene Faktoren werden nicht in ihrer Wechselwirkung, sondern nur gradlinig in einer Wirkrichtung begriffen
▷ Die Zuweisung von Normen, die gesellschaftlich verbindlich aufgestellt werden, vollzieht sich in einem positiven und negativen Bewertungszusammenhang (Sanktionssystem), aus dem es kein „Entrinnen" gibt
▷ Es erfolgt keine Beachtung persönlichkeitsverschiedener Reaktionsmöglichkeiten
▷ Passives Reagieren dominiert über das aktive Handeln
Lit. Schenk, H.: Die Kontinuität der Lebenssituation als Determinante erfolgreichen Alterns. Köln 1975, S. 14ff.

[7] Die Streitfrage über den Anteil von genetischen Faktoren bzw. Umwelteinflüssen für die Ausprägung persönlicher Merkmale und Verhaltensweisen in den Sozialwissenschaften. Der Kulturoptimismus vertritt den Standpunkt der relativen Überlegenheit äußerer Einflüsse; dem setzt der Kulturpessimismus das Überwiegen von anlagenbedingten Faktoren entgegen.

worbenen Bedürfnisse des Menschen und die Einflüsse der Umwelt gleichermaßen berücksichtigt. Zu einem solchen „kybernetischen" Denkschema hat die Persönlichkeitspsychologie des Alterns erst relativ spät gefunden in der „kognitiven Persönlichkeitstheorie des Alterns".

3. Die kognitive Persönlichkeitstheorie des Alterns

Mit Tolmans (1961) Formulierung einer kognitiven[8] Persönlichkeitstheorie wird erstmals der Versuch unternommen, das zweckmäßige, nicht auf Triebe zurückführbare Verhalten des Menschen auf dessen Fähigkeit, sich in einer physikalischen und sozialen Umgebung zu orientieren, abzuleiten. Zur Vermittlung zwischen angeborenen Triebzuständen und Anlagen einerseits sowie einer situationsangemessenen, kognitiven Steuerung der Handlung andererseits nimmt Tolman einen Zusammenhang von entsprechenden inneren Grundstimmungen (Bedürfnissen) an. Das Einschalten dieses Zusammenhangs sieht er begründet in der Wahrnehmung von Mangelzuständen physiologischer, psychischer oder sozialer Natur. Bedürfnisse bezögen ihre inhaltliche Bestimmung entweder überwiegend aus dem Triebgeschehen oder aus Reizsituationen oder auch aus dem Zusammenwirken beider Kräfte. Zu unterscheiden seien daher primäre Bedürfnisse, die sich durch Triebnähe charakterisierten, von sekundären und tertiären Bedürfnissen, die auf sozialen Austausch abzielten bzw. ausschließlich das Ergebnis von Lernprozessen darstellten. Das Individuum bilde somit einen Verhaltensspielraum aus, der durch erlernte Eigenschaften, Entfernungen und Richtungen (soziale Dimension), durch Bedürfnisse und Antriebe zur Erkundung (Orientierungsdimension) und durch positive wie negative Valenzen (Aufforderungs-, Anregungsdimension) bestimmt sei. Durch den Verhaltenszusammenhang von Person und Umwelt, so Tolman weiter, werde ein Lebensraum abgesteckt, der den Bedürfnissen (angeborene und erworbene basale Antriebe) der Person entspreche. Wesentlich sei das Bedürfnis nach Orientierung im Lebensraum, das beim Individuum ein zielgerichtetes Verhalten und die Ausbildung von ordnenden Verhaltensklassen hervorrufe. In diesem subjektiv wahrgenommenen, durch Orientierung erkannten Raum finde nun Veränderung im Sinne von Anpassung der Person an die Verhältnisse oder aber Anpassung der Verhältnisse an die Person statt. Durch bewußtes und unbewußtes Erkennen erfolge eine Neuordnung des Verhaltens (kognitive Dimension). – Mit der Einbeziehung auch der unbewußten, irrationalen Personenseite in

---

[8] Durch Erkennen, Wahrnehmen, Lernen bestimmt, im Gegensatz zum Ausgeliefertsein an äußere Umstände.

seine Theorie übernimmt Tolman die tiefenpsychologische Sichtweise des personalen Aufbaus sowie entsprechende Prozeßvorstellungen der Persönlichkeitsbildung (z. B. Identifikation, Imitation, Verdrängung). Solche irrationalen Folgen sieht er begründet in der Wechselwirkung zwischen individuellen Bedürfnissen einerseits und den herrschenden Verhältnissen in Kultur und Gesellschaft andererseits. Damit erfolgt zugleich auch eine Anerkennung der soziologischen Rollentheorie.

Aus diesem Zusammenspiel verhaltensbestimmender Elemente, so Tolman, bildeten sich in der Persönlichkeit Überzeugungen und Werte-Schemata (verfestigte Beurteilungsgebilde), die ihrerseits Orientierungen beeinflußten und somit Quelle permanenter Veränderung seien. Persönlichkeit werde dann beschreibbar durch die je verschiedene biographische Entwicklung. Aus dem umweltbezogenen Antrieb zum Handeln, aus der Orientierung darüber, welches Handeln angemessen erscheint, aus dem Lernen, welches Handeln zum Erfolg geführt hat, ergäben sich die Persönlichkeitsmerkmale. [4] Die entscheidende Richtung in diesem Geschehen regele sich allerdings aus der Erfüllung bzw. Nichterfüllung der bedürfnishaften Regungen. Man erhalte somit ein System der Erfahrung, der Bewertung (kognitives System), das von dem System der Anreize, des Suchens zu unterscheiden sei (Bedürfnissystem). [5] Basierend auf diesem kontexttheoretischen Ansatz, entwickelt Thomae (1971) seine kognitive Persönlichkeitstheorie des Alterns. Auch hier wird auf jegliche normative Festschreibung der Persönlichkeitsentwicklung verzichtet. Statt dessen geht Thomae aus von einem subjektiven Lebensraum, der stark von der Erwartungshaltung des Individuums geprägt werde, weniger von objektiven Tatbeständen. Entwicklungsprozesse seien hier gänzlich angelegt auf die Erhaltung oder erneute Stabilisierung des Gleichgewichts zwischen kognitiver Struktur[9] und dem Bedürfnissystem. Dieses Gleichgewicht müsse mit zunehmendem Alter mehr und mehr durch Änderung der kognitiven Inhalte (z. B. Erwartungen, Selbstbilder) hergestellt werden, da eine aktive Veränderung der Umweltverhältnisse durch den älteren Menschen unwahrscheinlich sei und sich Grundbedürfnisse einer bewußten Veränderung entzögen. Für die Bestimmung des Verhaltens spielten folglich nicht nur anlage- und umweltabhängige Reizbedingungen eine Rolle, sondern gerade auch die kognitiven Systeme lebenslang erworbener Erwartungen, Überzeugungen, Einstellungen, Vorsätze, die allesamt zur individuellen Wahrnehmung und Interpretation von Situationen beiträgen. Von der Umwelt erzwungene kognitive Änderungen könnten nicht die Bedürfnisinhalte, wohl aber die Art und Weise der Bedürfnisbefriedigung beeinflussen.

Zur systematischen Kennzeichnung seiner Alterstheorie stellt Thomae drei Thesen auf:

---

[9] Umschreibung für die Vorgänge des Gewahrwerdens und Erkennens. Kognitive Strukturen äußern sich persönlichkeitsspezifisch in der Art und Weise der Wahrnehmung, der Erinnerung, der Vorstellung, der Begriffsbildung, der Gedankenführung, aber auch in der Vermutung, der Erwartung sowie in der Planung und Problemlösung.

▷ Verhaltensänderungen gehen stärker mit individuellen Wahrnehmungen und Interpretationen als mit objektiven Veränderungen der Lebenssituation einher; individuelle Wahrnehmungen bestimmten daher in weit größerem Ausmaße seelische Alternsveränderungen als objektive Tatbestände
▷ Die Art, in der Umwelt-Veränderungen erlebt werden, ist von dominanten Bedürfnissen und Erwartungen abhängig
▷ Anpassung an das Altern als Ausgestaltung eines Lebensraumes ist eine Funktion des Gleichgewichts zwischen kognitiver Struktur und dem Bedürfnissystem des Individuums. [6]

Für das Altenheim ergeben sich aus der Anwendung dieser Persönlichkeitstheorie des Alterns interessante Erkenntnisse. Zunächst einmal muß auch der alte Mensch begriffen werden als ein umweltorientiertes Individuum, offen für neue Erfahrungen und Möglichkeiten des Zusammenlebens. Auch mit der Eingliederung in das Heimleben darf sich die Auffassung von Persönlichkeit nicht verkürzen auf biologische Abbauprozesse, die man nicht auffangen kann, oder auf das reibungslose „Einpassen" in das bereits vorhandene und vorgegebene Zusammenleben, dessen Spielregeln die Organisation entwirft. Offensichtliche Hilfsbedürftigkeit darf nicht dazu verleiten, die Persönlichkeit des Heimbewohners durch aufgezwungene Lebensformen zu zerstören.

Zunächst einmal stellt die Heimaufnahme im Sinne der kognitiven Alternstheorie eine große Veränderung der gewohnten Umweltbedingungen des älteren Menschen dar:

▷ er verfügt nicht mehr über persönliche, freie Zeit
▷ er besitzt keinen „Privatraum" mehr
▷ er ist abhängig von der Hilfe anderer Personen
▷ er wird in bestimmte Rollenbeziehungen „eingepaßt"
▷ er findet ein „fertiges" soziales Umfeld vor, das er nicht selbst mitgestaltet hat

All dies erzwingt also beim älteren Menschen eine Zurücknahme oder Umgestaltung seiner lebenslang erworbenen kognitiven Inhalte wie Erfahrungen, Erwartungen, Selbstbilder und auch eine Veränderung der kognitiven Prozesse wie der Art und Weise der Wahrnehmung, des Erkennens, des Beurteilens von Situationen. Die Heimaufnahme erzwingt nun vom alten Menschen unbewußt die Herstellung eines neuen Gleichgewichtszustandes zwischen seinen Bedürfnissen und den Variablen der neuen Heimumwelt. Er muß erkennen, wie er in diesem neuen Lebensraum als Persönlichkeit zurechtkommt; wie er dennoch seine Gewohnheiten, Ansichten, also sein gesamtes Wesen, bewahren kann. Gelingt dies nicht, zerstört die Heimaufnahme die ganze Person mit katastrophalen Folgen, die uns zur Genüge vertraut sind:
▷ Apathie
▷ Rückbesinnung auf Basisbedürfnisse (Essen, Trinken, Kleidung), die plötzlich unverhältnismäßig wichtig werden
▷ Rückbildung von Interessen und Neigungen
▷ Überanpassung
▷ Verweigerung der Teilnahme am Heimgeschehen bis hin zum „Sterbenwollen"

Entscheidend für solche psychischen Vorgänge ist nun nicht die tatsächli-

che, objektive „Heimatmosphäre", die sich dem Heimbewohner darbietet, sondern vielmehr das subjektive Erleben und Bewerten dieser Atmosphäre. Hieraus muß gefolgert werden:
▷ das Heimleben muß dem Bewohner Freiräume belassen
▷ das Heimleben muß offen sein für private Wünsche
▷ das Heimleben muß die Mitarbeit des Bewohners anregen und fordern
▷ das Heimleben darf nicht gleichbehandelnd sein, sondern es muß Rücksicht nehmen auf individuelles Wollen und Wünschen

An dieser Stelle läßt sich, wissenschaftlich fundiert, bereits eine erstaunliche Übereinstimmung mit den Ergebnissen feststellen, die wir aus der Organisationsstruktur des Altenheims gewonnen haben. Grundvoraussetzung für die Eingliederung des Heimbewohners muß also die Kenntnis seiner Biographie sein; die Mitarbeiter müssen wissen, was ihn bewegt, welche Vorlieben und Abneigungen er hat. Die Gestaltung des Wohnraums und der näheren Stationsumgebung muß so sein, daß sich der Bewohner darin wiedererkennen kann. Durch die Zulassung von Privatmöblierungen, durch die Schaffung von Privatzonen in den Pflegezimmern, durch die Vermittlung optischer Signale und Hilfen zur besseren Orientierung kann bereits viel erreicht werden. Auch sollte der Bewohner ein generelles Mitspracherecht bei wichtigen, ihn betreffenden Entscheidungen eingeräumt bekommen.

3.1 Die Erweiterung der kognitiven Persönlichkeitstheorie des Alterns

Die vorliegende Theorie der kognitiven Persönlichkeitsentwicklung ist nun in den letzten Jahren insbesondere durch die Psychoanalyse um wichtige Gesichtspunkte erweitert worden. Anliegen dieser Wissenschaftsrichtung ist, die inneren Vorgänge, die mit einer Veränderung des Umweltgeschehens einhergehen, näher zu erleuchten und zu bestimmen.

Ausgehend von seiner Analyse psychopathologischen Verhaltens, entwickelt Maslow (1954) zur Beschreibung der individuellen Persönlichkeit das sogenannte „Syndrom-Konzept" als ein zusammengefaßtes Ganzes gleichartig ablaufender, zusammenhängender und aufeinander bezogener psychischer Vorgänge. „Our preliminary definition of a personality syndrome is that it is a structured, organized complex of apparently diverse specificities (behaviors, thoughts, impulse to action, perceptions etc.) which . . . are found to have a community that may be phrased variously as a similar dynamic meaning, expression, ‚flavor', function or purpose." [7] Der Entwicklungsaspekt dieser Theorie ist begründet in der zunehmenden Organisation[10] der voneinander abhängigen Einzelvorgänge durch den Handlungsaustausch von Person und Umwelt. Maslow ordnet der Personenseite ein gewisses psychisches Beharrungsvermögen zu, welches auf der Umweltseite durch „external pressures" überwindbar sei. Dieser Zusammenhang zwischen beharrenden Ten-

---

[10] Inner-psychischer Steuerungsvorgang des Zusammenwirkens und Aufeinanderbeziehens von Verhalten, Denken, Handlungsimpulsen, Wahrnehmungsinhalten und anderem.

denzen (internal consistency) und äußeren Zwängen (change under external pressures) werde bestimmt durch die Wahrung und Deutung des „Ich" gegenüber den kulturellen Zwängen, denen das Persönlichkeitssyndrom unterliege. Die Organisation solchen Zusammenspiels übernähmen „hierarchies of importance" und „clusterings".

Das steuernde Element solcher Zusammenhänge stelle die Art und Weise der Bedürfniserfüllung durch die Umwelt dar. Bedürfnisse strukturierten die Umwelt und gäben der Person dann Handlungsanreize, wenn diese Umwelt für die Zwecke der Person wichtig und nützlich erscheine. Dabei schreite die Organisation von einfachen „basic needs" zu immer komplexeren und personennäheren Bedürfnissen, die im Verlaufe eines biographischen Geschehens zunehmend auf Erfüllung drängten. Die sogenannten „higher needs" würden damit zum Ausdruck der individuellen Persönlichkeit; durch ihre Ich-Nähe gäben sie der Persönlichkeit Halt, Stärke und Identität. Die Hierarchisierung der Bedürfnisse diene somit einer ausgeglichenen und normalen Organisation der Persönlichkeit. [8]

Maslow beziehe hier also ganz bewußt auch die Erkenntnis der Tiefenpsychologie in seine Analyse des Persönlichkeits-Syndroms mit ein. Die handlungssteuernde Einheit zwischen den Ansprüchen der internalisierten[11] sozialen Normen und Erwartungen (Über-Ich) und den triebhaften Zwängen und Regungen (Es) wird beim psychisch gesunden Individuum mit dem Ich bezeichnet. Das Ich als Zentrum organisierter persönlicher Erfahrung und vernünftigen Planens muß folglich stark genug sein, die Ansprüche der beiden anderen Instanzen mit sich zu vereinbaren oder aber diese abzuweisen.

Erikson (1966) entwickelt aus dem strukturalen Ansatz von Siegmund Freud eine Entwicklungstheorie der Organisation des Selbst. Selbstverwirklichung oder Entfaltung der Persönlichkeit erscheine abhängig von einem stabilen Ich, daß sich durch alle Anfeindungen und Zwänge eines Lebenszyklus hindurch zu behaupten habe. Das stabile, konservierende, beharrende Element des Ich sei als Ich-Identität oder Selbst-Gefühl zu bestimmen, also als die Überzeugung des Bestehenkönnens eines selbstentworfenen Ichs innerhalb der sozialen Realität (kognitiver Aspekt). Ich-Identität werde damit sowohl eine subjektive Erfahrung als auch ein Entwicklungsvorgang, beschreibbar sowohl als subjektives Gewahrwerden der Zuverlässigkeit und der Beständigkeit im handelnden Umgang mit anderen, wie auch in der Zuverlässigkeit und Beständigkeit des eigenen Handelns in den Augen der anderen. Erst durch die Sicherung des Selbstwertgefühls in der Gruppe erhalte das Individuum die Kraft zur Veränderung, auch zur Veränderung seiner Umwelt. Das Gefühl der Ich-Identität sei folglich das gesammelte Vertrauen darauf, daß der Einheitlichkeit und Beständigkeit, die man in den Augen anderer habe, auch eine Fähigkeit zu deren Aufrechterhaltung entspreche. Dieses Gefühl des Sich-Vertrauens als des Ausdrucks der Persönlichkeit werde in Si-

---

[11] nach innen wirkend, nach innen abgebildet

tuationen, die das Individuum dieses Ausdrucksmittels berauben wollten, bis zum letzten verteidigt. Ich-Identität könne sich folglich nicht vollenden ohne das Versprechen auf Erfüllung dieses höchsten menschlichen Bedürfnisses. [9]

Die von Maslow (1954) beschriebene bedürfnisgeleitete Organisation der Persönlichkeit enthält folglich zwei Anteile:
▷ Die Möglichkeit sich treu zu bleiben in der Wahrung der Ich-Identität in verschiedenen Lebenssituationen (Gleichbleiben)
▷ Die von den Bedingungen der Umwelt begrenzte Möglichkeit, diese Ich-Treue auszudrücken und zu entfalten (Entfaltung der Person)

Eng verknüpft wird bei Erikson (1966) der Begriff der Identität mit dem der Integrität. „Er bedeutet die Annahme seines einen und einzigen Lebenszyklus und der Menschen, die in ihm notwendig da sein mußten und durch keine anderen ersetzt werden können." [10] Somit gehöre zum Selbstgefühl auch die Annahme eines gelebten Lebens und die Sinnfindung.

Gerade für die Beschreibung der Situation alter Menschen in Heimen, die geprägt ist von einer nahezu abgeschlossenen Biographie, von lebenslang bestätigten Einstellungen und Haltungen, ist nun dieser Ansatz sehr wertvoll. Niemals kann es Aufgabe einer Einrichtung sein, die personennahen Bedürfnisse der alten Menschen derart zu verleugnen, das sie sich in die verallgemeinernde Arbeits- und Lebenssituation des Heimes besser einpassen lassen. Festzuhalten bleibt, daß es auf der Personenseite des Bewohners höhere und niedere Bedürfnisklassen gibt. Aber fast ausschließlich ist die Organisation des Altenheims darauf ausgerichtet, nur solche Basisbedürfnisse nach körperlicher Unversehrtheit, nach dem Stillen von Hunger und Durst und nach Zuwendung zu befriedigen. Erikson hat uns eindrucksvoll aufgezeigt, daß die Persönlichkeit aber vehement dafür kämpft, Identität zu bewahren, das heißt sich selbst treu zu bleiben. Ein weiteres Streben ist darauf ausgerichtet, diese Unverwechselbarkeit der Person auszudrücken (Entfaltung der Person). Solche Bestrebungen müssen von den Mitarbeitern im Heim richtig erkannt und dürfen keinesfalls unterdrückt werden, wie z. B.
▷ die Weigerung, zu festgelegten Zeiten zu essen, auf die Toilette geführt oder angekleidet zu werden
▷ die Weigerung, fremde Gegenstände im Wohnraum zu akzeptieren
▷ die Weigerung, unbekannte Speisen zu sich zu nehmen
▷ die Weigerung, sich von fremden Personen betreuen zu lassen
▷ die Weigerung, innerhalb des Hauses verlegt zu werden
▷ die Weigerung, vorgegebene Kleidungsstücke anzuziehen
▷ die Weigerung, an vorgegebenen Veranstaltungen teilzunehmen
▷ die Weigerung, das „Aufräumen" des Zimmers zu akzeptieren

In dem Maße wie der Tagesablauf auf solche Widersetzlichkeiten keine Rücksicht nimmt, wird der Bewohner auf die Stufe eines ohnmächtigen Kindes zurückgebracht, wird seine gesamte Entwicklung zur eigenständigen Persönlichkeit geleugnet. Die Verarbeitung solcher Kränkungen ist bereits im ersten Kapitel dieses Buches im Abschnitt 3.4 beschrieben worden und kann sich sowohl als aggressives „Auffallen" als auch als stilles „Verzweifeln" äußern, das zumeist einhergeht mit einem beschleunigten körperlichen und geistigen Abbau.

Um solche Fehlentwicklungen zu vermeiden, muß die Heimsituation wie folgt gestaltet sein:
▷ Rücksichtnahme auf subjektives Erleben durch eine Vielzahl von Anregungen, Möglichkeiten und Angeboten, zu sich selbst zu finden
▷ Rücksichtnahme auf unterschiedliche Techniken der Daseinsbewältigung durch Akzeptieren von Verweigerungen und Wünschen
▷ Eingehen auf personennahe Bedürfnisse nach Entfaltung, Beständigkeit und Sinnfindung durch Rehabilitation und Förderung vorhandener Fähigkeiten
▷ Verlagerung der Wichtigkeit von basaler Bedürfnisbefriedigung (Essen, Trinken, Körperhygiene) hin zur Möglichkeit, sich selbst auszudrücken (z. B. Malen, Schreiben, Diskutieren, Planen, Verantwortung für andere übernehmen)

4. Die Auseinandersetzung um die ideale Norm des Alterns

Die bereits zuvor beschriebenen Deutungsversuche, das Altern als einen psychologischen Entwicklungs- und Beharrungsprozeß zu begreifen, geben Altern als ein Geschehen wieder. Natürlich ist auch die Versuchung groß, diesem Vorgang einen Sinn, einen Nutzen zuzuweisen, das heißt bestimmte Inhalte und Verhaltensweisen mit diesem zu verknüpfen. Rasch entsteht so die Forderung nach einer idealen inhaltlichen Norm, der sich der alte Mensch zu unterwerfen habe. Altern erfüllt in diesen Ansätzen eine gewisse Funktion von gesellschaftlicher Bedeutung; daher können sie auch als funktionalistische Alternstheorien bezeichnet werden.

Die vergleichsweise älteste Theorie in diesem Zusammenhang fußt auf der über lange Zeit fehlenden Fortschreibung der Entwicklungspsychologie über das mittlere Erwachsenenalter hinaus und setzt stattdessen die Forderung, ältere Menschen sollten das Aktivitätsniveau dieses Lebensabschnittes aufrechterhalten. In der aktiven Bewältigung der lebens- und gesellschaftstypischen Aufgaben des Alters sehen Tartler (1961) und Havighurst (1963) als Vertreter der Aktivitätshypothese eine Ausgleichsmöglichkeit für die Einschränkung der Rollenbeziehungen, die noch aus der mittleren Lebensphase stammten. Auf solche neuen Entwicklungsaufgaben, wie sie sich durch Pensionierung oder Verlust des Lebenspartners stellten, müßten spezifische Antworten durch das Eingehen neuer Rollenverpflichtungen gefunden werden, um eine möglichst hohe Lebenszufriedenheit zu erreichen.

Kritisch anzumerken bleibt, daß diese Forderung nicht losgelöst von gesellschaftlichen Idealvorstellungen und der gängigen Leistungsideologie betrachtet werden kann. Durch Vorhaltung eines möglichst großen Aktivierungsangebotes versucht die Konzeption, alterstypisch bezeichnete, in Wahrheit jedoch gesellschaftlich erzwungene Lebenskrisen mitsamt den damit verbundenen Einschränkungen des Handlungsraumes auszugleichen. Es sind in aller Regel künstliche Betätigungsfelder, die dem alten Menschen ersatzweise etwa in Alten-Clubs, Alten-Wohnheimen, Reisegruppen angeboten werden; ihnen fehlt wesentlich der innere Zusammenhang zu einer Gesellschaft der mittleren Generation. Rose (1962) sieht in der somit entstehenden Subkultur der Alten eine Bestätigung der Aktivitätshypothese, indem er auf die neuen Aufgaben des Zusammenschlusses, der Neuorientierung, der Gruppenbildung und damit der Interessenwahrung hinweist. Dies sei nun auch auf die Altenheimsituation übertragbar. Die positive Chance des Eingehens neuer Verpflichtungen trage zur Identitätsfindung in der Gruppe und durch die Gruppe, zum wechselseitigen Austausch und zur Hilfeleistung, zur Solidarität, zur Entdeckung neuer Statusmöglichkeiten und Aktionsfelder bei.

Abschließend kritisch festzustellen ist allerdings eine zunehmende Absonderung der Alten von den Entstehungsbedingungen gesellschaftlicher Mitbestimmung. Aufgrund der Bewertung des Verhaltens älterer Menschen anhand einer Leistungsnorm, fallen diejenigen einer allgemeinen Achtung anheim, die eine solche weder einhalten können noch wollen. Auch im Heimbereich ist die Gefahr groß, anzunehmen, mit der Schaffung von Aktivierungsangeboten habe man bereits alles getan.

Die von Cumming & Henry (1961) formulierte Widerspruchsthese zurAktivitätstheorie beschreibt das „Disengagement" alternder Menschen und zerfällt in eine biologistische Begründung und in eine entsprechende inhaltliche Behauptung: Die Defizit-Hypothese sieht Altern verbunden mit einem zunehmenden Leistungsabfall in allen Bereichen. Daraus folgert nun unmittelbar das Disengagement in der Minderung der sozialen Kontakte und Aktivitäten, begründet nicht vorwiegend durch äußere gesellschaftliche Einflüsse, sondern durch das mit dem Abbauprozeß einhergehende innere Bedürfnis nach Rückzug, Introvertiertheit[12] und Entlastung von gesellschaftlichen Aufgaben. Dem entspreche nun aber ein Anliegen der Gesellschaft, alte Menschen von gewissen sozialen Verpflichtungen und Aktivitäten freizustellen.

Nach Mitchel & Hoult (1965) hat der Kräfteabbau des Alterns die Bedeutung einer funktionalen Voraussetzung, die den Weiterbestand eines kleineren sozialen Systems innerhalb eines größeren sichere. Disengagement in diesem Sinne sei Rückzug als Anpassung an gesellschaftliche Bedingungen und Erwartungen. Rückzug ermögliche die Schaffung eines konfliktfreien Handlungsraums für alternde Menschen außerhalb von berufsorientierten Rollenbeziehungen zur Sicherung des sozialen und gesellschaftlichen Fortschritts (Sozialdarwinismus).

---

[12] Einstellungstyp; nach Jung eine Persönlichkeit, die dadurch charakterisiert ist, daß sie alle persönliche Energie auf die Innenwelt richtet und das Denken, Fühlen und Handeln nach dieser ausrichtet.

Kritisch anzumerken ist hier zunächst, daß biologischer Abbau nicht zwangsläufig einhergehen muß mit nachlassender Leistungsfähigkeit und Aktivität. Die Disuse-Hypothese belegt eindeutig die Auswirkung von Trainingsmaßnahmen und Gebrauchshäufigkeit bestimmter intellektueller Felder auf das Leistungsvermögen älterer Menschen. Die Disengagement-Theorie setzt sich über solche Erkenntnisse hinweg, indem sie Altern als nicht beeinflußbaren, defizitären Prozeß begreift, der einem ganz natürlichen Bedürfnis des alten Menschen nach Rückzug entspreche. Schlagworte wie Isolation, Deprivation[13] beleuchten dieses Bild der als natürlich angesehenen Einschränkung des Handlungs- und Erfahrungsspielraumes. Gegen die normative Ausrichtung der Disengagement-Theorie lassen sich Untersuchungen anführen, die eine interkulturelle Gültigkeit verneinen. Der Rückzugsprozeß stelle sich je nach beruflicher Erfahrung und Schichtzugehörigkeit[14] unterschiedlich in seinen Ausmaßen dar. Die in einem generellen Rückzug aus den sozialen Bezügen zum Ausdruck kommende Vorbereitung auf den Tod und die damit eng verbundene Favorisierung des Altenheims als der letzten und entscheidenden Station dieses Prozesses treffe eben lange nicht auf alle älteren Menschen zu. [11]

Eine Aufweichung des Ansatzes der Disengagement-Theorie hin zu einer Anerkennung auch von individuellen Besonderheiten vollziehen Henry (1964) und Lowenthal & Boler (1965). Es wird nunmehr unterschieden zwischen freiwilligem und unfreiwilligem Rückzug sowie zwischen psychischem und sozialem Rückzug, wobei es zu persönlich verschiedenen Auswirkungen auf die Lebenszufriedenheit kommen könne. Aber immer noch gilt die Unterwerfung unter soziale und biologische Vorgänge, die letztlich als unabänderlich gelten. [12]

Eine Änderung der Aktivitätshypothese wurde von Havighurst (1969) mit dem gesicherten Nachweis von persönlichen Unterschieden im Lebensstil vollzogen. Maddox (1966) brachte erstmals das Kriterium der Persistenz (Beharrung) des Lebensstils in die Diskussion ein. [13] Auch Reichard/Livson & Petersen (1968) fanden in ihrer Auseinandersetzung mit der Aktivitäts-Theorie persönlichkeitsspezifische Anpassungsmuster, die sowohl Elemente des Disengagements wie auch der Aktivität aufwiesen. [14] Diese Untersuchungen führten nun zu der Entwicklung neuer Theorien, die sich von der normativen Fesselung zunehmend befreiten.

Rosow (1963) hält den Vergleich der Lebenssituation der frühen und späten Lebensphase für den einzig sinnvollen

---

[13] Soziale Isolation durch Institutionalisierung oder andere Formen von erzwungenem Rückzug, z. B. Krankheit.
[14] Zugehörigkeit zu einer Bevölkerungsgruppe, die in der gesellschaftlichen Makrostruktur (Lebenschancen und Lebensweisen des einzelnen regelnder, wie auch wichtige soziale Prozesse, Konflikte, Wandlungen bestimmender Zusammenhang) eine Position innehat und sich dadurch von anderen Bevölkerungsgruppen kennzeichnend unterscheidet. Die soziale Schicht kommt zum Ausdruck in einer vertikalen Differenzierung unserer Gesellschaft als Zubilligung von sozialem Status. Status beinhaltet die Kombination relevanter sozialer Positionen des einzelnen oder die soziale Wertschätzung dieser Positionen und ihre Belohnung durch die anderen. Die Schichtgrenzen sind dabei je nach Erkenntnisinteresse unterschiedlich und variabel.

Ansatz im Zusammenhang mit der Problemstellung des erfolgreichen Alterns. Die solchermaßen feststellbare Fortsetzung oder Nicht-Fortsetzung des Gewohnten ist für ihn ein unmittelbares Maß für gelungene Anpassung an die gesellschaftlichen Alternsbedingungen. Es wird somit ein nicht-subjektives Maß für erfolgreiche Anpassung entwickelt, wobei die Lebenssituation der mittleren Erwachsenenjahre als individuelle Norm für das Altern gesetzt wird; Abweichungen hiervon, so Rosow, provozierten Unangepaßtheit.

Ganz im Sinne der Aktivitätstheorie erfolgt hier eine Festschreibung des an die sozialen Maßstäbe und Funktionen des mittleren Erwachsenenalters gebundenen Verhaltens; jedoch werden Veränderungen zu einer individuellen Ausgangslage zum einen als mangelnde Anpassung an gesellschaftliche Alternsnormen, zum anderen aber auch als Abweichung von einem individuellen Lebensvollzug interpretierbar, für die es Gründe geben muß. [15]

In Fortführung dieses wichtigen Ansatzes unter Einbeziehung des subjektiven Bewertungsmerkmals „Lebenszufriedenheit" formuliert Schenk (1975) seine These der „Kontinuität der Lebenssituation als Determinante erfolgreichen Alterns". Ihr zufolge gebe es keine einseitig verbindlichen Aktivitäts- oder Disengagementnormen für Zufriedenheit, somit auch keine allgemeingültige Norm für gelungene Anpassung an das Altern. Dieser Prozeß sei vielmehr in seinem Zusammenhang zu früheren Phasen des Lebenslaufes zu sehen. Aus dem Vergleich des Lebensstils im Alter mit dem des mittleren Erwachsenenalters ließe sich auf eine diesbezügliche Fortsetzung bzw. Nicht-Fortsetzung schließen, die sich jeweils wiederum in der subjektiven Lebenszufriedenheit spiegele. Die Unterscheidung in erwünschte bzw. nicht erwünschte Folgen dieses Geschehens sei nun das entscheidende Kriterium zur Beurteilung des Zusammenhanges von gewollter Lebensgestaltung und ungewolltem Anpassungsdruck, verursacht durch äußere Umstände.

Das vorgelegte Konzept beschränkt sich aus methodischen Gründen lediglich auf die sozialen Auswirkungen der feststellbaren Verbundenheit zwischen mittlerem Erwachsenenalter und Senizenz. Es setzt aber gleichwohl erstmals äußere soziale Einflüsse in Beziehung zur Persönlichkeit des Alternden und zu seinem Erleben. Damit wird eine Bahn gebrochen für die Betrachtung des Alterns als individuelle Antwort auf eine Lebenssituation, die sich gleichermaßen als biologisch, psychisch und sozial vermittelt bestimmt. [16]

Auch aus diesen Betrachtungen wird deutlich, daß sich Lebenszufriedenheit des älteren Menschen nur da äußern kann, wo ihm die freie Entscheidung überlassen bleibt, ob er den gewohnten Lebensstil des mittleren Erwachsenenalters beibehält oder nicht. Unter dem Zwang von Gebrechlichkeit und Hilflosigkeit kann die Antwort des Altenheims nicht das „Gewährenlassen" dieses Abbaus sein; auch darf der Heimbewohner nicht mit Aktivierungsangeboten überschüttet werden. Vielmehr muß versucht werden, herauszufinden, was der alte Mensch aus sich selbst heraus noch tun will, welche Chancen er für seine weitere Entwicklung noch sieht. Eine individuelle Förderung von Beweglichkeit, von Gedächtnis, von Kulturtechniken (Lesen,

Schreiben) erscheint hier hilfreich. Insgesamt gesehen sollte Hilfe zur Selbsthilfe geleistet werden; der alte Mensch muß dann selbst bestimmen können, was er daraus machen will. Eine Hilfe und Beschäftigung für alle darf es im Heimbereich nicht geben; vielmehr überwiegt die Forderung nach Einzelfallhilfe, nach Einzeltherapie. Unerläßlich für das Heimpersonal ist wiederum die Kenntnis über das bisherige Leben des Bewohners, die oftmals durch mühsame Rekonstruktion erworben werden muß.

5. Die Forderung nach Bedürfnisorientierung innerhalb der Altenhilfe

Wie sehr die gegenwärtige Betreuung von alten Menschen in Heimen noch mit überholten Vorstellungen der Aktivitäts- beziehungsweise Disengagement-Theorien belastet ist, zeigt sich deutlich in der scharfen Trennung von Wohn- und Pflegeteil in solchen Einrichtungen, also in dem Ausschluß ganzer Bewohnergruppen vom aktiven Heimleben und zeigt sich auch darin, daß man versucht, soziale und kulturelle Bezüge zur Heimumwelt durch die Schaffung eines breiten Beschäftigungsangebotes zu ersetzen. Eine solche Bewahrung hilfebedürftiger älterer Menschen in einem künstlichen Schonraum, der vorgibt, den Bedürfnissen nach Rückzug und Geborgenheit zu entsprechen, führt zu Isolation und kultureller Abgeschiedenheit, wenn nicht ein Bezug zum bisher gelebten Leben erkennbar wird. Das Altenheim darf nicht Endstation oder letzte Zuflucht im Sinne von Isolation und Absonderung werden, sondern hat sich am öffentlichen Leben der Wohnnachbarschaft, der Gemeinde, der politischen Willensbildung zu beteiligen. Damit dies geschehen kann, muß der Bewohner zunächst in den körperlichen und geistigen Stand hierzu versetzt werden (Rehabilitation). Auch muß sichergestellt sein, daß die bisherige Lebensweise mit solchem Engagement vereinbar ist. Durch welche Maßnahmen kann kulturelle, politische und soziale Teilhaberschaft erreicht werden?

▷ Einladung von Vertretern der Kirchen, Gemeinden, Parteien zu Diskussionsnachmittagen
▷ Einbeziehung der Öffentlichkeit bei Festen und Feiern
▷ Bildung eines Seniorenbeirats innerhalb der politischen Gemeinde
▷ Verfassung von Petitionen zu aktuellen gesellschaftlichen Themen
▷ Teilnahme von Seniorengruppen an Messen, Ausstellungen, Symposien
▷ Gründung einer Heimzeitung mit Außenbezug
▷ Aussprachen und Beschlußempfehlungen im Heimparlament

Aber die Teilnahme am gesellschaftlichen Leben kann auch leisere, auf die innere Person bezogene Akzente haben, bei solchen Bewohnern, die niemals öffentlich engagiert waren:
▷ das Gespräch mit einem Pfarrer oder Psychologen über persönliche Probleme

- das Besuchen der Familiengrabstätte, von alten Bekannten unter Mithilfe des Heimes
- die Schilderung von Kriegserlebnissen, zeitgeschichtlichen Ereignissen im Gesprächskreis
- die Anfertigung von Bildern, Handarbeits- und Bastelobjekten für einen Wohltätigkeitsbasar
- der Besuch von kranken Mitbewohnern
- die Übernahme von kleineren Hilfstätigkeiten im Haus

Wir sehen also, in einem von der kognitiven Persönlichkeitstheorie geleiteten Verständnis wird der alte Mensch (Bewohner) verstanden und behandelt im Zusammenhang mit seiner je unterschiedlichen Lebenssituation. Der Heimaufenthalt wird als „Aufgabe" gesehen, die nicht für alle gleich, sondern die individuell gelöst werden muß. Hierzu ein Zitat: „Das sich entwickelnde Individuum (auch der Heimaufenthalt ist ein Entwicklungsvorgang) wird mit bestimmten – für das jeweilige Lebensalter ‚typischen' – Lebensaufgaben konfrontiert, die sich erstens wohl aus der körperlichen Situation, das heißt dem biologischen Entwicklungs- und Gesundheitszustand ergeben, die auch zweitens von den kulturellen Normen und Erwartungen der Gesellschaft abhängen, also von der sozialen Situation her definiert sind und drittens von den höchst individuellen Erwartungen und Wertvorstellungen der Persönlichkeit." [17]

Die Betreuungsarbeit im Heimbereich darf sich folglich weder ausschließlich auf die körperliche Pflege, noch allein auf die Überwindung von Isolation und Vereinsamung, noch überwiegend auf die Herstellung von psychischem Gleichgewicht beschränken, sondern sie muß alle drei genannten Gesichtspunkte auf die Bedürfnisse des einzelnen, unverwechselbaren Bewohners hinordnen. Ein entsprechendes Schlagwort wäre die ganzheitliche[15] Erfassung des alten Menschen durch die Berufsarbeit der Pflege, die aber traditionell als „Arbeit am Körper" verstanden wird.

Anpassung an die Heimsituation heißt folglich nicht, einseitige Zwangsausübung auf den Neuankömmling, so daß er sich möglichst rasch „einfügt": Anpassung an die Heimsituation ist daher auch immer eine Anpassung der Heimsituation an die Bedürfnisse des Aufgenommenen. Die mit der Aufnahme einhergehenden Veränderungen der sozialen, persönlichen und gesundheitlichen Verhältnisse begründen mit dem vorhandenen Heimleben ein Wechselspiel, das heißt einen Austausch individueller, situativer, sozialer, biologischer und gesellschaftlicher Einflüsse, der in seiner Qualität stets zweiseitig ist. [18]

Im Ansatz der kognitiven Persönlichkeitstheorie wird nun Anpassung in diesem Sinne als Ausgleich zwischen verschiedenen Systemen im Individuum selbst verstanden, mit dem Ziel, einen inneren Gleichgewichtszustand herzustellen. Der Bezug zur Umwelt wird hergestellt durch Abgrenzungs- und Eingliederungsvorgänge, die ein hierarchisch gegliedertes System von Bedürfnissen spiegeln. Bedürfnisse dienen hier der Umweltorientierung, be-

---

[15] Ganzheitlichkeit faßt sämtliche Elemente und Betrachtungsebenen des Menschen zu einer neuen Einheit zusammen, die als Persönlichkeit bezeichnet, jedem Element das Gefüge des Ganzen aufprägt.

dürfen aber auch der Erfüllung und Bestätigung durch die Umwelt. Ihre Nichterfüllung führt zu Regulationsstörungen im kompetenten Verhaltensbereich, wie wir sie unter dem Begriff „Institutionalisierungseffekte" kennen.

In jüngster Zeit wird nun auch mit der Forderung nach mehr Lebensqualität in Heimen eine verstärkte Ausrichtung der geschlossenen Altenarbeit auf die Bedürfnisse alter Menschen zum Programm erhoben. [19] Wenn man nun die Richtigkeit dieser Forderung für den Pflegealltag anerkennt, so lassen sich an dieser Werteskala allerdings auch die gegenwärtigen Organisationsmethoden der Altenhilfeeinrichtungen messen.

Maslow (1954) [20] unterscheidet drei hierarchisch übereinander angeordneter Bedürfniskategorien des Menschen:
▷ Stufe der Sicherheit
▷ Stufe der Anerkennung und Liebe
▷ Stufe der personalen Entfaltung

Ein Nachteil dieses Ansatzes besteht darin, daß eine Reihe von unterscheidbaren Aspekten linear miteinander vermischt werden, etwa sozialer und individueller Art oder emotionaler und rationaler Art. Daher empfiehlt sich zur präziseren Kennzeichnung dieser unterscheidbaren Größen eine Entflechtung folgender Art:
▷ Stufe der Sicherheit
▷ Stufe der Anerkennung
▷ Stufe der sozialen Teilhaberschaft
▷ Stufe der personalen Entfaltung

In diesem hierarchischen Motivationsmodell ist die Befriedigung des jeweils niedriger angesiedelten Bedürfnisses Voraussetzung für die verhaltensbestimmende Eigenschaft des nächst höheren.

So basiert auf dem Bedürfnis nach Selbsterhaltung und Sicherheit das Gefühl der emotionalen Geborgenheit und des Angenommenseins, welches wiederum Voraussetzung für die Erfüllung des Strebens nach Liebe und Achtung ist. Die Befriedigung solcher Grundstrebungen wiederum ist Voraussetzung für die Fähigkeit des Sich-Zurechtfindens in der Welt sozialer Bezüge, des Miteinander-Umgehen-Könnens aus einem grundsätzlichen Vertrauen heraus; dem entspricht das Bedürfnis nach Kontakt. Schließlich entspringt der Gemeinschaftsorientierung der Wille, sich selbst auszudrücken, der Wille, sein eigenes Wollen, Denken und Fühlen im Gegensatz oder Gleichklang zu anderen auszuformen; grundlegend ist hierzu das Bedürfnis nach Selbstverwirklichung.

Die Kritik von Vogel (1986) an der bloßen Nebeneinanderordnung aller personennahen Bedürfnisse aufgreifend [21], muß die Stufe der personalen Entfaltung sicherlich noch um die Stufe der Sinnfindung, der Verdichtung des Gelebten zur Erfahrung von Identität, erweitert werden. Somit ergibt sich das folgende Gesamtschema [22], dargestellt in der Abb. 9 auf S. 79:

Das vorgestellte Stufenkonzept zur Organisation der menschlichen Bedürfnisse nach Maslow beinhaltet auch die zentrale Aussage, daß die hierarchisch niedrig stehenden Schichten nach dem Defizit-Modell erklärbar scheinen (Mangelzustände), während die hierarchisch höher stehenden zunehmend durch die Expansionsthematik der Persönlichkeitsentwicklung (Anreiz zum Neuen) gekennzeichnet sind. Generell ist eine solche inhaltliche Klassifikation der Motive nicht unwidersprochen geblieben. Haupt-

```
        Sicherheit - vitale Ebene
      Anerkennung - emotionale Ebene          generalisierende
       Soziale Teilhaberschaft                 Bedürfnisse[16]
         - soziale Ebene
         Entfaltung d. Person
          - Ausdrucksebene
         Sinnfindung, Identität
          - Integritätsebene                  individualisierende
                                                 Bedürfnisse
```

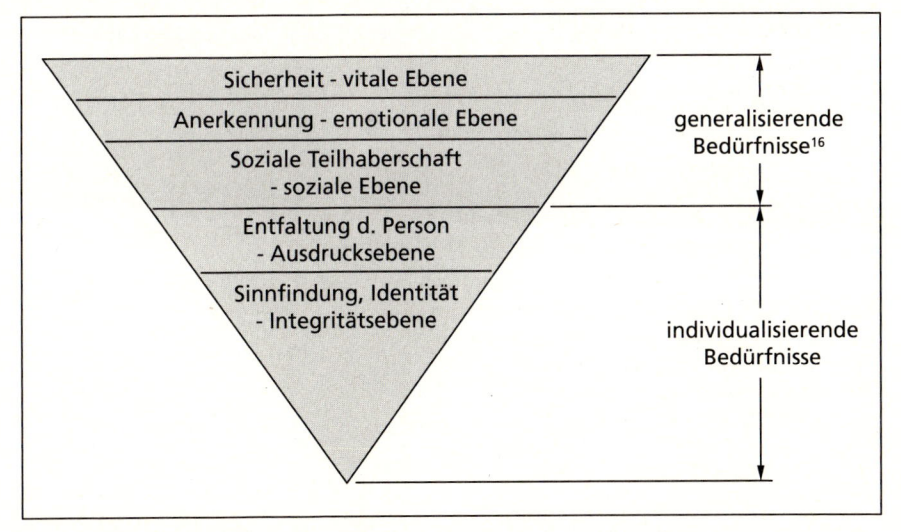

Abb. 9: Abfolge von Bedürfnisstufen nach Maslow[16]

Vorwürfe gegen diese gebräuchliche Theorie sind:
1. Es würden zwei gegensätzliche Wirkprinzipien zur Erklärung ein und desselben Sachverhaltes herangezogen
2. Der plötzliche Verlust der Befriedigungsmöglichkeit höherstrebender Bedürfnisse führe gemäß der Aussage 1. zur Aufrufung der in den vitalen Bedürfnissen vorherrschenden Defizitthematik; in diesem Sinne seien die tieferstehenden Motive die stärksten
3. Das Durchlaufen von unterschiedlichen schichtspezifischen Entwicklungsvorgängen wäre in dem Modell nicht berücksichtigt. [23]

Dem kann heute entgegengehalten werden:
Zu 1. und 2.: Der hier kritisierte Motivwandel innerhalb der Persönlichkeitsentwicklung beziehungsweise der Rückfall von der unbefriedigten Expansions- in die Defizitthematik läßt sich wissenschaftlich sehr wohl nachweisen. Darüber hinaus verändern moderne Motivationstheorien die normativen Aussagen Maslows dahingehend, daß auch bei Nichterfüllung vitaler Bedürfnisse nicht nur eine erlebnismäßige Verstärkung dieses Bereichs die Folge ist, sondern sehr wohl auch höhere Bedürfnisklassen zum Ausgleich des empfundenen Mangels herangezogen werden und umgekehrt. Damit entsteht eine grundsätzliche Bestätigung der Hierarchieklassen bei gleichzeitiger Anwendung zweier Wirkrichtungen. [24]

Zu 2. Knobling (1985) wies in ihrer Studie zu Konflikten im Altenheim nach, daß tatsächlich die Nichterfüllung der individualisierenden Bedürfnisse zu einem Rückfall in die Defizitthematik der vitalen Ebene führt, was sich in zunehmender Kritik am Essen, an der körperlichen Versorgung und

---

[16] Bedürfnisse, die für alle Menschen ohne Ansehen der Person Geltung besitzen.

am Verhalten des Pflegepersonals äußert. [25]

Zu 3. Hier können im Sinne einer Theorie der Fortführung oder Nicht-Fortführung der bisherigen Lebenssituation auch erwünschte Entwicklungen von unerwünschten unterschieden werden. Damit ist ausgesagt, daß ein stark auf die Erfüllung von Normen seiner sozialen Umgebung geprägter älterer Mensch durchaus auch in einer Umgebung glücklich sein kann, die ihm seine wenigen persönlichen Ausdrucksmittel noch beschneidet.

Angesichts der Tatsache, daß es bisher keine Studie vermochte, die Theorie Maslows in ihrem Kern zu widerlegen und eingedenk der gefundenen Ergänzungen, scheinen die gegebenen Bedürfnisschichten dem Autor bislang das geeignetste Modell zur Erklärung von Verhaltensweisen älterer Menschen in Heimen zu sein.

Anhand der diesbezüglichen Fachliteratur [26] läßt sich nun leicht aus diesem Ansatz eine Werteskala zur Beurteilung von Methoden der gegenwärtigen geschlossenen Altenarbeit gewinnen:

▶ Sicherheit
▷ Stillung von Hunger und Durst
▷ Körperliche Versorgung
▷ Personalpräsenz
▷ Abruf von Hilfeleistungen
▷ Bereitstellung von versorgungsgerechten Räumen
▷ Bereitstellung von technischen Hilfsmitteln
▷ Schutz vor körperlicher Beeinträchtigung

▶ Anerkennung
▷ Emotionale Zuwendung
▷ Angenommenwerden
▷ Fürsorglichkeit
▷ Achtung und Respekt

▶ Soziale Teilhaberschaft
▷ Begegnung
▷ Teilhabe, Zugehörigkeit, Geborgenheit
▷ Soziale Handlungsfähigkeit in symmetrischen Beziehungsmustern[17]
▷ Integration

▶ Entfaltung der Person
▷ Privatheit der Lebenssituation
▷ Individuelle Handlungs- und Entscheidungsspielräume (Selbstbestimmung)
▷ Persönliche Beziehungsmuster[18]
▷ Selbstvertrauen

▶ Sinnfindung, Identität
▷ Kontinuität (Fortsetzung, Beibehaltung)
▷ Ordnung und Wertung
▷ Annahme, Sinnorientierung (Integrität)
▷ Daseinsorientierung

Bezogen auf die vorliegenden Aspekte einer Heimbetreuung älterer Menschen, erscheinen die gegenwärtig angewandten Praktiken äußerst bedürfnisfern, um nicht zu sagen bedürfnisfeindlich. [27] Dies entspringt sicher-

---

[17] In der Kommunikationswissenschaft ein wechselseitiges soziales Handeln, das sich auf der wahrgenommenen Gleichheit des Handlungspartners aufbaut.
[18] Wechselseitiges soziales Handeln, das über die symmetrische Beziehung hinausgehend, nicht nur den Austausch verbindlicher Gruppennormen innerhalb eines festen Rollengefüges beinhaltet, sondern darüber hinaus auch Handlungselemente einer unverwechselbaren Persönlichkeit, die sich entweder in ein solches Gefüge integrieren lassen, oder aber notfalls auch entgegen einer Norm durchgesetzt werden.

lich zum einen aus dem Wesen der Organisation Altenheim, das auf abstrahierten, generalisierten Basisbedürfnissen alter Menschen aufbaut, die sich zu handhabbaren Merkmalsbündeln zusammenfassen lassen; zum anderen unterliegen sämtliche menschlichen Bedürfnisse einem Zwang zur Vergesellschaftung, das heißt, es werden nur solche Grundstrebungen akzeptiert und gesellschaftlich gefördert, die gleichsam auch öffentlich wahrnehmbar sind. Diesbezügliche Reformen und Verbesserungen treffen stets nur die allgemeinbezogenen Formen der Heimarbeit und nicht die einzelne Person in ihrer Einmaligkeit.

Literatur zu Kapitel 2

1. Revers, W. J.: Mittel- und westeuropäische Persönlichkeitstheorien, in: Wellek, A. (Hrsg.): Bericht des 19. Kongresses d. Deutschen Gesellschaft f. Psychologie. Göttingen 1954. S. 159.
2. vergl. hierzu:
   Dorsch, F.: Psychologisches Wörterbuch. Stuttgart 1982. S. 481.
   Thomae, Hans & Lersch, Philipp (Hrsg.): Persönlichkeitsforschung und Persönlichkeitstheorie. Handbuch der Psychologie, Bd. 4. Göttingen 1960. S. 21ff., 357–529.
3. Petzold, Hilarion & Bubolz, Elisabeth: Theorien zum Prozeß des Alterns, in: Petzold, H. & Bubolz, E. (Hrsg.): Bildungsarbeit mit alten Menschen. Stuttgart 1976. S. 116–144.
4. Roth, Heinrich: Bildsamkeit und Bestimmung. Päd. Anthropologie Bd. I. Berlin 1971. S. 389–400.
5. Tolman, E. C.: Behavior and psychological man. Berkeley 1961.
6. Thomae, Hans: Die Bedeutung einer kognitiven Persönlichkeitstheorie für die Theorie des Alterns, in: Zeitschrift f. Gerontologie 1971/4. S. 8–18.
7. Maslow, A. H.: Motivation and personality. New York 1954. S. 32.
8. ebda. S. 31–154.
9. Erikson, E. H.: Identität und Lebenszyklus. Frankfurt 1966. S. 11–124.
10. ebda. S. 118.
11. vgl. hierzu:
    Tartler, R.: Das Alter in der modernen Gesellschaft. Stuttgart 1961.
    Havighurst, R. J.: Successfull aging, in: Williams, R. H. (Ed.): Process of aging I, II. New York 1963.
    Cumming, E., & Henry, W. E.: Growing old – the process of disengagement. New York 1961.
    Henry, W. E.: The theory of intrinsic disengagement, in: Hansen, P. F. (Ed.): Age with a future. Philadelphia 1964. S. 415–418.
    Rose, A. M.: The subculture of the aging, in: The Gerontologist 1962/3. S. 126.
    Thorndike, E. L./Bregman, E. O./Tilton, J. W./Woodward, E.: Adult learning. New York 1928.
    Miles, W. R.: The correlation of intelligence scores and chronological age from early to late maturity, in: American Journal of Psych. 1932/44. S. 44–78.
    Berkowitz, B., & Green, R. E.: Changes in intellect with age, In: Journal Genet. Psychol. 1965/53. S. 179–192.
    Havighurst, R. J./Munnichs, J. M./Neugarten, B. L./Thomae, H. (Ed.): Adjustment to retirement. A cross-national study. Assen 1969.
12. Lowenthal, M. F., & Boler, D.: Voluntary versus involuntary social withdrawal, in: Journal of Gerontology 1965/20. S. 363ff.
    Henry, W. E. a.a.O. S. 416f.
13. Havighurst, R. J./Munnichs, J. M./Neugarten, B. L. a.a.O.
    Maddox, G. L.: Persistence of life style among the elderly. Proceedings of the 7th International Congress of Gerontology. Wien 1966. S. 309–311.
14. Reichard, S./Livson, F./Peterson, P. G.: Adjustment to retirement, in: Neugarten, B. L. (Ed.): Middle age and aging. Chicago 1968. S. 178–180.
15. Rosow, I.: Adjustment of the normal aged, in: Williams, R. H. a.o. (Ed.): Processings of aging. New York 1963. S. 195–223.
16. Schenk, H.: Die Kontinuität der Lebenssituation als Determinante erfolgreichen Alterns. Köln 1975.
17. Lehr, O.: Psychologie des Alterns, Heidelberg 1977. S. 37.
18. Schmitz-Scherzer, R. & Tokarski, W.: Anpassung und Adaption, in: Ztschrf. f. Gerontologie 1986/2. S. 215–217.
19. vgl. hierzu:
    Vogel, Alfred: Das Bild vom alten Menschen, in: Altenpflege 1986/9. S. 564.
    Rest, Franco: Die Bedürfnisse der Senioren im Heim, in: Das Altenheim 1979/8. S. 189–193.

Ostner, Ilona: Möglichkeiten der Bewältigung von Arbeitssituationen in der Pflege I, in: Altenpflege 1979/4. S. 339 ff.
20. Maslow, A. H. a.a.O.
21. Vogel, A. a.a.O. S. 564.
22. vgl. hierzu:
Grond, Erich: Die Pflege verwirrter alter Menschen. Freiburg 1984. S. 186 ff.
Roth, H. a.a.O. S. 392 ff.
23. von Rosenstiel, Lutz: Die motivationalen Grundlagen des Verhaltens in Organisationen. Berlin 1975. S. 139–161.
24. vgl. hierzu:
Alderfer, C. P.: An empirical test of a new theory of human needs, in: Organ. Behav. hum. Perform. 1969/4. S. 142–175.
Porter, L. W.: A study of perceived need satisfaction in bottom and middle management, in: Journal of applied Psych. 1962/46. S. 1–10.
25. Knobling, Cornelia: Konfliktsituationen im Altenheim. Feiburg 1985. S. 44, 59.
26. vgl. hierzu:
Noam, Ernst: Im Altenheim leben. Frankfurt 1968. S. 34–93.
Fischer, Lorenz: Die Institutionalisierung alter Menschen. Köln 1976. S. 116 ff.
Holzbauer, Karl: Psychosoziale Betreuung im Heim, in: Das Altenheim 12/1984. S. 305–307.
Rest, F. a.a.O. S. 189–193.

Otte, Annegret: (Heimliche) Erziehung alter Menschen, in: Altenpflege 1986/9. S. 526–528.
Eisenbach, Martin: Umgang mit alten Menschen und ihre Aktivierung, in: Das Altenheim 1979/9. S. 204–207.
Eisenbach, M.: Psychologie in der Altenarbeit. Freiburg 1977. S. 119–131.
Knobling, C. a.a.O. S. 29–132.
Grond, E. a.a.O. S. 178–194, 217–225.
Munnichs, J. M. A., & Janmaat, H. F. J.: Vom Umgang mit älteren Menschen im Heim. Freiburg 1976. S. 69 ff.
Mybes, Ursula: Die Sicherstellung der Lebensqualität im Altenheim, in: Das Altenheim 1979/10. S. 232–235.
Landeshauptstadt Stuttgart, Sozialamt (Hrsg.): Ältere Menschen mit psychischen Schwierigkeiten im Heim. Stuttgart 1986. S. 17 f.
Britton, Joseph H.: Dimensionen der Angepaßtheit bei älteren Menschen, in: Thomae, Hans, & Lehr, Ursula (Hrsg.): Altern – Probleme und Tatsachen, a.a.O. S. 517–529.
Peck, Robert: Psychologische Entwicklung in der zweiten Lebenshälfte. ebda. S. 530–544.
27. vgl. hierzu:
Grond, E. a.a.O. S. 220 f.
Narr, Hannelore: Soziale Probleme des Alterns. Stuttgart 1976. S. 99.
Knobling, C. a.a.O. S. 58 f.

Die Motivation der Mitarbeiter

1. Persönliche Voraussetzungen der Pflegetätigkeit

Im Zusammenhang mit einer zunehmend durch körperliche Gebrechlichkeit, psychische Defekte und Desorientiertheit geprägten Altenhilfe und dem solche Effekte abwehrenden Entwurf einer persönlichkeitsbezogenen Pflege kommt den Mitarbeitern in den Heimen, als den unmittelbaren Handlungspartnern des alten Menschen, eine immense Bedeutung zu. Von ihrem Verhalten angesichts der steigenden beruflichen Belastung hängt unmittelbar die humane Qualität der zukünftigen Altenpflege ab. Die überproportionale Zunahme des Personenkreises, der sich nur unvollkommen artikulieren kann und infolgedessen von der Fürsorge des Pflegepersonals völlig abhängig ist, provoziert geradezu die Ausübung einer dominierenden Helferrolle durch die Mitarbeiter im Altenheim: Je hilfloser der alte Mensch, je ausgeprägter er die ihm zugewiesene Kranken- und Abhängigkeitsrolle gestaltet, um so dominanter agiert der Mitarbeiter in seiner Helferrolle. Dies führt in seiner letzten Konsequenz zu einer weiteren Rückbildung von Selbständigkeitsleistungen des Pflegebedürftigen, da Leistungen, die eine aktive Mitarbeit voraussetzen, ihm nicht mehr abverlangt werden. Damit ist der Gefahrenhorizont einer drohenden umfassenden Fremdbestimmung des Heimbewohners abgesteckt.

Rückert (1980) schlägt als Gegenmaßnahme vor, das Wissen der pflegerischen Mitarbeiter um die prinzipielle Veränderbarkeit solcher Rollenzuweisungen zu fördern.

Notwendige Verhaltensänderungen auf beiden Seiten sieht er als Resultat des Einsatzes von Interventionstechniken. Die Praxis der Altenpflege werde gerade im Hinblick auf die zu fordernde berufliche Qualifizierung der Mitarbeiter immer schwieriger und anspruchsvoller. Zum einen sei ein außerordentlich hoher Nachholbedarf an Fachwissen durch die Aus-, Fort- und Weiterbildung zu befriedigen, zum anderen müsse aber auch der einzelne Helfer seine Beziehung zum älteren Menschen aufgrund der erworbenen Kenntnisse kritisch reflektieren und diesen selbst die Entscheidung darüber belassen, in welcher Weise er gefördert werden möchte. Damit löse eine situationsbezogene Aufgabenstellung der Pflege generalisierende Vorstellungen ab. [1] Eine solche Umorientierung, ist deren Notwendigkeit erst einmal erkannt, hat naturgemäß tiefgreifende Folgen für die beruflichen Wertmaßstäbe und die Arbeitsorientierung der Mitarbeiter in der stationären Altenhilfe.

Konkreter in der zu fordernden Verhaltensbeschreibung äußert sich Cornelia Knobling (1985), die weniger das Erlernen spezieller Techniken des Umgangs oder der Intervention als das oberste Ziel einer Umorientierung der Altenpflege bezeichnet, sondern vielmehr das Erlernen von Basisqualifikationen, also humanen Grundhaltungen, die dazu dienen, der Individualität des zu Pflegenden gerecht werden zu können. Sie benennt hier die Tugenden der Empathie (Einfühlungsfähigkeit), der Ambiguitäts- und Frustationstoleranz (Fähigkeit, negative Erfahrungen, Rückschläge und Widersprüche positiv zu verarbeiten), der Rollendistanz (Fähigkeit, die eigenen

Erwartungen und Einstellungen mit denen des Handlungspartners abzustimmen) und schließlich des moralischen Bewußtseins und Handlungsvermögens (Fähigkeit, Konflikte nach Prinzipien der Gerechtigkeit, Gegenseitigkeit und menschlichen Würde lösen zu können). Um diesen Wesenskern der Aus- und Fortbildung lege sich gleichsam erst als äußere Schicht die Vermittlung von inhaltlichem Wissen [2] (medizinisch-technische, Arzneimittel-, diagnostische Kenntnisse, Lagerungs- und Mobilisierungstechniken). Sowohl Rückert als auch Knobling verbleiben mit ihrem Versuch, die zukünftigen Anforderungen und Aufgabenstellungen an die Qualifikation der Pflegemitarbeiter zu umreißen, im sekundären oder indirekten Bereich der Arbeitssituation. Unter dem Zwang zur beruflichen Organisation wird hier Arbeit als nur soziale Gestaltungsmöglichkeit verkannt, die es durch Fort- und Weiterbildungsmaßnahmen zu bereichern gilt. Arbeit als Ausdruck einer innerpsychischen Gerichtetheit, als Ausdruck des Selbst wird dagegen übersehen.

Während der erstgenannte Aspekt Mitarbeiter in ein Handlungszweckschema einpaßt, vollzieht der letztere Aspekt die Anerkennung des Mitarbeiters als eines verantwortlich handelnden Gegenübers zum alten Menschen, das sich selbst, die berechtigten Interessen der Institution sowie die individuellen Ansprüche der Heimbewohner miteinander in Beziehung setzt. Hieraus erwächst dem Mitarbeiter ein ungewöhnliches Maß an Verantwortung und fachlicher wie auch menschlicher Kompetenz, etwas, daß sich nicht einfach aus Arbeitstechniken und dem Erwerb von Basisqualifikationen herleiten läßt. Die Aus- und Fortbildung kann folglich nur ein Aspekt zur Aufrechterhaltung der umschriebenen Beziehung zwischen Organisation, Heimbewohner und Mitarbeiter sein. Die Frage nach der gestaltenden Mitte einer solchen Beziehung läßt sich nun aber auch allgemein stellen: Was befähigt einen Mitarbeiter, über Monate und Jahre hinweg alte, gebrechliche Menschen zu pflegen, sie zu selbständigem Tun zu bewegen, sie in ihrer persönlichen Entwicklung zu fördern, wenn doch am Ende eines solchen mühseligen Prozesses Regression und Tod stehen? In einem Krankenhaus verlassen die weitaus meisten Personen geheilt oder doch zumindest in der Befindlichkeit gebessert die einzelnen Stationen; in einem Altenheim hingegen werden alle Bemühungen unter dem Eindruck des nahenden Todes in Frage gestellt. Gefragt ist damit nicht nach vordergründigen Qualifikationen, sondern nach psychischen, inneren Spannungsverhältnissen, die genügend erforderliche Energie zur Aufrechterhaltung der konkreten Arbeitstätigkeit freisetzen. Ein solches zielgerichtetes Antriebssystem wird gemeinhin in der Psychologie mit dem Begriff „Motivation"[1]

---

[1] Die Motivationsforschung trennt die grundlegenden Begriffe „Motiv" und „Bedürfnis", als relativ situationsunabhängige, überdauernde Konstanten in der Verhaltensorganisation, entweder gar nicht voneinander, oder aber ordnet der Triebseite des Menschen mehr die Bedürfnisse, der äußeren Anreizsituation für Handlungen mehr die Motive zu. Entsprechend haben sich zur Erklärung von motiviertem Verhalten unterschiedliche Theorieansätze herausgebildet: Die sogenannten Schubtheorien gehen von einer unspezifischen, periodisch sich geltend machenden Kraft im Individuum aus, die einen homöostatischen Zustand der Ruhe und des Gleichgewichts zu überwinden habe. Ihre Richtung auf die Umwelt

umschrieben. Da hier ein spezifisches berufliches Feld zu kennzeichnen ist, interessiert in Hinblick auf den Mitarbeiter in der Altenhilfe dessen Arbeitsmotivation.

Offensichtlich verlangt die Berufsarbeit im Alten- und Pflegeheim mehr von den Mitabeitern, als sich an deren menschlichen (Knobling) und fachlichen Fähigkeiten (Rückert) ablesen läßt. Fachliche Fort- und Weiterbildung setzt Schwerpunkte, wie:
▷ Wirkungsweise und Anwendung neuer Arzneimittel
▷ Bedienung medizinisch-technischer Apparaturen
▷ Verbesserung der Lagerungs- und Mobilisierungstechniken
▷ Einführung neuer Techniken der Wundversorgung
▷ Techniken der Krankenbeobachtung
▷ Erkennen von Krankheitsmerkmalen
▷ Verbesserung der Stationsorganisation
▷ Einführung neuer Grundpflegetechniken
▷ Verbesserung der Stationshygiene

Damit erfassen solche Maßnahmen nur den technischen Bereich des Um-

hin erfahre diese Kraft durch Lernen nach dem Reiz-Reaktions-Mechanismus. Im Zustand des Ungleichgewichts versuche der Organismus einen Ausgleich in zunächst noch unbestimmten Handlungsverknüpfungen mit seiner Umwelt zu finden. Ein Tätigwerden erfolge aufgrund eines auf äußere Reize gerichteten Antriebs, der sich auch als Motiv, Bedürfnis oder Trieb bezeichnen lasse. Auf die betriebliche Organisation gewendet bedeutet dies, daß zur Überwindung der prinzipiellen Untätigkeit des Mitarbeiters, außengesteuerte dienstliche Forderungen, Konzeptionen und Handlungsanweisungen an ihn zu richten sind, die eine Überwachung und Kontrolle zur unabdingbaren betrieblichen Praxis erheben. (Vertreter Skinner.)
Im Unterschied hierzu stützen sich die sogenannten Zugtheorien auf einen Anreiz zum Handeln, der von dem generellen Streben des Menschen nach Lustgewinn ausgeht (Hedonismus). Um den Nutzen, also die Vorteile, die unmittelbar lusterzeugend sind, für sich zu maximieren, suche sich das Individuum in seiner Umwelt entsprechende Objekte, die dies verspächen und somit eine Anziehungskraft ausübten. Beschrieben wird hier ein nicht von Motiven oder Bedürfnissen getriebenes, sondern ein rational und zielbewußtes sich bestimmende Objekte suchendes Wesen. Das Verhalten ist somit bestimmt von Zielen und Erwartungen darüber, wie diesen Zielen nähergekommen werden kann. Die Attraktivität eines bestimmten, gedanklich vorweggenommenen Handlungsergebnisses und die kalkulierte Wahrscheinlichkeit, daß eine Handlung oder ein Verhalten auch zu dem beabsichtigten Ergebnis führt, bestimmen zusammenwirkend die Stärke, mit der das Individuum sich in einer Arbeitssituation einsetzt. Diese Stärke wird Motivation genannt, in einer bestimmten Situation auf eine bestimmte Weise zu handeln. In dieser Theorie wird die zukunftsgerichtete und rationale Seite des menschlichen Handelns dargestellt, die in der betrieblichen Praxis der Arbeitsorganisation die Formulierung von außengesteuerten Zielen zwar erfordert, jedoch die Regulation der Erwartung, diesen Zielen näherzukommen, selbstkontrolliert und freiwillig sich vollziehen läßt. (Vertreter: Atkinson, Raynor, Tolman, Lewin und andere.)
Neuere Theorien enthalten eine dynamische Komponente. Gleichfalls basierend auf einem bedürfnisgeregelten Prinzip, verweisen sie jedoch die homöostatische Vorstellung von der Anregung menschlichen Handelns auf eine niedere Stufe biologischer und physiologischer Bedürfnisse. Einem hierarchischen Stufenaufbau folgend, schreite die Entwicklung des Verhaltens zu immer höheren und komplexeren Formen menschlicher Motivation. Basales Triebgeschehen zeige sich nur in dem Grundbedürfnis des Sich-Fort-Entwickelns, das durch alle Stufen erhalten bleibe, sich schließlich zur Vollendung der Persönlichkeit, zur Selbstverwirklichung und zur Differenzierung der Handlungsmuster verändere. Kein besonderer Zug oder Schub sei vonnöten, um bestimmte Handlungen zu ermöglichen, sondern vielmehr liege im Tätigsein selbst das persönlichkeitsentwickelnde Bedürfnis. – Auf die betriebliche Praxis gewendet bedeutet dies, daß der Inhalt der Arbeit selbst motiviert, und daß die Arbeit nicht Mittel sondern Zweck der Bedürfnisbefriedigung ist. (Vertreter Maslow.)
Literatur: Offe, Heinz/Stadler, Michael: Arbeitsmotivation. Darmstadt 1980. S. 118 ff.

gangs mit dem Bewohner; auch kann durch einen solchen „fachlichen" Umgang mit ihm seine Isolation noch erhöht werden.

Helfen, so scheint es, kann hier die Vermittlung von Grundvoraussetzungen mitmenschlichen Umgangs, wie:
▷ Einfühlungsvermögen
▷ Mitleidensfähigkeit
▷ Toleranz
▷ Belastbarkeit
▷ Dialogbereitschaft
▷ Gerechtigkeit
▷ Gleichberechtigung

Aber auch solche Tugenden, werden sie dem Heimpersonal vermittelt, sind viel zu allgemein, sollen sie tatsächlich etwas für die besonderen Verhältnisse des alten Menschen bewirken.

Vielmehr stehen fachliche Orientierung und die Forderung nach „menschlichem" Umgang mit dem Bewohner einander oft im Wege, der Mitarbeiter ist gezwungen, sich für das eine oder andere zu entscheiden.

Gefragt ist folglich nach einer inneren Haltung, die es ermöglicht, die Arbeitsinhalte des Altenpflegeberufes auf die Person des Heimbewohners zu beziehen. Eine Haltung, die von der Person des Bewohners aus denkt und nicht von dem sachlichen Drumherum sich bestimmen läßt. Eine solche Haltung bezeichnen wir als Arbeitsmotivation. Der äußere Ausdruck von Arbeitsmotivation ist folglich die Arbeitszufriedenheit der pflegerischen Mitarbeiter.

2. Die Arbeitsmotivation

Arbeitsmotivation soll hier als die Triebkraft eines individuellen, wie auch organisationsbezogenen Verhaltenszusammenhangs zwischen Mitarbeiter und Heimbewohner in einem konkreten, zielgerichteten Tätigkeitsvollzug gelten. Sie zerfällt folglich in eine Ebene der inneren Bedingungen, die notwendige Voraussetzung für die Aufnahme einer Arbeitstätigkeit sind, und in eine Ebene äußerer Anreize, die zusammen eine konkrete Tätigkeit des Mitarbeiters in seiner beruflichen Umwelt hervorbringen. Während die inneren Bedingungen einem Handlungsvollzug keine Richtung zuweisen, richten sich die äußeren Anreize an einem Arbeitsobjekt aus und verleihen diesem eine Anziehungskraft. Das Motiv fällt somit mit dem Arbeitsobjekt zusammen; das Objekt, hier der Heimbewohner, besitzt Aufforderungscharakter. [3] Damit ist ein Bereich abgesteckt, in dem relativ stabile Arbeitsmotive[2] und Arbeitsbedürfnisse mehr oder weniger gut mit situationsbezogenen Elementen (Zeitdruck, technische Mängel) der Arbeitsorganisation und ihren Ergebnissen zur Deckung kommen. Diese zweifache Wirkrichtung spiegelt sich gleichfalls in der theoretischen Auseinandersetzung zur Erklärung von motiviertem Verhalten in speziellen

---

[2] Im Unterschied zur mehr aktuellen, situationsabhängigen Form der Arbeitsmotivation, die relativ überdauernden Grundmotive der Arbeitstätigkeit

Arbeitssituationen wider. Arbeitsmotivationstheorien sind daher als spezialisierte Formen von allgemeinen Leistungsmotivationstheorien zu sehen.

Inhaltliche Bestimmungen der Arbeitsmotivation wurden von Maslow (1954) und Herzberg (1966) erarbeitet. Maslow geht von einem allgemeinen hierarchischen Motivationsmodell aus, das sich auf die speziellen Arbeitsmotive übertragen läßt. Der Grundgedanke dieser Theorie ist die Annahme einer hierarchischen Schichtung inhaltlich gegliederter Motive, wobei die hierarchisch niedrigstehenden nach dem Defizitmodell erklärbar scheinen, während die hierarchisch höherstehenden zunehmend durch die Expansionsthematik gekennzeichnet sind. Der entscheidende Vorteil im Sinne unseres individuellen Ansatzes ist das Zugeständnis eines Entwicklungsfreiraumes für den Mitarbeiter in Organisationen. Zur kritischen Auseinandersetzung mit diesem Ansatz vergleiche man den fünften Abschnitt im Kapitel „Das Persönlichkeitsbild der Heimbewohner". Herzberg und andere fanden in einer Untersuchung die folgenden Motivatoren, die als unmittelbare Anreize für bessere Arbeitsergebnisse wirken:
▷ Leistung
▷ Anerkennung der Leistung
▷ interessanter Arbeitsinhalt
▷ Verantwortung
▷ Aufstieg
▷ Möglichkeit zur Selbstverwirklichung

Diese Motivatoren suchen ihre Befriedigung in der Arbeit selbst, sind folglich als intrinsisch zu bezeichnen. Demgegenüber fanden sie auch Dismotivatoren, die sich mittelbar auswirken:

▷ Unternehmenspolitik und Verwaltung
▷ Personalführung
▷ Entlohnung
▷ Beziehung zu Vorgesetzten, Gleichgestellten und Nachgeordneten
▷ äußere Arbeitsbedingungen

Eine Verbesserung solcher hemmenden Merkmale führt jedoch niemals direkt zu einer wesentlichen Verbesserung der Arbeitsergebnisse. Die Motive, die hier erreicht werden, richten sich nicht auf die Arbeit selbst, sondern auf ihre Begleit- und Folgeerscheinungen und sind also extrinsisch. Offensichtlich ist aus der Herzbergschen Untersuchung der Schluß zu ziehen, daß Motivatoren und Dismotivatoren in der Arbeitstätigkeit nicht auf dieselbe Ebene zielen und daher zwei unterschiedliche Faktoreinheiten darstellen. Dies ist eine These, die zu den umstrittensten in der ganzen Organisationspsychologie gehört.

Das wohl gewichtigste Gegenargument zur Zwei-Faktoren-Theorie bezieht sich auf deren mangelhafte Analyse der Beziehungen zwischen individuellen Aspekten der Arbeitszufriedenheit und generellen Arbeitsrahmenbedingungen wie Unternehmenskonzeption und Sozialprestige der Arbeitstätigkeit. Insoweit lassen sich zwischen Motivatoren und Dismotivatoren ursächliche Zusammenhänge vermuten. Dagegen läßt sich die scheinbare Widersprüchlichkeit auch als Ausdruck einer hierarchischen Anordnung motivationaler Inhalte im Sinne Maslows deuten: Während die Motivatoren der höheren Hierarchieordnung mit ihrem Drang zur Fortentwicklung zuzuordnen sind, bezeichnen die Dismotivatoren die niedrigen Bedürfnisstufen mit ihren Mangelerscheinungen. Der Ausgleich eines empfundenen Mangels führt hier nicht zur Leistungssteigerung, sondern im günstigen Fall zu einer Tendenz des Sich-Fortentwickeln-Wollens. Eingedenk der Kritik an Maslows Modell, die unterschiedliche persönliche Entwicklungsverläufe und damit unterschiedliche Orientierungsgrundhaltungen innerhalb der Hierarchie voraussetzt, haben wir es hier doch mit einem bis heute brauchbaren Ansatz zur inhaltlichen Erklärung von motiviertem Arbeitsverhalten zu tun. [4]

Auf den Altenheimbereich bezogen lassen sich aus diesen Erkenntnissen interessante Schlußfolgerungen ziehen. Offenbar zerfällt die Arbeitsmotivation der pflegerischen Mitarbeiter in zwei Betrachtungsebenen:
▷ die Ebene der eingebrachten Arbeitsmotive und Arbeitsbedürfnisse, hierzu zählen:
 – Kindheits- und Jugendeindrücke
 – Ausbildungsorientierungen
 – berufliche Entwicklungsorientierungen (berufliche Sozialisation)
▷ die Ebene der äußeren Arbeitsbedingungen, hierzu zählen:
 – technische Ausstattung
 – personale Ausstattung
 – Arbeitskollegen
 – Dienstpläne
 – Entlohnung

Während nun die erste Ebene die Arbeit anhand von persönlichen Entwicklungschancen sowohl des Mitarbeiters wie auch des alten Menschen bestimmt, bezieht sich die zweite Ebene nur auf die äußeren Rahmenbedingungen, die eine inhaltliche (intrinsische Motivation) zwar unterstützen können, aber jedoch niemals ersetzen.

Für die Motivation der Mitarbeiter ergeben sich die folgenden Gesetzmäßigkeiten:

▷ eine Verbesserung der äußeren Rahmenbedingungen (bessere technische/personelle Ausstattung, gutes Betriebsklima, bessere Entlohnung) führt nicht unbedingt auch zu besseren Arbeitsergebnissen, da in der Regel ja weitere Mängel bestehen bleiben
▷ eine Verbesserung der äußeren Rahmenbedingungen kann jedoch zu einer Umorientierung zu inhaltlichen Anreizen führen, da die Mangelsituation nicht mehr so bedrängend ist; jedoch führt auch dies nicht zu äußerlich sichtbaren Erfolgen, vielmehr erhöht sich die Arbeitszufriedenheit des Mitarbeiters
▷ eine Verbesserung der inhaltlichen Bestimmung der Arbeit (Anerkennung, Mitbestimmung, Zuweisung interessanter Tätigkeiten) führt immer zu besseren Arbeitsergebnissen, da die Befriedigung dieser Bedürfnisse die Entwicklung der Persönlichkeit im Beruf vorantreibt.

Die Heimleitung sollte folglich in ihrem Tun sich nicht ausschließlich von den Forderungen der Mitarbeiter nach mehr Personal, nach besseren Arbeitszeiten, nach besseren technischen Gerätschaften leiten lassen. Neben der Wichtigkeit solcher Randbedingungen der Arbeit sollte nicht übersehen werden, daß es gilt, inhaltliche Anreize zu setzen:
▷ Wahlmöglichkeiten für individuelle Arbeitsschwerpunkte (technisch-funktionell, pflegerisch, betreuerisch)
▷ Kompetenzerweiterungen
▷ Mitbestimmung (management by participation)
▷ Selbstbestimmte Arbeitsorganisation
▷ Delegierung von Verantwortung (management by delegation)

Diese Aspekte bringen uns nun wieder zurück auf die bereits vorgenommene Organisationsanalyse. Wir konnten feststellen, daß die Autoritäts- und Kommunikationsmuster im Altenheimbereich durchaus in der Lage wären, die Nebeneinanderordnung von Aufgaben, Zuständigkeiten und Verantwortlichkeiten zu ermöglichen, bei gleichzeitigem Abbau von überkommenem Positionsdenken.

Das bisher aufgezeigte Inhalts- oder Bedürfniskonzept der Arbeitsmotivation bedarf nun wesentlich der Ergänzung durch ein Prozeßmodell, daß Verhaltensentscheidungen des Mitarbeiters vorhersagbar werden läßt. Aber auch dieser Ansatz kommt, wenn er verhaltensbestimmende Merkmale beschreibt, nicht ohne die Annahme eines Anreiz- oder Motivsystems aus. Die Vornahme einer bestimmten beruflichen Handlung hat einen hohen Wahrscheinlichkeitswert, wenn die vermuteten Folgen oder Konsequenzen dieser Handlung für die Person einen hohen Anreizwert besitzen. Einen solchen Zusammenhang zwischen Handlung und Konsequenz dieser Handlung bezeichnet man als Instrumentalität. Verhaltensbestimmend ist hier die wahrgenommene Beziehung zwischen 2 Ereignissen, das heißt, es werden vermutete Handlungsergebnisse an mögliche Folgeereignisse dieser Handlungsergebnisse angekoppelt. Vroom (1967) entwickelte das erste VIE-Modell (Valence-Instrumentality-Expectancy-Modell), das er folgendermaßen umschrieb: Die Stärke einer Handlungstendenz innerhalb eines Arbeitsprozesses hänge von der Valenz, das heißt, von der subjektiven Wertschätzung des Ergebnisses, aber auch von der Erwartung, das heißt, von der subjektiven Wahrscheinlichkeit des Handlungserfolges ab. Die Entscheidung für die subjektiv favorisierte Handlungsmöglichkeit, also für das zu konkretisierende Arbeitsergebnis, habe instrumentellen Wert für die damit verknüpften Folgen, wie Gehaltsniveau, Anerkennung durch Vorgesetzte und so weiter. Die Instrumentalität der Folgen von Handlungsergebnissen sei folglich durch innere Faktoren (Motive, Bedürfnisse) beeinflußt, die sich thematisch an Bereiche der Arbeitswelt anlehnen, zum Beispiel an die Machtthematik (Einfluß über andere gewinnen), an die Anschlußthematik (Beziehungen zu anderen herstellen oder aufrechterhalten) oder an die Leistungsthematik (Informationsgewinn über die eigene Tüchtigkeit beim Zustandekommen der Leistung). Die Bewertung des Arbeitsergebnisses ergebe sich folglich daraus, welche positiven Folgen in welchem Ausmaß mit dem Arbeitsresultat verbunden seien, das heißt, welche Instrumentalität zwischen Ergebnis und Folgen bestehe. – Insoweit wird durch dieses VIE-Modell eine Anknüpfung der inhaltlichen Begründung von Arbeitshandlungen an den Vorgang ihres Zustandekommens vorgenommen.

Graen (1969) erweitert nun die Sichtweise des Instrumentalitätskonzepts um den Aspekt der Berufsrolle, die der Arbeitstätigkeit spezifische Verläufe zuweise. Solche Berufsrollen wirkten in die Instrumentalität des allgemeingültigen VIE-Modells, indem sie differenzierten nach verschiedenen Berufsgruppen, verschiedenen spezialisierten Tätigkeiten innerhalb derselben Berufsgruppe und nach der Position im hierarchischen Stellensystem. Die Standards des mit der Rollenausübung verbundenen Verhaltens würden festgelegt in der Erwartung einer bestimmten Bewertung des Verhaltens durch eine äußere Instanz (zum Beispiel Chef, Kollegen) und durch den Übereinstimmungsgrad von solchen subjektiv vermuteten Bestandteilen des passenden Verhaltens mit den objektiven Anforderungen der Berufsrolle. Im Sinne des kognitiven Ansatzes von Vroom seien für die Übernahme und Ausübung einer solchen Berufsrolle die Bewertung erwarteter Arbeitsergebnisse sowie die Instrumentalität in Hinblick auf deren Folgen maßgeblich. Arbeitsergebnisse sind in diesem Zusammenhang bestimmt durch gedanklich vorweggenommene Bewertungen, von denen der Mitarbeiter glaubt, daß sie die Erwartungen der Vorgesetzten und Mitarbeiter erfüllten.

Als Beispiel für solche instrumentellen Beziehungen führt er das Gefühl von Leistung, Anerkennung und Verantwortung an; außerdem äußere Faktoren wie Status, Verdienst, Arbeitsbedingungen, Arbeitsbeziehungen und die berufliche Entwicklung. Im Grunde wird hiermit eine Unterscheidung zwischen inneren Bedingungen des Arbeitsprozesses und äußeren Druckfaktoren, die sich aus der Berufsrolle ergeben, vorgenommen. Aus diesem Grund definiert er Instrumentalität als einen Grad an Zuversicht, daß die Ausübung einer speziellen Berufsrolle auch tatsächlich die Erreichung der subjektiv erwarteten Handlungsergebnisse garantiert. Er benennt die folgende, wichtigste Grenzbedingung (boundary condition) für die Gültigkeit des Instrumentalitätskonzepts:

Die organisatorische Eigenart des Übereinstimmungsgrades zwischen subjektiv erkannten Bestandteilen des passenden Verhaltens und den objektiven Anforderungen der Berufsrolle muß dem Mitarbeiter bewußt sein.

Nur wenn es deutlich wahrnehmbare Zusammenhänge und Übereinstimmungen zwischen betrieblich geforderter Leistung und den Wertungen für die Handlungsresultate bei den Mitarbeitern gibt, das heißt, nur wenn die Mitarbeiter die Bedingungen, unter denen ihr Handeln in bezug auf ihre Ziele effektiv ist, klar erkennen können, ist die Voraussetzung für die Beschreibung von Arbeitsmotivation gegeben. Dachler und Mobley (1973) erbrachten den Nachweis der Gültigkeit solcher Grenzbedingungen für motiviertes Arbeitsverhalten. Die Gründe für die Nichtvorhersagbarkeit motivierten Verhaltens lägen in der Zufälligkeit der Verknüpfung von alternativen Handlungsmöglichkeiten mit nachfolgenden Konsequenzen und in Organisationsstrukturen, die es verhinderten, das gewünschte Verhalten zu realisieren. In solchen Betrieben verhinderten bestimmte Eigenarten, wie etwa häufiger Wechsel von Stellenbeschreibungen, mangelhafte Regelung der Zuständigkeiten, die Ausbildung klarer Verhaltensanweisungen, die, instrumentell mit bestimmten Folgen verknüpft, der Orientierung in der Berufsrolle dienten. Bei den Beschäftigten führe dies zu der Erkenntnis, daß verschiedene Verhaltensweisen oder Arbeitsziele nicht instrumentell für die Vornahme erwünschter Arbeitsergebnisse seien oder aber, daß es keinen Unterschied der Nützlichkeit verschiedener alternativer Verrichtungsmöglichkeiten gebe, was wiederum zu einer willkürlichen Auswahl führe. – Zu einer motivierten Arbeitshaltung gehört nach diesen Erkenntnissen das Wissen über die Beschaffenheit einer Arbeitssitua-

Gegebenheiten der Organisation 2	Situation			Ergebnis des Verhaltens 8	
Anreiz 3			Verhalten 7	Belohnung bzw. Bestrafung 9	
	Motiv-Aktivierung 4	Erwartung 5	Verhaltensintention 6		Zufriedenheit / Unzufriedenheit 10
Überdauernde Motivstruktur 1		Person			

Quelle: von Rosenstiel, L.: a.a.O. S. 32

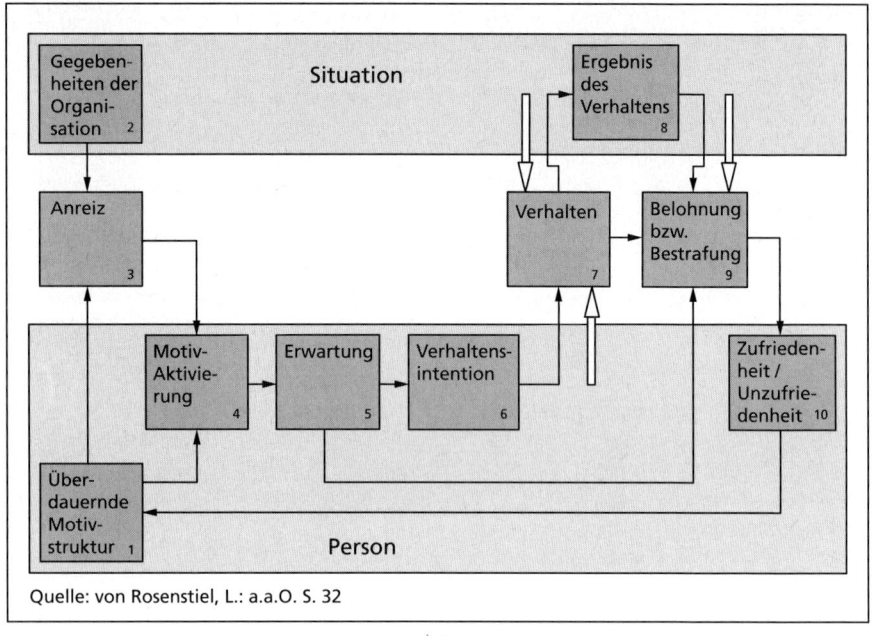

Abb. 10: Ein Modell des motivierten Verhaltens in der Organisation

tion, das heißt, über den Zusammenhang ihrer wesentlichen Bedingungen und Voraussetzungen, ebenso wie das Wissen um die inneren und äußeren Chancen zur Erreichung bestimmter Arbeitsleistungen und auch das Wissen um die Konsequenzen der verschiedenen, alternativen Handlungsmöglichkeiten. [5]

Von Rosenstiel (1975) greift nun die beschriebenen prozessualen und inhaltlichen Ansätze wieder auf, indem er sie zu einem Fließdiagramm verarbeitet und insbesondere dabei situationsbezogene und personenbezogene Einflüsse auf das Arbeitsverhalten streng voneinander trennt. Erstmals werden hier auch Anlage- und Umwelteinflüsse in das Denkschema einbezogen, also Prozesse des Lernens, die zu Einstellungen, Verhaltensbereitschaften kristallisieren und die Grundlage für überdauernde Motivstrukturen bilden (siehe hierzu die Abb. 10).

Offe und Stadler (1980) entwickeln ein Denkmodell der Arbeitsmotivation vor allem in Abgrenzung zu den Zug- und Drucktheorien der allgemeinen Leistungsmotivationslehre, die vorgibt, das gesamte Verhalten eines Menschen in Leistungssituationen erklären zu können. Vor allem sehen sie ihre Kritik darin begründet, daß dort das Leistungsmotiv zur Persönlichkeitseigenschaft wird, daß also der Person an sich ein Motiv nach besserer Leistung zugeschrieben wird, ohne Berücksichtigung dessen, was den Anreiz inhaltlich ausmacht. Damit, so Offe und Stadler, vollziehe sich stets eine Trennung von Wollen und Tun, von Antriebsgeschehen und Arbeitsverhalten. Eine ursprüngliche Kraft- und Richtungsannahme sage letztlich noch nichts darüber aus, zu welcher Leistungshöhe und Leistungsform der Mitarbeiter aufgrund der beständigen Verhaltenssteuerung durch die Ausrichtung auf Arbeitsergebnisse und deren Folgen gelange. In diesem Sinne setzten die Leistungsmotivationstheorien eine rein intrinsische Motivation voraus. Die VIE-Modelle hingegen sähen in dem Arbeitsvollzug die Befriedigung verschiedener lebenswichtiger Bedürfnisse garantiert, die auf die Sicherung der eigenen Existenz und auf die Sicherung der sozialen Position gerichtet seien. Damit sei den Leistungsmotivationstheorien die Möglichkeit entzogen, über einen längeren Zeitraum sich erstreckende, unter einem Arbeitsthema zusammengefaßte und zielgerichtete relativ stabile Handlungsmuster von umfassender Komplexität zu erklären oder hinreichend darzustellen.

Gegen die Aussagen der VIE-Theorien gerichtet, vollziehen Offe und Stadler aber auch eine Abwendung von der Ansicht, Arbeit stelle eine rein individuelle Tätigkeit dar. Vielmehr vollzögen sich Arbeitshandlungen auch immer auf der Grundlage des Strebens nach sozialer Anerkennung. Die Formen und Möglichkeiten der sozialen Anerkennung und damit auch die individuelle Arbeitstätigkeit seien wiederum beeinflußt durch deren gesellschaftlich-historische Bedingungen, also zum Beispiel durch Belohnungssysteme oder durch Unternehmensphilosophien.

Die Erkenntnis [6], daß sich die von Maslow getroffenen inhaltlichen Aussagen in ihrer Gültigkeit auch im Zusammenhang mit dem Vroomschen Modell bestätigen lassen aufgreifend, entwickeln Offe und Stadler nun ein hierarchisch strukturiertes System der Arbeitsmotivation, in dem die allgemeingültigen Motivationsbereiche Maslows auf die konkreten Motivatoren der Arbeitstätigkeit nach Herzberg bezogen werden. Erstmals ergibt sich hierdurch mehr als die Beschreibung des Zustandekommens einer Arbeitshandlung. Vielmehr berücksichtigt dieses Modell auch die Bildung oder Umbildung verfestigter Verhaltenseigenschaften und eröffnet damit Chancen der bewußten Einflußnahme auf solche Vorgänge.

Die einzelne an eine konkrete Tätigkeit gebundene Arbeitssituation ist damit nur ein mikroskopischer Bestandteil eines großen Ganzen.

Unter Berücksichtigung der wichtigsten Arbeiten zur Arbeitsmotivationstheorie [7] läßt sich eine Darstellung der Zusammenhänge erarbeiten (siehe hierzu die Abb. 11 auf der nächsten Seite).

Aus der gewonnenen Übersicht lassen sich die folgenden Erkenntnisse ableiten:
▷ Organisatorische, soziale und gesellschaftliche Rahmenbedingungen gestalten aus einer konkreten Arbeitstätigkeit ein Berufsbild, das wiederum Auswirkungen auf den Arbeitsvollzug hat
▷ Aus diesem Zusammenhang zwischen individuellem Arbeitsverhalten und dessen Rahmenbedingungen erwächst berufliche Sozialisation (Motiv- und Verhaltenswandel) Entsprechend den persönlichen Entwicklungsbedingungen kann die persönliche Arbeitsmotivation vor-

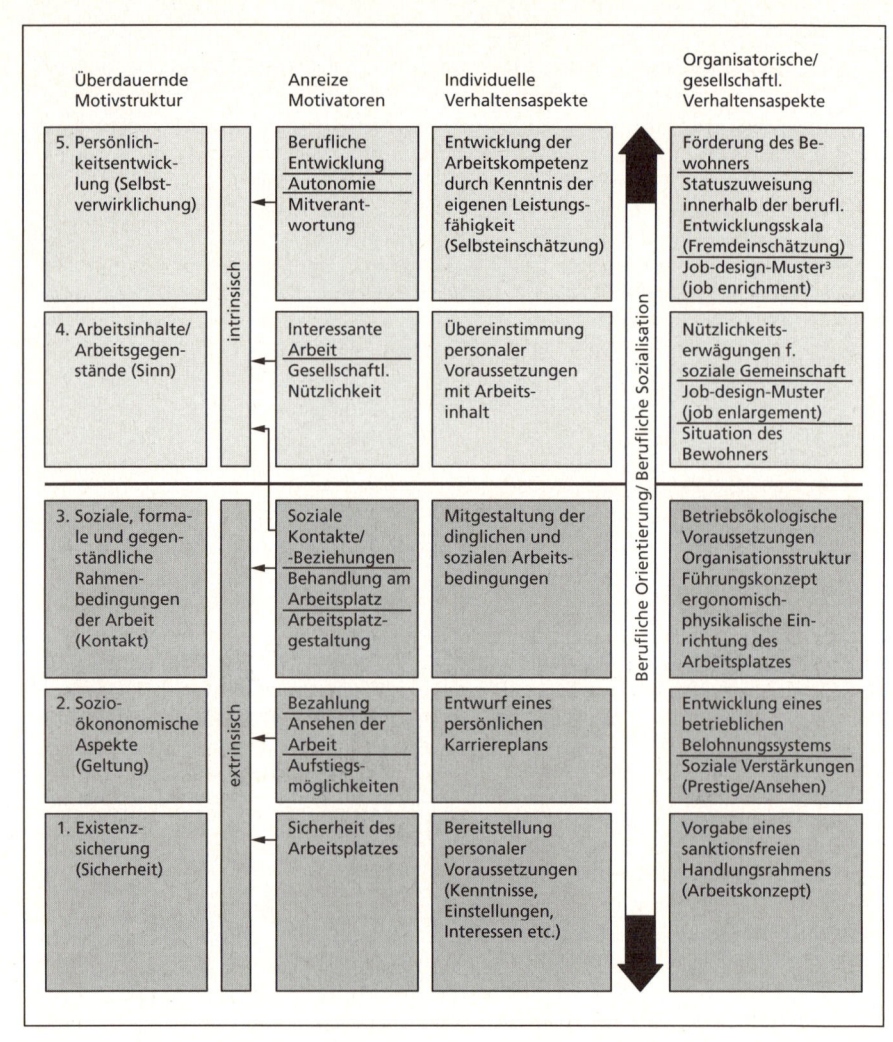

Überdauernde Motivstruktur		Anreize Motivatoren	Individuelle Verhaltensaspekte		Organisatorische/ gesellschaftl. Verhaltensaspekte
5. Persönlichkeitsentwicklung (Selbstverwirklichung)	intrinsisch	Berufliche Entwicklung Autonomie Mitverantwortung	Entwicklung der Arbeitskompetenz durch Kenntnis der eigenen Leistungsfähigkeit (Selbsteinschätzung)	Berufliche Orientierung/ Berufliche Sozialisation	Förderung des Bewohners Statuszuweisung innerhalb der berufl. Entwicklungsskala (Fremdeinschätzung) Job-design-Muster[3] (job enrichment)
4. Arbeitsinhalte/ Arbeitsgegenstände (Sinn)		Interessante Arbeit Gesellschaftl. Nützlichkeit	Übereinstimmung personaler Voraussetzungen mit Arbeitsinhalt		Nützlichkeitserwägungen f. soziale Gemeinschaft Job-design-Muster (job enlargement) Situation des Bewohners
3. Soziale, formale und gegenständliche Rahmenbedingungen der Arbeit (Kontakt)		Soziale Kontakte/ -Beziehungen Behandlung am Arbeitsplatz Arbeitsplatzgestaltung	Mitgestaltung der dinglichen und sozialen Arbeitsbedingungen		Betriebsökologische Voraussetzungen Organisationsstruktur Führungskonzept ergonomischphysikalische Einrichtung des Arbeitsplatzes
2. Soziökonomische Aspekte (Geltung)	extrinsisch	Bezahlung Ansehen der Arbeit Aufstiegsmöglichkeiten	Entwurf eines persönlichen Karriereplans		Entwicklung eines betrieblichen Belohnungssystems Soziale Verstärkungen (Prestige/Ansehen)
1. Existenzsicherung (Sicherheit)		Sicherheit des Arbeitsplatzes	Bereitstellung personaler Voraussetzungen (Kenntnisse, Einstellungen, Interessen etc.)		Vorgabe eines sanktionsfreien Handlungsrahmens (Arbeitskonzept)

Abb. 11: Das Bedingungsgefüge der Arbeitsmotivation nach Offe und Stadler

---

[3] Der Begriff job-design kennzeichnet den Gesamtentwurf eines Arbeitsplatzes a) als Teil eines organisatorischen Gesamtgefüges b) als inhaltliche Bezeichnung einer Tätigkeit und c) als Festlegung der formalen Tätigkeitsbedingungen. Job enlargement bezeichnet hierbei die horizontale Dimension der Aufgabenanordnung und -abwicklung einer inhaltlichen Tätigkeit. Job enrichment bezeichnet demgegenüber die vertikale Dimension der Aufgabengestaltung, der notwendigen Autonomie und des Verantwortungsumfangs.
Literatur: Lawler, E.: Motivation in work organizations. Monterey 1973. S. 152

▷ nehmlich durch extrinsische oder aber auch durch intrinsische Faktoren angeregt werden
▷ Dabei können auch organisatorische, soziale und gesellschaftlich vermittelte Rahmenbedingungen durchaus intrinsisch wirken, sofern diese vom Individuum als wesentlich für die Bestimmung des Arbeitsinhaltes oder der Arbeitsleistung erkannt werden.

Inhaltliche Motivation am alten Menschen entsteht nun dort, wo der Mitarbeiter
▷ als Mitglied der Organisation anerkannt wird, das seinen Arbeitsbeitrag zu deren Aufrechterhaltung leistet
▷ seine Fähigkeiten, Kenntnisse, aber auch seine Meinungen, Einstellungen und Ideen einbringen darf
▷ seine berechtigten Ansprüche auf Wahrung der Identität und die Ansprüche des Bewohners hierauf gleichermaßen vertreten kann

Zwischen den drei genannten Anspruchsebenen besteht augenscheinlich ein erhebliches Konfliktgeschehen:
▷ Nicht alle Mitarbeiter haben die gleichen Persönlichkeitseigenschaften und wollen sich selbst im Arbeitsvollzug verwirklichen; ihre Motive sind unterschiedlich beschaffen
▷ Verschiedene Mitarbeiter stellen ihre unterschiedlichen motivischen Interessen über die Interessen der Heimbewohner
▷ Verschiedene Mitarbeiter verleugnen ihren motivischen Hintergrund und ordnen sich ganz den angenommenen Bedürfnissen der älteren Menschen unter (Helfersyndrom)
▷ Verschiedene Mitarbeiter verdrängen oder übergehen, insbesondere aus einem Sicherheits- und Geltungsbedürfnis heraus, ihre, beziehungsweise die Ansprüche des Bewohners auf Selbstentfaltung und ordnen sich völlig den organisatorischen Vorgaben unter

Die Standards des gezeigten Verhaltens werden aber nun aus der Sichtweise der VIE-Theorie festgelegt in der Erwartung einer bestimmten Bewertung der beabsichtigten Verhaltensäußerung durch eine äußere Instanz (Vorgesetzte, Kollegen) und durch das Vertrauen darauf, daß diese Bewertung allgemeingültig ist und tatsächlich optimale Arbeitsergebnisse ermöglicht.

Solche Rollenerwartungen werden vom Mitarbeiter in einer durch seine persönlichen Eigenheiten bestimmten Weise wahrgenommen und interpretiert. So kann zwischen den im Organisationsplan festgelegten Verhaltensvorschriften und dem konkret geäußerten Verhalten eines Mitarbeiters eine erhebliche Distanz bestehen. Um die angedeuteten Konfliktmöglichkeiten weitgehend auszuschalten, hat der Altenheimbetrieb die folgenden Regeln einzuhalten:
▷ Die Organisation muß in sich eine Entwicklung, eine berufliche Sozialisation seiner Mitglieder fördern, die im wesentlichen von Arbeitsinhalten und von dem Streben nach Verantwortlichkeit und Autonomie des einzelnen getragen wird
▷ Die Arbeitsorganisation hat aus sich selbst zu motivieren, indem die Tätigkeiten in motivierender Weise gestaltet werden (job design)
▷ Die Organisation hat dem einzelnen Mitglied Freiräume zur Erweiterung seiner Möglichkeiten einzuräumen, das heißt Mitwirkungs- und Mitgestaltungsmöglichkeiten bei der Er-

richtung und Anordnung der Arbeitsinhalte und -ziele
▷ Betriebliche Regeln, Arbeitsvorgaben und Dienstanweisungen sollten sich sowohl bewohner- als auch mitarbeiterbezogen auf das unbedingt notwendige Maß beschränken
▷ Persönliche Beziehungen zwischen Mitarbeitern und alten Menschen sollten erwünscht sein; auf die Art und Weise ihrer Gestaltung darf kein Einfluß genommen werden.

Die Festlegung und Gestaltung der Arbeitsinhalte und -ziele vollzieht sich auf der Grundlage der wahrgenommenen Situation des Bewohners und der darauf ausgerichteten zunehmenden Arbeitskompetenz des Mitarbeiters.

Aus den Aussagen über die betrieblichen und gesellschaftlichen Bedingungen der Arbeitsmotivation lassen sich für das Altenheim nun einige interessante Erkenntnisse ableiten:
▷ Mitarbeiter bringen ganz bestimmte verfestigte Motive mit in den Arbeitsalltag und hoffen, daß sowohl die Arbeitsinhalte als auch die äußeren Rahmenbedingungen der Arbeit damit übereinstimmen
▷ Je nach ihrer persönlichen Entwicklung, ihrer Ausbildung und ihren beruflichen Vorerfahrungen zielen diese Motive mehr auf die Existenzsicherung durch gerechte Entlohnung, auf das soziale Ansehen des Pflegeberufes beziehungsweise der beruflichen Position, auf die Zusammenarbeit mit Kollegen in einem angenehmen Klima, oder aber die Motive zielen mehr auf die Verbesserung der Lebenssituation alter Menschen, auf die Erweiterung des Fachwissens, um besser helfen zu können, auf das Gefühl, etwas Sinnvolles zu tun. Das eine kann als extrinsische, das andere als intrinsische Motivation bezeichnet werden
▷ Je nach dieser persönlichen Ausrichtung sucht sich der Mitarbeiter innerhalb des Heimbereichs seinen Platz, an dem ein Gleichgewichtszustand zwischen innerem Bedürfnis und den Gegebenheiten der Arbeitssituation herrscht; wird dieses Gleichgewicht durch Veränderung der Arbeitsbedingungen gestört, führt dies zur Arbeitsunlust, Krankheit oder Kündigung
▷ Entscheidend für das Gefühl der Zufriedenheit/Unzufriedenheit am Arbeitsplatz ist das Ausmaß an Übereinstimmung zwischen erwarteten Konsequenzen von Arbeitstätigkeiten und den tatsächlichen Konsequenzen. Träger solcher Erwartungen sind Heimbewohner, Vorgesetzte und Kollegen. Erwartete Konsequenzen bestehen in Lob und Tadel, beruflichem Auf- und Abstieg, Bestätigung und Kritik, Anerkennung und Isolation, Dank und Undank, Kompetenz und Nicht-Kompetenz. Maßgeblich für die Bedürfnisbefriedigung durch die Arbeit ist daher, daß der Mitarbeiter sicher sein kann, auch die möglichen Konsequenzen von Handlungen zu kennen, daß diese gleichermaßen für alle gelten, und daß sie auch fest, das heißt nicht willkürlich mit bestimmten Arbeitsergebnissen verknüpft sind. Die „Wertigkeit" der vermuteten Erwartungen bestimmt sich daher auch durch berufliche und persönliche Erfahrungen und Einstellungen. Besteht nun eine Diskrepanz zwischen den vermuteten Folgen einer bestimmten Arbeitshandlung und den tatsächlichen Folgen, so kann sich dies motivatorisch verschieden auswirken. Wird die Ursache hierfür in der ei-

genen Person vermutet, so können Anpassungsleistungen an eine gesetzte Arbeitsnorm ein routiniertes Arbeitsverhalten zur Folge haben, das davor schützt, etwas falsch zu machen. Liegt die Ursachenvermutung jedoch in einem fremden Zuständigkeitsbereich, so können Resignation oder Gleichgültigkeit die Folge sein. Die Wirkung von Ursachenzuschreibungen soll hier noch einmal an zwei Beispielen verdeutlicht werden: Ein Pfleger, der bei einer ihm anvertrauten Heimbewohnerin einen Dekubitus entdeckt, wird möglicherweise die Schuld daran auf fehlende Schaumstoffkissen schieben und so persönlich keine Beeinträchtigung seiner Arbeitsmotivation davontragen. Auf der anderen Seite kann aber jedoch eine Altenpflegerin den Grund für die Ausbildung eines Dekubitus darin suchen, daß sie zu wenig Fachkenntnisse erworben hat und damit sich selbst zur Ursache erklären. Die Folge kann eine resignative Kündigung sein (ich beherrsche meinen Beruf nicht), die Folge kann aber auch sein, daß sie verdoppelte Anstrengungen im Bereich der Fort- und Weiterbildung unternimmt und damit sehr viel motivierter arbeitet als zuvor.

Wir sehen also, daß die Arbeitsmotivation im Heimbereich viele Erscheinungsformen haben kann, die nicht unbedingt immer auf den Mitarbeiter selbst verweisen. Welche Störfaktoren kann es durch ungenügende betriebliche Organisation geben? Die Berufsrolle der Altenpflege ist nicht eindeutig bestimmt. An den Berufsausübenden richten sich verschiedene, oftmals völlig gegensätzliche Erwartungen. Ausschnitte davon sind die Nähe zur Hausarbeit, die menschliche Nähe, die Opferbereitschaft, aber auch das medizinische Wissen, der Umgang mit medizinisch-technischen Gerätschaften, die Kenntnis von Behandlungstechniken, das Wissen um die Wirkungsweise von Arzneimitteln und so weiter. Weitere Erwartungen knüpfen sich an das Sich-Einfügen in die berufliche Ausübungspraxis (Pflegestandards), an die Art und Weise, wie die Berufstätigkeit prägend für ein ganz bestimmtes Altenheim vollzogen wird. Auch hier können verschiedene Kollegengruppen verschiedene Ansichten darüber vertreten. Weitere Anforderungen an die Berufsrolle ergeben sich durch die Erwartung des Trägers, daß die Pflegearbeit möglichst konfliktfrei und reibungslos ablaufen solle, durch die Erwartung der Ärzte, daß die Fachkräfte sie von möglichst vielen arzttypischen Aufgaben entlasten sollten (zum Beispiel Bestimmung der Zucker- und Blutdruckwerte, Verabreichung von Spritzen, Diagnosevorbereitung, Wirksamkeitskontrolle von Medikamenten, durch die Erwartung der Angehörigen, eine perfekte Versorgung und zugleich liebevolle Betreuung vorzufinden, durch die Erwartung der Öffentlichkeit, von allgemeiner Verantwortung und von Engagement für alte Menschen entbunden zu sein und schließlich durch die Erwartung der Heimbewohner, Geborgenheit, Mitmenschlichkeit und Zuwendung zu finden, frei von zeitlichen Zwängen.

Der pflegerische Mitarbeiter, insbesondere wenn er neu in eine Einrichtung kommt, sieht sich folglich einem solchen Bündel einander oft widersprechender Verhaltenserwartungen gegenüber, denen er unmöglich allen entsprechen kann. In seiner Verunsicherung zieht er sich entweder auf konfliktfreie Räume zurück, indem er ein routiniertes Arbeiten vollzieht, oder er schließt sich innerlich der stärksten Machtgruppe innerhalb dieses Gefüges an und bezieht aus der Übereinstimmung mit deren Ansprüchen und Zielen seine fremdbestimmte Arbeitsmotivation. Die Arbeitsunzufriedenheit oder die Flucht in äußere Begründungen pflegerischer Arbeit (Ansehen, Lohn, mit anderen Menschen zusammenkommen) kann erst dann überwunden werden, wenn es der Betriebsorganisation gelingt, die verschiedenen Ansprüche zu unterschiedlichen Anspruchsangeboten der Altenpflege zusammenzufassen und zu spezialisieren. In einem Altenheim muß es die Wahlmöglichkeit für das Personal geben, lieber in direktem menschlichen Kontakt arbeiten zu wollen oder lieber in einer Kontroll- und Verwaltungsfunktion medizinischer Daten, Abläufe und Methoden. Erst wenn der Mitarbeiter aus seinen eigenen Vorstellungen, Einstellungen, Berufsidealen heraus sich in den betrieblichen Zusammenhang einordnen kann, ohne daß Vorgesetzte anderes von ihm erwarten, als dieser am Bewohner zu tun für sinnvoll erachtet, ist die Ebene inhaltlicher, selbstbestimmender Motivation berührt.

Unterschiedliche Positionen innerhalb der Heimhierarchie erzeugen unterschiedliche Sichtweisen davon, was für den alten Menschen nützlich ist. So kann die Heimleitung auf die Untergebenen einwirken, alles zu unternehmen, daß der Bewohner gegen jedes gesundheitliche, rechtliche und persönliche Risiko abzusichern ist. Er wird daher ein berufliches Verhalten in Richtung Kontrolle, Ordnung, Anordnung und Stellvertretung für den Heimbewohner fördern. Auch wird er von seinen Untergebenen laufend lückenlose Informationen verlangen, was wiederum auf seiten der Mitarbeiter die Vornahme von bürokratischen Handlungen erzwingt (Meldeformulare, Berichtsbücher, Vollmachten, Bestätigungen). Die Pflegedienstleitung hingegen kann möglicherweise von den Mitarbeitern verstärkt die Wahrnehmung pflegerischer Aufgaben verlangen (Ordnung und Sauberkeit auf der Station, Körperhygiene, Mobilisierung, Rehabilitation). Altenpfleger und Krankenschwestern sind folglich hin- und hergerissen zwischen diesen verschiedenen Vorgaben, was sich nach außen durch geringe Belastbarkeit, einen hohen Krankenstand oder durch das Auftreten von Disziplinlosigkeit und Aufbegehren gegen Anordnungen äußern kann. Wir sehen also, wie wichtig es ist, daß im Altenheimbetrieb eine „allgemeine Verständigung" und Absprache zwischen allen Leitungsbereichen über die Ziele und Schwerpunkte der Berufsarbeit vollzogen wird.

Viele Heimträger statten ihre Einrichtungen baulich so aus, daß durch die Raumgröße, Raumausstattung und Raumanordnung der Pflegestation Begegnung, privates Wohnen und Selbsthilfe möglich ist. Darüber hinaus werden oft teure Hilfsgerätschaften wie Lifter, Rollstühle, Hubwannen, Gehgeräte, krankengymnastische Geräte angeschafft. Wie groß ist jedoch der Ärger, wenn man feststellen muß, daß diese Möglichkeiten vom Personal nicht genutzt werden und die Bewohner vorwiegend in den Pflegebetten versorgt werden. Die Ursachen für solche Widersprüche können nun recht verschieden sein, sind aber allesamt in der ungenügenden Berück-

sichtigung des Motivationsgeschehens verankert:
▷ Der Heimträger selbst schaltet die „Bewohnerfreundlichkeit" der baulich-technischen Voraussetzungen aus, indem er ein Mitarbeiterverhalten fördert, daß durch Zeitbeschränkung, Gleichbehandlung und Überbetonung der Grundversorgung einen reibungslosen Betriebsablauf garantiert
▷ Der Heimträger hat bei der Einstellung der Mitarbeiter nicht genügend deutlich gemacht, welche Motivationsvoraussetzungen der Bewerber zur Erfüllung seiner Aufgaben mitbringen muß
▷ Die Mitarbeiter haben im Verlaufe ihres Berufslebens die Erfahrung gemacht, daß sich ein über die Sicherstellung der Grundbedürfnisse hinausgehendes Engagement für den Bewohner nicht lohnt, da ihnen dies von keiner Seite gedankt wird, oder daß man die dafür aufgewendete Zeit besser zur Aufrechterhaltung von Ordnung und Sauberkeit auf der Station verwendet, will man sich nicht der Kritik der Vorgesetzten aussetzen

Umgekehrt fordern Mitarbeiter aber auch häufig die Verbesserung der baulichen oder dinglichen Ausstattung des Heimes, um ihre Aufgaben „bewohnergerecht" durchführen zu können. Nur selten steht dabei im Vordergrund, sich selbst aus Bequemlichkeitsgründen von bestimmten schweren Verrichtungen entlasten zu wollen (Heben, Tragen, lange Transportwege). Vielmehr will der Pfleger oder die Pflegerin in aller Regel Zeit für mehr Zuwendung und mehr Gesundheitsförderung beim Bewohner gewinnen. Wie aber muß es um die Motivation solcher Beschäftigten stehen, die über Jahre mit den Argumenten vertröstet werden, es gebe Wichtigeres, es seien keine Mittel vorhanden oder es sei ja schließlich auch über Jahre ohne solche Hilfsmittel gegangen. – Wir sehen also, wie wichtig auch die baulich-technische Ausstattung einer Einrichtung für die Arbeitsmotivation der dort Beschäftigten sein kann, beziehungsweise wie sich diesbezügliche Verbesserungen auf sie positiv auswirken können.

Schließlich hat neben der Ausstattung des Arbeitsplatzes auch die Form der Beziehungen zwischen pflegerischen Mitarbeitern einerseits und zu Vorgesetzten andererseits eine starke Wirkung auf die Motivation des einzelnen. Macht der Mitarbeiter die Erfahrung, daß er eingebunden ist in ein umfassendes Werk von Vorschriften, Regeln und Kontrollen, in dem es keinen Platz gibt für eigene Vorstellungen, so wird er entweder resignieren oder aber alsbald durch Kündigung sich diesem Zugriff entziehen. Möglicherweise ist die hohe Fluktuation im Pflegeberuf auf die Überbetonung überkommener Vorstellungen, also auf starre Autoritätsverhältnisse, auf die Verfügbarkeit über das Pflegepersonal und auf den Mythos „der ständigen Dienstbereitschaft" zurückzuführen. Mangelnde Mitsprachemöglichkeiten und das Fehlen des Sich-Einbringen-Könnens in die Pflegearbeit führen zu Konflikten, Enttäuschungen, Aggressionen und verschlechtern dadurch das allgemeine Betriebsklima.

Dem Heimleiter muß klar sein, daß
▷ sich bestimmte eingebrachte Motive seiner Mitarbeiter unter dem Einfluß des Betriebsklimas, durch das Ausmaß persönlicher Freiräume und durch die Art und Weise der

Zusammenarbeit positiv oder negativ verschieben können (berufliche Sozialisation). Dieser Prozeß ist grundsätzlich beeinflußbar.

Allen Vorgesetzten muß klar sein, daß
▷ sich ihre persönlichen Einstellungen und Motive auf das Arbeitsverhalten der Mitarbeiter unmittelbar auswirken und zu Konflikten, Widersprüchen und Resignationen führen können.

Durch welche Organisationsmaßnahmen kann aber nun ein konfliktfreies motiviertes Arbeiten ermöglicht werden?
▷ Die einzelnen beruflichen Arbeitsfelder (zum Beispiel Hauswirtschaft, Pflege, Technik) müssen klar voneinander abgegrenzt sein und ihre Inhalte müssen klar beschrieben werden
▷ Die einzelnen Zuständigkeiten, Positionen innerhalb dieser Arbeitsfelder müssen klar geregelt sein; jedem Stelleninhaber muß eindeutig gesagt werden, was von ihm erwartet wird und welche Befugnisse er gegenüber seinen Mitarbeitern hat
▷ Selbstverantwortlichkeit sollte gefördert werden
▷ Ge- und Verbote sollten „sachlich", nicht autoritär begründet sein
▷ Der Informationsfluß sollte sowohl von „unten" nach „oben" als auch von „oben" nach „unten" erfolgen
▷ Die Arbeits- und Hilfsmittel sollten so beschaffen sein, daß sie auch tatsächlich die Erwartungen erfüllen können
▷ Die Voraussetzungen für beruflichen Aufstieg müssen klar benannt sein
▷ Jeder Mitarbeiter muß in der Lage sein, sich selbst aufgrund seiner Einstellungen, fachlichen Voraussetzungen und seines Könnens in den Arbeitszusammenhang einordnen zu können
▷ Alle Folgen von beruflichem Verhalten müssen klar vorhersehbar sein im Sinne von Wenn-Dann-Beziehungen; Spekulationen darf es nicht geben
▷ Willkürliche Veränderungen von Zusammenarbeit, äußeren Voraussetzungen (Entlohnung, Beförderungsstrategien) und technischer Ausstattung darf es ohne Abstimmung mit dem Personal nicht geben.

Durch welche Organisations- oder Führungsmittel kann dies unterstützt werden?
▷ Stellenbeschreibungen
▷ Dienstanweisungen
▷ innerbetriebliche Fort- und Weiterbildungsmaßnahmen
▷ Supervision
▷ jährliche Beurteilungen unter Angabe der Fördermöglichkeiten
▷ Entwicklungsgespräche
▷ wöchentliche Konferenzen
▷ Mitbestimmung.

Wie wir also gezeigt haben, ist berufliche Sozialisation im Altenheim untrennbar verknüpft mit der vom Mitarbeiter wahrgenommenen Situation des Heimbewohners. Berufliche Entwicklung des Mitarbeiters muß daher abhängig gemacht werden von den Entwicklungschancen und Fördermöglichkeiten des Heimbewohners. Erst wenn das Personal das eigene Fortkommen dadurch beeinflußt sieht, daß es dem Bewohner Entwicklungschancen anbietet und aktiv hierzu beiträgt, ist die Trennung zwischen Wollen und Tun, zwischen Antriebskräften (Motiven) und Arbeitsverhalten aufgehoben. Oberstes Ziel ist die Gestaltung eines persönlichkeitsfördernden Arbeitsplatzes, der nicht vorwiegend durch gesellschaftlich-historische Traditionen der Pflege bestimmt ist.

Kempe & Closs ersetzen aufgrund der Erkenntnisse von Arbeitsstudien den Begriff „intrinsische Motivation", bezogen auf die Arbeit in sozialen Berufsfeldern, durch den Begriff „altruistische Motivation". Inhaltlich füllen sie diesen Begriff mit drei Neigungen oder Strebungen:
▷ Anderen Menschen helfen wollen
▷ Sich selbst in der Arbeit finden und verwirklichen
▷ Kontakt mit anderen Menschen als wertvollen Menschen herstellen.

Für den Bereich der Altenarbeit weisen die Autoren nach, daß altruistisch motivierte Mitarbeiter häufig bessere Arbeitsergebnisse erzielen als ökonomisch oder sozial hochmotivierte Berufskollegen. Der wesentliche Vorteil einer solchen Motivierungsart ist der, daß ihr Zustandekommen nicht ständig von außen immer wieder neu angeregt werden muß, sondern daß sie aus sich selbst existiert. [8]

Die Art und Weise von individuell wahrgenommenen oder empfundenen Beziehungen zwischen den Arbeitsmotiven und den Konsequenzen des beruflichen Handelns mitsamt ihren Zuschreibungen und Bewertungen bestimmen das Ausmaß der Arbeitszufriedenheit. Arbeitszufriedenheit ist folglich die emotional-bewertende und steuernde Dimension der Arbeitsmotivation. [9] Bei einer oberflächlichen Betrachtungsweise ließe sich nun vermuten, daß eine hohe Arbeitszufriedenheit mit einem hohen Maß an Produktivität oder Schaffenskraft einhergehe. Übereinstimmend fanden jedoch verschiedene Autoren, daß ein solcher Schluß nur für etwa die Hälfte aller angestellten Untersuchungen richtig ist. Bei der anderen Hälfte ergaben sich keine positiven Auswirkungen beziehungsweise sogar Negativbeziehungen. [10] Faßt man die Fragestellung allerdings unter Berücksichtigung des jeweiligen Motivationshintergrundes enger, so stünde zu vermuten, daß eine hohe positive Beziehung zwischen altruistischer Arbeitsmotivation und guten Arbeitsergebnissen bestehe. Anders gewendet heißt dies, daß bei gleichen Arbeitsbedingungen aufgrund der je verschiedenen Einstellungen zum Arbeitsinhalt unterschiedliche Leistungsergebnisse zu erwarten sind. Ursächlich hierfür ist das empfundene Maß an Arbeitszufriedenheit, welches vom Vorgesetzten äußerlich als Arbeitsmoral gewertet wird. Likert (1961) nimmt an, daß die Übereinstimmung zwischen der Arbeitsleistung und der Arbeitszufriedenheit mit dem Fähigkeitsniveau ansteigt, das durch die Berufsrolle gefordert wird. Die Erreichung von hierarchisch höherstehenden Motivatoren sichere folglich eine Balance zwischen hoher Zufriedenheit und beruflicher Leistung. [11] In diesem Sinne unterscheidet auch Lawler (1973) zwischen faktorieller Zufriedenheit (facet satisfaction) und Arbeitszufriedenheit (job satisfaction). Faktorielle Zufriedenheit richte sich dabei auf die objektiven Arbeitsumstände (äußere Rahmenbedingungen), wie sie der arbeitenden Persönlichkeit begegneten. Zu nennen seien hier vor allem vorgegebene Arbeitszwecke, Führungsbedingungen, materielle Belohnung, Beförderungsstrategien, Arbeitsgestaltungen und die Beziehungen zu Arbeitskollegen. Arbeitszufriedenheit hingegen beinhalte nicht die Addition solcher faktoriellen Bedingungen, sondern vielmehr die Kombination affektiver Reaktionen hierauf, die sich inhaltlich-motivatorisch äußerten. [12]

Die vorgetragenen Ergebnisse zur Erfassung der Arbeitsmotivation bestätigen indirekt die Ergebnisse Herzbergs (1959) und seine Zweifaktorentheorie der Zufriedenheit. Motivatoren und Dismotivatoren der Arbeit werden hier als nicht derselben Untersuchungsebene zugehörig angesehen, weil sie unterschiedliche hierarchische Ebenen im Sinne der Theorie Maslows widerspiegeln. So wird erklärbar, warum die Verbesserung der Bedingungen faktorieller Arbeitszufriedenheit nur in den seltensten Fällen eine Steigerung der Arbeitsleistung zur Folge hat. Arbeitszufriedenheit ist folglich ein Ergebnis der dynamischen Entwicklung des Bedingungszusammenhanges zwischen Arbeitsumfeld und Person. Sie wird erst dort wirksam zur Beschreibung von hochmotiviertem Arbeitsverhalten, wo eine Balance zwischen Persönlichkeitsmerkmalen und Bedingungen des Arbeitsumfeldes hergestellt ist, das heißt dort, wo die Person ihre Interessen, Einstellungen, Ziele und Absichten verwirklichen kann. [13] Das von Rosenstiel (1975) entwickelte Instrumentalitätskonzept zur Erklärung von motiviertem Verhalten in Organisationen weist nun aus, daß hier Zufriedenheit sich dann ergibt, wenn die unmittelbaren Folgen des motivierten Verhaltens den persönlichen Erwartungen hinsichtlich dieser Folgen entsprechen oder diese gar übertreffen. Der Grad der Zufriedenheit ergibt sich als emotionaler Zustand aus dem Vergleich von Erwartung und eingetretenem Ereignis und bezieht sich auf das Ausmaß der spezifischen Bedürfnisbefriedigung. Zufriedenheit nach diesem Modell ist folglich zunächst ein Zustand kurzer zeitlicher Erstreckung, der direkt durch das Arbeitsverhalten beeinflußt wird und nur indirekt Auswirkungen auf das Arbeitsverhalten haben kann. Insofern erfaßt dieses Modell mehr die faktorielle, sich aus direktem Vergleich zwischen Wollen und Tun ergebende Zufriedenheit. Die auf langfristige Bildung und Veränderung von Einstellungen hinwirkende Arbeitszufriedenheit, als das individuelle affektive Konzept der Verarbeitung unmittelbarer Eindrücke, erst ermöglicht den Aufbau einer überdauernden Motivstruktur. Eine solche höherstrebende Entwicklung auch des Arbeitsverhaltens ergibt sich aus der Maslowschen Bedürfnishierarchie. Die Arbeitszufriedenheit ist dabei um so größer, je mehr aktivierte Motive in der Berufsausübung befriedigt werden können und je bedeutsamer dem Mitarbeiter deren Ziele erscheinen. Sie ergibt sich somit aus dem Erreichen der subjektiv als bedeutsam erachteten Motivziele. Bezogen auf den Arbeitsplatz, bleibt eine solche Aussage inhaltsleer, solange nicht ermittelt wird, welche Ziele angestrebt werden. Hierbei ist für jeden Mitarbeiter offensichtlich die Organisationsstruktur so durchschaubar zu gestalten, daß er die Folgen von möglichen Handlungen klar abschätzen kann und sich selbst eingebunden begreift in einen immerfort vorwärtsstrebenden Entwicklungsprozeß, der das Einbringen seiner Persönlichkeit, seiner Kenntnisse, Einstellungen und Ideen von ihm fordert. Arbeitszufriedenheit in ihrer höchsten Ausprägung resultiert hier aus der Übereinstimmung oder schrittweisen Angleichung zwischen wahrgenommenem Selbstbild und der umgebenden Arbeitssituation. [14] Zur Erklärung von Schwankungen innerhalb des Grades der Arbeitszufrie-

denheit zieht Gellermann (1972) daher auch ausschließlich persönlichkeitsbezogene Variablen heran:
▷ Die Übereinstimmung der Arbeitsinhalte und -bedingungen mit der Motivstruktur des Individuums
▷ Die Qualität der Information zum Selbstbild
▷ Möglichkeiten der Mitsprache

Abschließend urteilt er, daß sich die Arbeitszufriedenheit aufgrund ihrer Nähe zur Person nicht auf einem fortgesetzt hohen Niveau festhalten lasse, und zwar vor allem, weil normalerweise neue Unzufriedenheiten aufträten, sobald alte beseitigt seien. Die Bedürfnisse der Mitarbeiter ließen sich niemals perfekt befriedigen, da man diese nur vermuten und interpretieren könne, was stets auch zu Mißdeutungen und Widersprüchlichkeiten führen müsse. [15]

Wenn wir nun anerkennen, daß die Arbeitszufriedenheit mit den Inhalten der Altenpflege das entscheidene Anreiz- und Beeinflussungspotential für Persönlichkeitsorientierung darstellt, so müssen wir gleichfalls anerkennen, daß sie innerlich die Arbeitsmotivation des einzelnen Mitarbeiters steuert. Sie bezieht die äußeren Rahmenbedingungen der Berufsarbeit auf ihre innere Übereinstimmung mit Einstellungen, Idealen und Voraussetzungen. Einfach formuliert heißt dies:
▷ Ist ein Mitarbeiter extrinsisch motiviert, orientiert er sich folglich an der Sicherheit des Arbeitsplatzes, an den Aufstiegsmöglichkeiten, an dem sozialen Prestige des Berufes, an den sozialen Kontakten zu anderen Menschen, so führt die Übereinstimmung der äußeren Rahmenbedingungen (personelle Ausstattung, gutes Betriebsklima, gute Entlohnung, gute technische Ausstattung) hiermit nicht unbedingt zu besserer Arbeitsleistung, wird für ihn das persönliche Schicksal des Heimbewohners nicht unbedingt wichtig
▷ Ist ein Mitarbeiter hingegen intrinsisch oder altruistisch motiviert, orientiert er sich also an den Möglichkeiten zur Verbesserung der Situation der alten Menschen, so führt die Übereinstimmung der äußeren Rahmenbedingungen hiermit zu eindeutig besseren Arbeitsleistungen, die innere Haltung drückt sich in der Wichtigkeit des Wohlergehens des alten Menschen aus; Arbeitszufriedenheit ist hier die Zufriedenheit mit der Sorge um den Bewohner

Wir sehen also, wie wichtig es ist, entweder altruistisch motivierte Mitarbeiter einzustellen oder aber durch die bewußte Beeinflussung der beruflichen Sozialisation (berufliche Sozialisation als pädagogische Aufgabe) darauf hinzuwirken, daß der Mitarbeiter eine Motivverschiebung in Richtung auf die menschlichen Inhalte seiner Tätigkeit vornimmt.

Schon bei der Einstellung sollten die folgenden Fragen von Bedeutung sein:
▷ Wie sehen Sie den alten Menschen? Was wissen Sie über ihn?
▷ Was ließe sich an seiner Situation verbessern?
▷ Welche Voraussetzungen bringen Sie hierzu mit?
▷ Warum wollen Sie im Altenheim arbeiten?

Literatur zu Kapitel 3

1. Rückert, Willi: Personelle Voraussetzungen für Lebensqualität im Alter, in: Verband Kath. Heime und Einrichtungen der Altenhilfe (Hrsg.): Lebensqualität im Alter. Freiburg 1980. S. 75-78.
2. Knobling, Cornelia: Konfliktsituationen im Altenheim. Freiburg 1985. S. 269-277.
3. Offe, Heinz & Stadler, Michael: Arbeitsmotivation. Darmstadt 1980. S. 8ff.
4. vgl. hierzu:
   Maslow, A. H.: Motivation and personality. New York 1954. S. 32-75.
   Maslow, A. H.: Higher and lower needs, in: Journal of Psych. 1948/25. S. 433-436.
   Herzberg, F./Mausner, B./Peterson, G./Snyderman, B.: The motivation to work. New York 1959.
   Herzberg, F.: Work and the nature of man. Cleveland/New York 1966. S. 93f., 124f.
   von Rosenstiel, Lutz: Die motivationalen Grundlagen des Verhaltens in Organisationen. Berlin 1975. S. 138-170.
   Offe, H. & Stadler, M., a.a.O. S. 12f.
5. vgl. hierzu:
   Vroom, V. H.: Work and motivation. New York/London 1967. S. 17-191.
   Graen, George: Instrumentality theory of work motivation, in: Journal of Appl. Psych. Monogr. 1969/2. S. 1-25.
   Dachler, Peter & Mobley, William H.: Construct validation of an instrumentality-expectancy-task-goal model of work motivation, in: Journ. Appl. Psych. Monogr. 1973/3. S. 397-418.
6. von Rosenstiel, L., a.a.O. S. 174.
7. vgl. hierzu:
   Gellermann, Saul W.: Motivation und Leistung. Düsseldorf 1972. S. 72-122, 130-217.
   von Rosenstiel, L., a.a.O. S. 127-138, 230-347.
   Offe, H. & Stadler, M., a.a.O. S. 57-61, 66-71.
8. Kempe, P. & Closs, Chr.: Bedeutung und Hintergrund altruistischer Motivationen in der Altenpflege, in: Das Altenheim 1984/12. S. 330-333.
9. Stollberg, Rudhard: Arbeitszufriedenheit – theoretische und praktische Probleme. Berlin-Ost 1968. S. 66-79.
10. vgl. hierzu:
    von Rosenstiel, L., a.a.O. S. 385.
    Lawler, E. E. III.: Motivation in work organizations. Monterey 1973. S. 63.
    Gellermann, S. W., a.a.O. S. 297.
11. Likert, R.: New patterns of mangement. New York 1961. S. 77ff.
12. Lawler, E. E., a.a.O. S. 65.
13. ebda, S. 82.
14. von Rosenstiel, L., a.a.O. S. 416-425.
15. Gellermann, S. F., a.a.O. S. 300ff.

Motivierte Pflegetätigkeit

1. Organisation der Pflegearbeit

Wie im vorangegangenen Kapitel nachgewiesen, ist die Arbeitsmotivation des Pflegepersonals die grundlegende Voraussetzung für einen von gegenseitiger Achtung und Respekt getragenen Umgang zwischen den Mitgliedern der Altenheimorganisation. Veränderbare Größen in diesem Miteinander sind die beruflichen Kenntnisse, Fähigkeiten, Einstellungen und Orientierungen des Mitarbeiters, die er gegenüber dem Bewohner hegt, sowie die Verfahrensweise der Organisation selbst; nicht jedoch die Persönlichkeitsmerkmale des alten Menschen, die wir als gegeben, gut und wertvoll anerkennen müssen. Hochmotiviertes Arbeitsverhalten wird dort erzeugt, wo es dem Heimbetrieb gelingt, eine Balance zwischen der „beruflichen Persönlichkeit" und den Bedingungen des Arbeitsumfeldes herzustellen, das heißt dort, wo die Person des pflegerischen Mitarbeiters ihre Interessen, Einstellungen, Ziele und Absichten verwirklichen kann. Um zu einem hohen Grad an Arbeitszufriedenheit zu gelangen, müssen Konflikte, die solches verhindern, beseitigt oder vermieden werden. Damit sind organisatorische Gestaltungsmöglichkeiten angesprochen, die sich konfliktvermindernd auswirken, wie die Durchsichtigkeit von Entscheidungsabläufen, die Zubilligung von selbstverantworteter Handlung und die Duldung von Zuständigkeitsüberschneidungen dort, wo es um die rasche, verantwortliche Hilfe im Interesse des Heimbewohners geht.

Der kleinste gestaltende Bestandteil des Betriebsgefüges ist nun die konkrete Arbeitssituation. Sie besteht aus der Erbringung einer bestimmten Dienstleistung zum Wohle eines bestimmten alten Menschen. Die Art und Weise, wie nun dieser Arbeitsumgang mit dem Bewohner gepflegt wird, wird nun beeinflußt durch umgreifende, überdauernde Planungen und Arbeitsbedingungen, wie die baulich-ökologische Gestaltung, die Zielsetzungen der Pflegearbeit, die Führungskonzeptionen, die Belohnungs- und Beförderungsstrategien. Beim Pflegepersonal erfolgt nun eine innere Gewichtung und Wertung solcher Gegebenheiten in Hinblick auf die vorhandenen Eigenziele und Ideale. Somit ist die Arbeitssituation auch die kleinste, wichtigste und beeinflußbarste motivationale Einheit der pflegerischen Arbeit. In diesen kleinsten Zusammenhang sind nun auch die direkten Beziehungen zwischen Pflegepersonal und Heimbewohner eingebettet. Hier müssen folglich sowohl das Bedürfnis nach beruflicher Selbstverwirklichung und das Bedürfnis des Bewohners nach Wahrung seiner Identität in Übereinstimmung gebracht werden, das heißt, im praktischen Umgang vollzieht sich gegenseitige Bedürfnisbefriedigung und nicht in den großen, verwickelten Planungs- und Entscheidungsvorgängen der Organisation. Eine solche Übereinstimmung vollzieht sich nur dann, wenn der Mitarbeiter als Arbeitsinhalt den in seiner Eigenständigkeit zu fördernden älteren Menschen begreift, dem es fortlaufend weiterzuentwickelnde berufliche Kompetenz im Sinne von Selbstverwirklichung zur Seite zu stellen gilt. Wahrung der Identität durch persönliche Förderung und berufliche Selbstverwirklichung sind somit zwei aufeinander bezogene Endpunkte ein und derselben Ebene innerhalb der Bedürfnisorientierung.

Diese Zusammenfassung der Bedingungen für hochmotiviertes Arbeitsverhalten führt unweigerlich zu dem Schluß, daß die Arbeitssituation nicht nur durch einseitige Anpassung an ihre äußeren Voraussetzungen, wie Management-Techniken, Job-Design-Muster, baulich-technische Gegebenheiten bestimmt sein darf, sondern daß umgekehrt solche Voraussetzungen offen sein müssen für die eingebrachten Motivationsfaktoren der Heimmitarbeiter. Insoweit ist eine völlige organisatorische Durchdringung und Durchplanung der Arbeitssituation zu vermeiden. [1] Da die formalen Verwaltungsvorschriften und das System der direkten und indirekten Kontrollausübung durch Vorgesetzte grundsätzlich lückenhaft, interpretationsbedürftig und nicht in allen denkbaren Arbeitssituationen gültig sein können, ist es die Führungsaufgabe der Heimleitung, die somit entstehenden Handlungsfreiräume durch Einbeziehung der Mitarbeiterinteressen auszufüllen. Mitarbeiter gestalten ihre Arbeit aber nur dort mitverantwortlich, wo ihnen Einblicke in den Gesamtzusammenhang organisatorischer Abläufe eröffnet werden. Die Einbringung und das Zugestehen von Pflegekompetenz, ausgerichtet auf die Ermöglichung selbstbestimmter Lebensformen der Heimbewohner, veranlaßt das Pflegepersonal zu motiviertem Handeln. Die entsprechenden Führungskonzepte sind als kooperativ und/oder partizipativ in der Fachliteratur beschrieben. Die zuzuordnenden Führungstechniken lassen sich als management-by-objectives (Führung durch Zielvereinbarung) und management-by-delegation (Harzburger Modell/Team-Konzept von Likert) bezeichnen.

Durch welche organisatorischen Entwürfe, Zwänge und Konflikte ist aber nun gegenwärtig die pflegerische Arbeitssituation in den Alten- und Pflegeheimen wie beeinflußt? Zunächst werden sogenannte heimtypabhängige Eigenschaften in Hinblick auf die Erzeugung eines positiven oder negativen Arbeitsklimas festgestellt. Da uns aber ausschließlich der stationäre Pflegebereich interessiert, wollen wir die Analyse auch auf diesen Bereich beschränken.

Das weitgehende Fehlen einer nebenordnenden Autoritätsstruktur führt im Heimbereich vielfach zu einer Zentralisierung der Heimleiterposition, die zu Konflikten führt. Ein Indiz hierfür ist die Einfärbung des gesamten „social environment" durch die persönlichen Qualifikationsmerkmale der Heimleitung. Durch diese mehr traditionell verankerte hierarchische Betonung der Spitzenpositionen „Heimleitung" und „Pflegedienstleitung" in einer Organisation, die ihre Aufgaben überwiegend in einer gleichberechtigten Verlaufsform verteilt, ist nun aber deren Ziel-Zweck-Bestimmung durch solche nicht begründbaren Handlungsmuster und Machtstrukturen empfindlich beeinflußt. Es geschieht überwiegend nicht, was geschehen soll, da die Begründung von Anordnungen und Weisungen nicht eindeutig nachvollziehbar ist. In diesem Zusammenhang bemängelt das Pflegepersonal auf den Stationen, daß es nur unzureichend in Entscheidungs- und Informationsprozesse einbezogen wird. Weiterhin werden fehlende Teamarbeit und Kooperation zwischen den einzelnen Entscheidungsträgern erwähnt.

Durch die geringe Aufgabengliederung des pflegerischen Bereiches und aufgrund des Stellvertreterhandelns für den abwesenden Arzt ist die Zuständigkeitsabgrenzung hier sehr unscharf. Auch dies führt zu Statusunsicherheiten und damit zu Normbrüchen. Ein Teil der Mitarbeiterschaft, insbesondere die in der Krankenpflege ausgebildeten Schwestern und Pfleger, umgehen solche Konflikte durch eine traditionelle Ausrichtung an dem Wissen und den Fertigkeiten der Medizin. Hierdurch unterscheiden sie sich kraß von der Mitarbeitergruppe der Altenpfleger/innen, die eine starke inhaltliche Bindung zur ganzheitlichen Pflege des älteren Menschen vertreten. Für die speziellen Bedürfnisse der Bewohner hegen Altenpfleger/innen auch eine größere Sensibilität, so daß ihre Beziehung zu den älteren Menschen insgesamt als enger zu bezeichnen ist. Eine weitere Linie der Trennung scheidet die Bereiche „Verwaltung" und „Pflege". Fast alle pflegerischen Mitarbeiter, auch die in höheren Positionen, sehen sich einem immer größeren Zwang zur Verwaltung ihres Aufgabengebietes ausgesetzt, den sie als nicht-pflegegemäß ablehnen.

Die fehlende Aufgabenabgrenzung innerhalb der Pflegetätigkeit verhindert weitgehend den Einsatz der Konfliktstrategien „beruflicher Aufstieg" beziehungsweise „Professionalisierung". Gegenüber den Leitvorstellungen traditioneller Pflege, die im Organisationsgefüge fest verankert sind, können beruflich-inhaltlich orientierte Mitarbeiter keine Gegengewichte setzen, da sie kaum in die zentralen Spitzenpositionen gelangen können. Die Befangenheit in dem Grundkonflikt beruflicher Pflegearbeit, nämlich „Hausarbeitsnähe" gegenüber dem „Eingebundensein in medizinisch-diagnostische" beziehungsweise „betrieblich-rationale Funktionsabläufe", bleibt aufgrund fehlender aktiver Bewältigungsstrategien bestehen. Hieraus ergibt sich ein hohes Maß an Unzufriedenheit gegenüber den gebräuchlichen, auf die zeitliche Bewältigung möglichst vieler Aufgaben abgestimmten Beurteilungsmerkmalen für „gute" Pflege.

Extreme Mobilität und Fluktuation als Fluchtreaktionen beziehungsweise der resignative Rückzug in die routinierte Berufsarbeit und in das Ritual sind die Folgen. Auch die Umdeutung der Sinnhaftigkeit von Pflege in die Vorhaltung von Sicherheitsmaßnahmen für den Krisenfall findet so ihren Niederschlag.

Arbeitsrituale äußern sich in der Forderung nach Ruhe und Sauberkeit auf den Stationen, in dem Zeremoniell der Übergabe, das sich überwiegend auf medizinisch verwertbare Tatbestände beschränkt, ohne dabei die Persönlichkeit des Bewohners zu berühren, und in den starren, zeitlich genau festgelegten Versorgungshandlungen der Intimpflege, des Essens und des Ausscheidens.

In Anlehnung an den unlösbaren Konflikt zwischen Hausarbeitsnähe und Beruflichkeit beklagen die Mitarbeiter je nach ihrer beruflichen Orientierung Unterschiedliches:
▷ die unendliche, scheinbar erfolglose Wiederholung der immer gleichen Verrichtungen
▷ den alleinigen, quantitativen Gütemaßstab pflegerischer Arbeitsleistung

▷ das Eingebundensein in starre zeitliche Dienstvorgaben und Zeitpläne
▷ mangelnde Erfolgserlebnisse
▷ fehlende Kenntnisse
▷ Einsatz nur im Pflegebereich [2]

Zum Ausdruck kommt hier das Bedürfnis der Mitarbeiter nach einem breiteren und damit variableren Aufgaben- und Verantwortungsbereich, der sich in den gegenwärtigen Heimorganisationen jedoch nicht entdecken läßt. Letztlich ist dies eine Forderung, den individuellen Ansprüchen beruflicher Motivation organisatorisch zu entsprechen. Aus unserem soziologischen, systemorientierten Denkmodell (vgl. Abb. 3) der Organisationszwänge im Altenheim folgt aber nun, daß eine stärkere Funktionalisierung der Pflegearbeit zwangsläufig auch zu einer Zunahme an Fremdkontrolle und Fremdzuständigkeit durch Dienstvorgesetzte führen würde. Infolgedessen kann es aus einem motivatorischen Berufsverständnis der Altenpflege nur darum gehen, die bestehenden Aufgaben stärker auf die Arbeitsbedürfnisse der Mitarbeiter hin auszurichten. Das Berufsfeld der Altenpflege darf hierzu nicht in funktionelle Teiltätigkeiten zerlegt, sondern es muß entlang der Polarität zwischen Haus- und Facharbeit den Personalinteressen eindeutig zugeordnet werden. Die damit angesprochene Umstrukturierung bezieht sich auf die Planung und Direktion der Pflegearbeit und somit auf ihren Inhaltsaspekt. Zu entwickeln wäre folglich ein neues Management-Konzept inhaltlicher Arbeitsgestaltung, das als „Arbeitsfeldbereicherung" (job enrichment) bezeichnet werden kann. Der Gesamtentwurf des Pflegearbeitsplatzes (job design) wird somit ergänzt und erweitert durch Enrichment-Aspekte wie Interessantheit der Arbeit, Identifikation mit den Zielen der Arbeit und Übernahme von Selbstverantwortung für Planungs-, Steuerungs- und Kontrollaufgaben. Hierzu bedarf es allerdings organisatorischer Voraussetzungen, die weitgehende Konfliktfreiheit garantieren:

– Entkoppelung der Pflegearbeit von bürokratischen Arbeitsmustern der Zeitökonomie, der fremdbestimmten Festlegung des Arbeitspensums und des Ordnungsreglements auf der Station
– Strukturierung der Pflegearbeit zu identitätsstiftenden Aufgabeneinheiten
– Übertragung von solchen ganzheitlichen, inhaltlich geschlossenen Aufgabeneinheiten nebst den Kompetenz- und Entscheidungsbefugnissen an Mitarbeiter (Professionalisierung)

Auch die unmittelbare Behandlung des Bewohners ist gekennzeichnet durch die Zuweisung einer entmündigenden Mitgliedschaftsrolle. Bevormundung und Abhängigkeit sind die komplementären Verhaltenszusammenhänge, die grundsätzlich pflegerische Arbeitssituationen in Heimen festlegen. Widersetzt sich der Bewohner solchen Verhaltenszuschreibungen, so erfährt er Erziehung, Zwang bis hin zur körperlichen Gewaltanwendung, Manipulation oder Bedrohung. Der organisationserhaltende Zwang zur Selbstbestätigung, der für die eintretenden Personen in der Verpflichtung auf die Mitgliedschaftsrolle zum Ausdruck kommt, verstellt aber nun die Sicht auf das Vorhandensein privater Bedürfnisse.

Durch welche organisatorischen Maßnahmen können zukünftig die beschriebenen Dismotivatoren der pflegerischen Arbeitssituation ausgeschaltet werden? Zunächst geht es darum, traditionelle hierarchische Spitzenpositionen, die eine im Grunde gleichrangige Autoritätsstruktur verzerren, abzubauen. Weder Heim- noch Pflegedienstleitung sind allwissende Zuständigkeiten und benötigen für Entscheidungen die Unterstützung entsprechender Fachleute im Heimbereich. Erzielt werden muß folglich eine gegenüber der typischen Krankenpflegeeinrichtung geringere Statusverteilung bei gleichzeitiger Auffächerung von Pflegeaufgaben zu neuen Fachgebieten. Hierdurch sollen alternative Wahl- und Orientierungsmöglichkeiten innerhalb des pflegerischen Tätigkeitsfeldes geschaffen werden. Eine solche organisatorische Umgestaltung ermöglicht die weitgehende Ausräumung konflikthafter Gegensätze wie Hausarbeit – Berufsarbeit, Verwaltungsarbeit – berufsinhaltliche Arbeit, Hierarchie und Rollenzwang – berufliche Orientierung.

Im einzelnen kann dies erreicht werden durch folgende Maßnahmen:
1. Entlastung von sekundären und tertiären Verwaltungsfunktionen ohne direkten Bewohnerbezug durch den Träger
2. Formierung einer gleichrangigen Führungsebene
3. Aufgliederung des pflegerischen Aufgabenbereichs zu Fachbereichen
4. Herausnahme der bewohnerzugewandten Pflegetätigkeit aus dem betrieblich-rationellen Zugriff

Zu 1.
Der Verwaltungsbereich des Heimes soll durch diese Übertragung sekundärer und tertiärer, also „bewohnerabgewandter" Aufgaben, auf den Träger entlastet werden zugunsten einer verstärkten therapeutischen Unterstützung des Bewohners durch Anlegung und Auswertung von Pflegedaten und zugunsten einer verbesserten Öffentlichkeitsarbeit. Dabei ist darauf zu achten, daß nicht nur dem organisatorischen Trend zur Zentralisierung von Entscheidungsgewalt gefolgt wird, denn dies hieße die Verlagerung der kompetenten Entscheidungsmacht vor Ort in einen entfernten, von den Entstehungsgründen relativ abgeschirmten Raum. Vielmehr ist darauf zu achten, daß Heimleitung und Mitarbeitergremien zur Mitentscheidung zum Beispiel über baulich-technische Gestaltungsmöglichkeiten, über Grundsätze der Betriebsführung oder über den Personalbedarf herangezogen werden. Unmittelbar bewohnerwirksame Aufgaben wie die Erhebung und Verwaltung pflegerisch-relevanter und persönlicher Daten, die Unterstützung des Bewohners in behördlichen und privaten Angelegenheiten, die Personalauswahl sowie die Kontrolle über die Einhaltung von Arbeitsvorgaben verbleiben der Heimverwaltung.

Zu 2.
Aufgrund der übersehbaren, personenorientierten Aufgaben eines Alten- und Pflegeheimes verlaufen die entsprechenden Arbeitshandlungen auf einer Führungsebene.

Die Aufgabengebiete der Pflege sowie die therapeutische Förderung, die Material- und Speisenversorgung und die Sicherstellung allgemeiner Dienstleistungen sind unmittelbar aufeinander bezogen und durchdringen sich gegenseitig. Eine hierarchische Über- oder Unterordnung ist nicht einsichtig. Insbesondere Heim- oder Pflegedienstleitung müssen in diesem Zusammenhang auf traditionell angestammte zentrale Spitzenpositionen verzichten, weil auch sie innerhalb eines durch zunehmende Hilfebedürftigkeit des Klienten sich immer mehr verzweigenden und spezialisierenden Funktionszusammenhanges nicht mehr alle Vorgänge durchschauen können. Beide werden nun zu Garanten für Kooperation, Koordination und Motivation zwischen den einzelnen betrieblichen Schaltstellen. Insbesondere bedarf es der Überlegung, ob die Position der Heimleitung, die ja über keinerlei die Berufsidentität stiftende Fachinhalte verfügt, nicht besser aufgeteilt werden sollte in eine Verwaltungsleitungs- und in eine Pflegedienstleitungsdimension.

Zu 3.
Wie bereits mehrfach begründet, erzwingt die Selektionsbedingung zunehmender Hilfebedürftigkeit der Heimbewerber ein immer höheres Maß an beruflicher Kompetenz vom Pflegepersonal. Traditionelle Einstellungen von „dienender Pflege" und „Allzuständigkeit" können in diesem Zusammenhang nicht mehr aufrechterhalten werden, vielmehr folgt aus dieser Begründung auch endlich die Möglichkeit einer „Verberuflichung" der Pflege hin zur fachgerechten bewohnerzugewandten Körper-, Psyche- und Umweltversorgung; die Abgrenzung zu den rein funktionellen, medizinisch-diagnostischen Aufgaben des Arztes ist nicht zu übersehen. Aber auch die individuellen Gestaltungswünsche der Mitarbeiter, ihre unterschiedliche Einstellung zu Berufsinhalten und das Dilemma bisheriger „Allzuständigkeit" der Pflege in den Heimen erzwingen eine Trennung pflegerischer Arbeit in verschiedene Bezugsebenen zum Heimbewohner. Eine grundsätzliche Trennung vollzieht sich dort, wo Pflege als unmittelbar bewohnerbezogene Tätigkeit sich den mittelbaren Tätigkeiten des pragmatisch-inhaltlichen Handelns beziehungsweise des verwaltenden Handelns gegenüberstellt. Pflege als Verwaltungstätigkeit beinhaltet die systematische Krankenbeobachtung, das Anfertigen und Auswerten von Verlaufsprotokollen (zum Beispiel Blutwerte, Stuhlfrequenzen, Urinstatus, Blutdruckwerte, Gewichtswerte) sowie die Anfertigung von zeitlich gegliederten Ablaufplänen (Badepläne, Terminpläne, Dienstpläne). Pflege als pragmatisch-inhaltliches Handeln beinhaltet die Durchführung von Maßnahmen der Behandlungspflege, die Zuarbeit für die ärztliche Diagnostik, das Entwerfen und die Durchführung von Therapieplänen, ausgerichtet auf die individuelle Förderfähigkeit des Bewohners. Der Bereich der unmittelbaren Pflege ist aus dem zeitökonomisierten und rationell gestalteten organisatorischen Handlungsrahmen völlig herausgelöst. Hier gilt nicht die zeitliche Gesetzmäßigkeit des Dienstplanes, sondern der persönliche Lebensrhythmus der Bewohner. Alle drei Bereiche der Pflege gelten als gleichrangig und sind in den Entscheidungsgremien vertreten. Individuelle Schwerpunktsetzung und individuelle Motivierung sind somit für die Personalmitglieder möglich.

Zu 4.
Die Herausnahme der unmittelbaren Pflegetätigkeit aus dem Verwaltungs- und Kontrollvollzug sichert den Anspruch nach individueller Behandlung des Bewohners gegenüber der Allmacht der Organisation. In diesen Bereich gehören solche Tätigkeiten, die sich der Privatsphäre des Bewohners und damit seinem privaten Lebensrhythmus zuordnen lassen. Geschaffen wird somit eine dyadische Beziehung zwischen Menschen, die auf der

einen Seite helfen wollen und diese Hilfe relativ frei nach ihren Vorstellungen gestalten können, und Menschen, die Hilfe benötigen, aber nicht um den Preis ihrer Selbstaufgabe. Der dyadische Raum[1] stellt somit ein direktes Beziehungsverhältnis zwischen den Bedürfnissen beider Handlungspartner her. In ihm vollziehen sich am Bewohner alle Tätigkeiten, die, weil personennah, dem organisatorischen Zugriff entzogen bleiben: Körperpflege, Intimpflege, persönlicher Umgang, Sterbebegleitung, Einzelmaßnahmen der Rehabilitation.

Das Auseinanderfallen von verwaltenden und planerischen Pflegetätigkeiten einerseits sowie unmittelbaren Pflegebeziehungstätigkeiten andererseits darf nicht zu einer Funktionalisierung, das heißt Ausgliederung des ersten Bereichs aus dem Stationsgefüge führen. Beide Tätigkeitsfelder berühren sich auf das engste und setzen eine intime Kenntnis der Bewohnerpersönlichkeit voraus. Das Prinzip der ganzheitlichen Erfassung des zu Pflegenden bleibt folglich gewahrt in einem stationären Zusammenwirken zwar verschiedener Tätigkeiten, die aber dasselbe Ziel verfolgen. Eine solche motivationale und professionale Gestaltung der Berufsarbeit ist keinesfalls gleichzusetzen mit den Begriffen „Funktions-" oder „Gruppenpflege"!

Insgesamt entsteht in der Vertikal- und Horizontalgliederung der Altenheimorganisation das hier auf S. 113 in Abb. 12 folgende Instanzenbild.

In der Vergleichung mit dem traditionellen Altenheimorganisationssystem der Abb. 7 fällt unmittelbar auf, daß nun das Aufgabengebiet der Therapie in die inhaltlich-pragmatische Pflegetätigkeit eingebunden worden ist. Hierdurch vollzieht sich eine weitere Verberuflichung, der in der Ausbildung verstärkte Aufmerksamkeit zu zollen ist. Weiterhin fällt auf, daß dem einzelnen Mitarbeiter insgesamt mehr Selbstverantwortlichkeit in der Erledigung seiner Aufgaben zugebilligt wird. Durch die Loslösung ganzer Kompetenzstränge aus dem allgewaltigen Zuständigkeitsbereich der Heimleitung und durch die gleichordnende Struktur der Entscheidungsprozesse haben die Mitarbeiter Zugriffsmöglichkeiten auf die Gestaltung ihrer Arbeit. Die Möglichkeit zur Partizipation und das dadurch bedingte Mehr an Autonomie am Arbeitsplatz erhöhen aber wiederum das Ausmaß an Arbeitszufriedenheit. Durch die „Ich-Beteiligung" bei der Gestaltung der Arbeit vollzieht sich auch berufliche Identifikation. Berufliche Identifikation über autonomes Handeln kann sich sowohl auf Arbeitsmethoden, den Arbeitsrhythmus und Arbeitsinhalte erstrecken. Damit ist eine Vielfalt beruflicher Orientierungen über die Schaffung von Autonomie gewährleistet. Je nach Berufsmotiv kann ein größeres oder ein geringeres Ausmaß an organisatorischer Einengung gewählt werden; die Einpassung in den Betriebsablauf kann subjektiv vollzogen werden.

Entscheidend für unsere Beurteilung ist auch das sich aus dem Darstellungszusammenhang ergebende Führungskonzept. Es bildet sich ein nach

---

[1] Beziehung, die durch das intime Verhältnis zweier Personen, hier Mitarbeiter und Heimbewohner, gekennzeichnet ist.

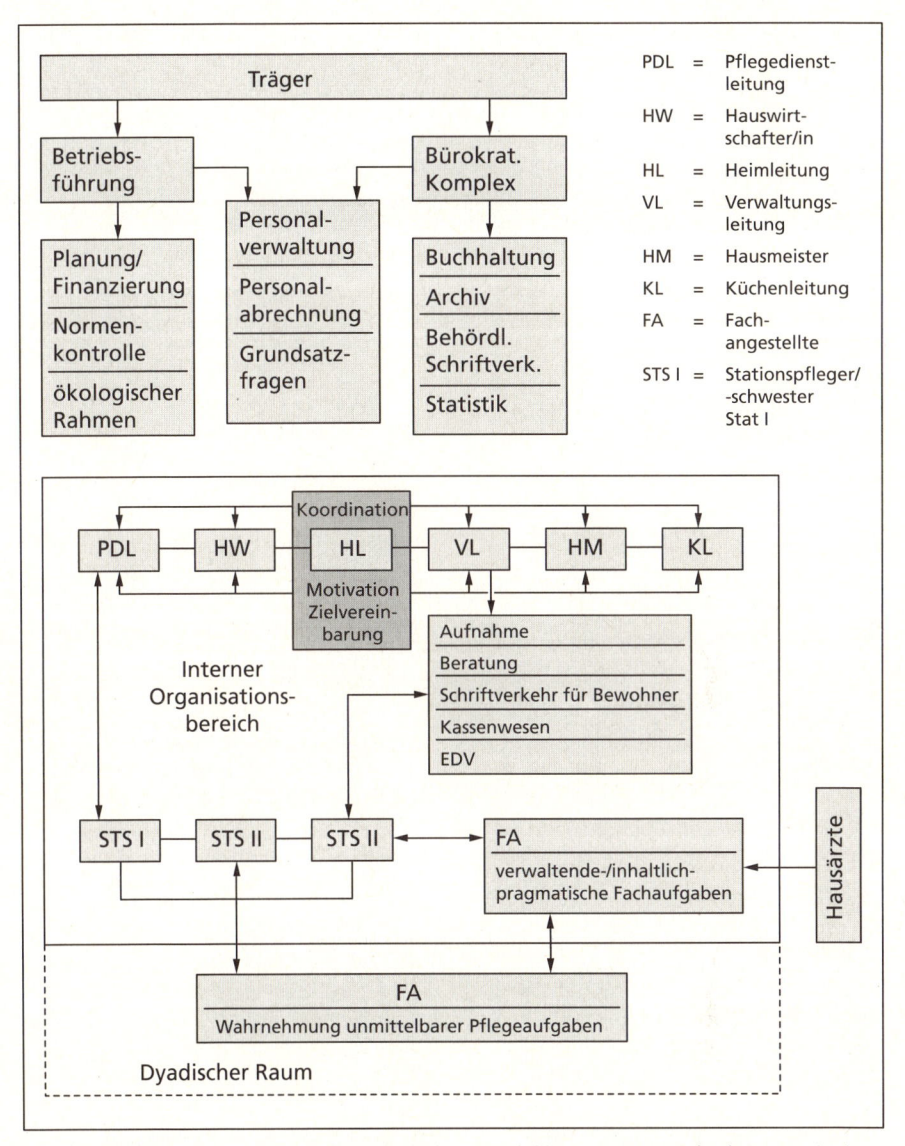

Abb. 12: Die Horizontal- und Vertikalgliederung der persönlichkeitsorientierten Altenheimorganisation

Zuständigkeiten und Fachwissen, nicht nach Rängen geordnetes Konsortium heraus, das Führung gleichsam als partizipative Aufgabe aller Beteiligten festlegt. Kooperative Führungsstile auch auf den unteren hierarchischen Ebenen sind die unmittelbare Folge. Insgesamt bilden sich Entscheidungsverläufe nach demokratischem Muster.

Bischoff (1984) versieht nun das für die Zwecke der Krankenpflege im klinischen Bereich ausgearbeitete patientenorientierte Pflegekonzept mit einigen kritischen Anmerkungen:
▷ die Fähigkeiten und Eigenschaften der beruflichen Mitarbeiter bildeten sich wieder überwiegend an der traditionell weiblichen Hausarbeitsrolle aus
▷ es bedürfte einer generellen Einstellungsänderung der in der Krankenpflege Arbeitenden
▷ es seien keine organisatorischen Instanzen herausgebildet, die eine solche Einstellungsänderung förderten
▷ die Ideologie der Einzelpflege „gefährdete" die Ziele der Institution Krankenhaus mit ihrer Ausrichtung auf medizinisch-funktionelle Abläufe. [3]

Für die persönlichkeitsbezogene Altenheimorganisation läßt der Verfasser diese Einwände nicht gelten, denn:
▷ Einstellungsänderungen werden nicht generell erzwungen, sondern nach dem Prinzip der subjektiven Passung kann sich jeder Mitarbeiter selbst positional einordnen in einen Zusammenhang, der entweder mehr oder weniger „beruflich" verläuft

▷ die Organisation insgesamt verliert an formaler Geschlossenheit und „Allmacht" über alle Bereiche
▷ eine generelle Rollenzuweisung erfolgt nicht mehr, vielmehr sind variable Handlungsmuster möglich, die Autonomie beinhalten

Eine persönlichkeitsfördernde Arbeitstätigkeit im Bereich der Altenpflege setzt das Interesse des Mitarbeiters am alten Menschen, an seinen Entwicklungs- und Fördermöglichkeiten, an dem dazu notwendigen Wissen und an den erforderlichen Fähigkeiten voraus. Solche inhaltlich oder altruistisch hochmotivierten Pfleger oder Pflegerinnen geraten, und dies ist das eigentlich Neue an der vorgetragenen Umgestaltung der Pflegeorganisation, nicht mehr in den Konflikt zwischen menschlicher Zuwendung und den Ansprüchen nach Verwaltung und Sammlung von Gesundheitsdaten, nach Materialbeschaffung und Verteilung, nach der Erstellung von zeitlichen Ablaufplänen, nach der Ausarbeitung von Berichten für Arzt oder Krankenhaus. Vielmehr kann nun der Mitarbeiter sich durch eine gewählte Tätigkeit individuelle Schwerpunkte setzen und damit seine Motivation und Arbeitszufriedenheit noch erhöhen. Auch entfällt im Bereich der unmittelbaren Pflegetätigkeit der Druck zeitlicher Vorgaben, der Druck der Ansprüche von „fremden" Tätigkeiten, die ja nun in einen anderen Zuständigkeitsbereich verlagert wurden. Nahezu revolutionär muten die folgenden Forderungen an, wenn man die Arbeitsweisen in klassischen Altenheimbetrieben dagegen setzt:
▷ Orientierung der Pflege an einem verwaltenden und inhaltlich-pragmatischen Schwerpunkt einerseits sowie an einem unmittelbaren Be-

treuungsschwerpunkt andererseits, bei dem die persönlichen Bedürfnisse des Bewohners für die Gestaltung der Arbeit maßgeblich sind
▷ stationsgebundene, gemeinsame Aufgabenwahrnehmung dieser Bereiche
▷ Relativierung der hierarchischen Position der Stationsschwester mit ihrem traditionellen Anspruch auf Leitung, Kontrolle, Anordnungsgewalt; hierfür Schaffung eines neuen Zuständigkeitsbildes für die Vermittlung, Weitergabe und Umsetzung von Informationen zwischen den neugeschaffenen pflegerischen Zuständigkeiten
▷ Aufgabe des klassischen Schichtbetriebes und fremdbestimmter Arbeitszeiten im unmittelbaren Betreuungsbereich

Der Schwerpunkt einer längst überfälligen Humanisierung der Altenpflege wird im Bereich der Gestaltung der Arbeitszeiten liegen. In nahezu allen tariflichen Übereinkommen industriell-gewerblicher Arbeit sowie behördlicher Verwaltungstätigkeit sind mittlerweile Modelle zur Flexibilisierung der Arbeitszeiten verankert. In Zeiten, da das Schlagwort vom Pflegenotstand auch das Klima beruflicher Tätigkeit in der stationären Altenhilfe prägt und es kaum noch gelingt, qualifizierte Mitarbeiter anzuwerben, muß es auch in der pflegerischen Dimension möglich sein, motivierende Arbeitsbedingungen zu gestalten. Bisher galt für solche Überlegungen der Bereich der direkten Dienstleistung am Menschen als Tabuzone. Die unterschiedliche Zielsetzung zwischen Kranken- und Altenpflege – hier geht es um die Erzielung eines Heilerfolgs unter zeitlichem Druck, dort um den langfristigen Entwurf eines Lebensraumes im Alter – erzwingt aber nun geradezu eine Loslösung von den starren Prinzipien einer medizinisch ausgerichteten Krankenversorgung. Die Arbeitszeiten in der Altenhilfe müssen sich folglich freimachen von der starren zeitlichen Fixierung und Terminsetzung einerseits und den daraus resultierenden Zeitnormen und -vorgaben andererseits. Dort, wo nicht täglich um das durch akute Erkrankung bedrohte Leben eines Patienten gerungen werden muß, wird Zeit zu einem gestaltbaren Faktor für Lebensqualität. Die stärkere Berücksichtigung individueller Wünsche sowohl von Mitarbeitern als auch Heimbewohnern schlägt sich nun nieder in einem Neuentwurf des zeitlichen Stationsablaufs. Dies birgt die folgenden Vorteile:
▶ individuell
▷ größere Zufriedenheit des Bewohners durch Abstimmung des Arbeitsrhythmus auf seinen gewohnten Lebensrhythmus
▷ größere Zufriedenheit des Mitarbeiters, da ihm für seine berufliche Tätigkeit ein Dispositionsspielraum eingeräumt wird

▶ betrieblich
▷ optimale Auslastung des verfügbaren Pflegestunden-Potentials durch Vermeidung von Überbesetzungen
▷ flexibler Ausgleich von Schwankungen in der Arbeitsbelastung
▷ stärkere Kooperation durch gegenseitige Absprache der Arbeitszeiten
▷ größeres Ausmaß an Kongruenz zwischen individueller Anwesenheitszeit des Mitarbeiters und erforderlicher Pflegezeit am Arbeitstag

Im folgenden sollen variable Modelle zur Umgestaltung der Dienstzeiten vorgestellt werden, die sich entweder chronologisch, das heißt an der Verteilung der Arbeitszeit auf einen be-

stimmten Bezugszeitraum, oder aber chronometrisch, das heißt an der Dauer der Arbeitszeit je Schicht orientieren. Variable Arbeitszeiten in der Altenpflege bedeuten daher:
▷ Einführung der gleitenden Arbeitszeit in Hinblick auf die Bedürfnisse der Heimbewohner
▷ Auflösung eines starren Schichtsystems zugunsten sich überlagernder Anwesenheitszeiten
▷ Variable Verteilung der wöchentlichen Arbeitszeit auf 4, 5, oder 6 Tage

Um nun zu praktikablen Lösungen zu kommen, bedarf es zunächst der Feststellung der arbeitsrechtlich möglichen Toleranzschwellen bei einer angenommenen 40-Stunden-Woche.

▶ chronometrisch
▷ AZO (Arbeitszeitordnung)
§ 3 legt die regelmäßige tägliche Arbeitszeit auf 8 Stunden fest.
Die Verordnung über die Arbeitszeit in Krankenpflegeanstalten (PflAnst-AZV) erlaubt eine tägliche Arbeitszeit bis zu 10 Std. (Soll-Bestimmung).
§ 7 beinhaltet eine Öffnungsklausel, die es der tarifvertraglichen Gestaltung anheimstellt, die tägliche Arbeitszeit auf bis zu 10 Stunden festzusetzen.
§ 17/2 legt die Höchstarbeitszeit für weibliche Mitarbeiter auf höchstens 10 Stunden täglich fest.
§ 18 legt einen Pausenanspruch für weibliche Arbeitnehmer erst ab 4,5 Stunden Arbeitszeit fest.
▷ BAT (Bundesangestelltentarifvertrag)
§ 15/2 legt fest, daß die regelmäßige Arbeitszeit bis zu 10 Stunden täglich verlängert werden darf, wenn regelmäßig Arbeitsbereitschaft von 2 Stunden täglich in diese Zeit hineinfällt; hieraus folgt, daß in jedem Fall bedarfsweise die Arbeitszeit gelegentlich bis zu 10 Stunden täglich betragen darf.
Andere Tarifwerke (AVR, BAT-KF) beinhalten ähnliche Regelungen.
▷ Beschäftigungsförderungsgesetz
§ 4 legt fest, daß bei Anpassung der Arbeitszeit an den Arbeitsanfall(-bedarf) eine wöchentliche Arbeitszeit von mindestens 10 Stunden und bei Dienstantritt eine tägliche Mindestarbeitszeit von 3 Stunden als vereinbart gilt.

▶ chronologisch
▷ AZO
§ 4 regelt die Verteilung der wöchentlichen Arbeitszeit auf bis zu 6 Werktagen (einschließlich Samstage); der Umkehrschluß läßt auch eine Verteilung bei einer täglichen Arbeitszeit bis zu 10 Stunden auf 4 Wochentage zu.
▷ BAT
§ 15 legt die wöchentliche Arbeitszeit auf 40 Stunden fest, gemessen innerhalb eines Referenzzeitraumes von 8 Wochen.
§ 15/6 räumt Altenheimen und Krankenpflegebetrieben grundsätzlich die Möglichkeit ein, die wöchentliche Arbeitszeit auch auf Samstage, Sonn- und Feiertage zu verteilen.
SR 2b (Sonderregelung 2b) verlangt für in der Pflege tätige Mitarbeiter innerhalb von 2 Wochen 2 arbeitsfreie Tage; hiervon muß ein arbeitsfreier Tag auf einen Sonntag fallen. Jeder zweite Sonntag muß daher arbeitsfrei gehalten sein.

Solchen arbeitsrechtlichen Normen entsprechen zur Zeit die folgenden in der Pflege eingeführten Schichtmodelle:

Fünf-Tage-Woche
An 10 von 14 Kalendertagen wird gearbeitet: die tägliche Verfügbarkeit je Schicht beträgt ausschließlich der Pausen 8 Stunden.

Fünfeinhalb-Tage-Woche
An 11 von 14 Kalendertagen wird gearbeitet; die tägliche Verfügbarkeit je Schicht beträgt ausschließlich der Pausen 7,2 Stunden.

Am Beispiel der Verbindung von Schichtfolgen der 6-Tage-Woche und der 5-Tage-Woche läßt sich ein interessantes Gleitzeitmodell aufzeigen:

Sechs-Tage-Woche
An 12 von 14 Kalendertagen wird gearbeitet; die tägliche Verfügbarkeit je Schicht beträgt ausschließlich der Pausen 6,6 Stunden.

Für **Vollzeitkräfte** ergibt sich in der 6-Tage-Woche die folgende Jahresschichtleistung:
Jahresarbeitsleistung in Stunden = Summe der monatlichen Sollvorgaben in Stunden

Jahresarbeitsleistung bereinigt = ⌀ 1700 Stunden (Jahresnettoarbeitszeit)
Länge einer Schicht = 40 Wochenstunden
6 Tage Arbeitsleistung je Woche
= 6,66 Stunden

Jahresschichtleistung = Jahresarbeitsleistung = $\frac{1700}{\text{Schichtlänge 6,66}}$
= ⌀ 255 Schichten

Für **Halbtagskräfte** ergibt sich in der 5-Tage-Woche die folgende Jahresschichtleistung:
Jahresarbeitsleistung bereinigt = ⌀ 850 Stunden (Jahresnettoarbeitszeit)
Länge einer Schicht = 20 Wochenstunden
5 Tage Arbeitsleistung je Woche
= 4 Stunden

Jahresschichtleistung = $\frac{850}{4}$
= ⌀ 213 Schichten

Für unsere Modellstation soll eine Belegung mit 20 älteren Menschen und ein durchschnittlicher Personalschlüssel für alle Pflegestufen von 1:3 gelten. Hieraus ergibt sich ein angenommener Personalstand von 6,5 Planstellen, der sich wie folgt verteilt:
0,5 Planstellen = anteilige Gestellung von Nachtwachen und Funktionspersonal
4,0 Planstellen = 4 Ganztagskräfte
0,5 Planstellen = 2 Zivildienstleistende als Ganztagskräfte
1,5 Planstellen = 3 Halbtagskräfte
6,5 Planstellen = 6 Ganztagskräfte + 3 Halbtagskräfte

Ermittlung der Tagesarbeitszeitminuten (TAM) je Mitarbeiter:
TAM 6-Tage-Woche = $\frac{\text{Jahresarbeitsleistung bereinigt}}{365}$

$= \frac{1700}{365} = 4{,}7$ Stunden $= 282$ Minuten je Tag und Mitarbeiter

TAM 5-Tage-Woche $= \frac{850}{365}$

$= 2{,}3$ Stunden $= 140$ Minuten je Tag und Mitarbeiter

Nach den Personalanhaltszahlen von Scholl ergibt sich für die Erreichung eines mittleren Standards der Grundpflege ein Bedarf von 59 TAM je Bewohner.

$$\frac{\text{Erforderliche TAM/Bewohner} \times \text{Anzahl der Bewohner}}{\text{TAM je Mitarbeiter}}$$

= Erforderliche Anzahl der Mitarbeiter je Pflegetag

Für die 6-Tage-Woche gilt:
$\frac{59 \times 20}{282} = 4$ Mitarbeiter

Um einen mittleren Pflegegrad in der Grundversorgung zu garantieren, werden folglich 4 Mitarbeiter täglich im Schichtmodell der 6-Tage-Woche benötigt.

Wieviel Mitarbeiter je Schicht stehen aber nun durchschnittlich an jedem Tag des Jahres zur Verfügung?

$$\frac{\text{Jahresschichtleistung} \times \text{Anzahl der verfügbaren Mitarbeiter}}{365}$$

= Zahl der Mitarbeiter je Schicht pro Tag

für die 6-Tage-Woche gilt:
$\frac{255 \times 6}{365} = 4$ Mitarbeiter

für die 5-Tage-Woche gilt:
$\frac{213 \times 3}{365} = 2$ Mitarbeiter

Aus diesen Berechnungen folgt, daß wir für unsere Musterstation im täglichen Schichtwechsel 4 Mitarbeiter im Rahmen der 6-Tage-Woche unbedingt benötigen; weitere 2 Mitarbeiter in der 5-Tage-Woche lassen sich von der Arbeitszeitgestaltung her frei einteilen.

Wir wollen nun versuchen, das komplizierte Rechenergebnis in ein praktikables Gleitzeitmodell umzuwandeln.

Grundlage des Gleitzeitmodells sind 3 Schichten in der 6-Tage-Woche, die täglich 6,5 beziehungsweise 6 Stunden Arbeitsleistung erbringen und dienstplanmäßig vorgegeben sind. Hierum gruppieren sich schichtüber-

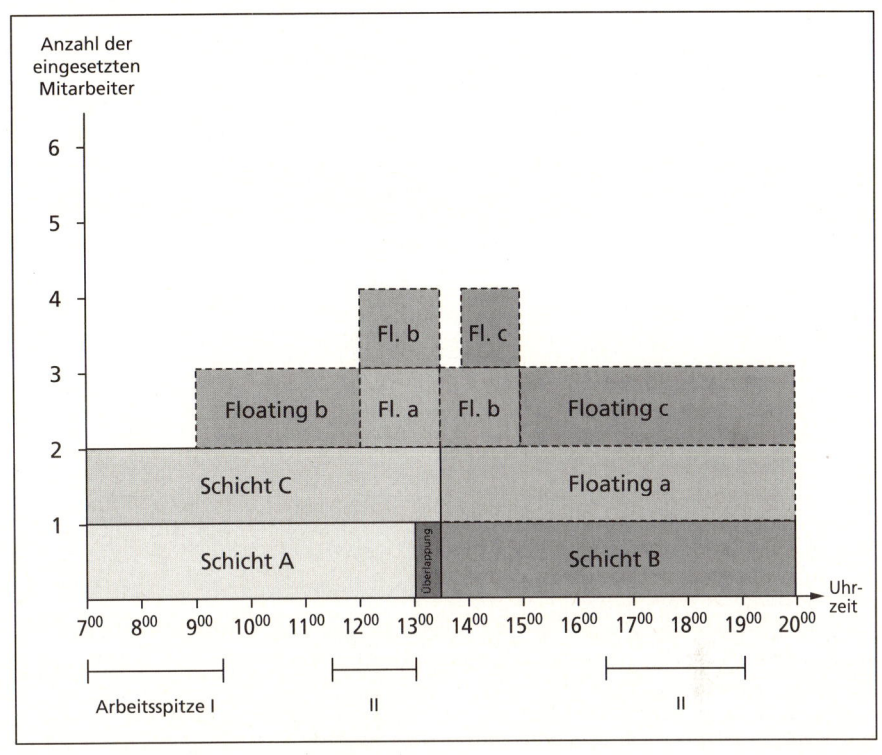

Abb. 13: Gleitzeitmodell für die Altenpflege

greifende Gleitzeiten, die es dem jeweiligen Mitarbeiter freistellen, innerhalb einer festgelegten Bandbreite seinen Arbeitseinsatz selbst zu planen. Grundsätzlich ist auch für die Gleitzeiten der Tag des Einsatzes dienstplanmäßig festgelegt. Jedoch ist die konkrete Arbeitszeit je Einsatztag offenbleibend, so daß sich erst im Rahmen der 8-Wochen-Regelung durchschnittlich 20 beziehungsweise 40 Wochenstunden ergeben müssen. Es zeigen sich somit verschiedene Varianten von Vorhol- und Nachholzeiten. Zur Überprüfung und Kontrolle der täglich erbrachten Arbeitsleistung empfiehlt sich die Einführung eines elektronischen Zeiterfassungssystems und die Erstellung einer Gleitzeitordnung, in der die jeweiligen Toleranzen festgelegt werden (Mitbestimmungspflicht laut PersVertrG und BetrVfG).

Schicht A, C
Basis 6-Tage-Woche
= täglich von 7.00–13.30 Uhr
= 6 Stunden Arbeitsleistung; in der Doppelwoche 2 arbeitsfreie Tage, davon einer am Sonntag

Schicht B
Basis 6-Tage-Woche
= täglich von 13.00–20.00 Uhr
= 6,5 Stunden Arbeitsleistung; in der

Doppelwoche 2 arbeitsfreie Tage, davon einer am Sonntag; überlappt sich um 30 Minuten mit Schicht A und C

Floating a
Basis 6-Tage-Woche
= Bandbreite von 12.00–20.00 Uhr;
Kernzeit von 14.00–20.00 Uhr
minimale Arbeitszeit 5,5 Stunden
maximale Arbeitszeit 7,5 Stunden
je nach Arbeitseinsatz in der Doppelwoche 3–1 arbeitsfreie Tage

Floating b
Basis 5-Tage-Woche
= Bandbreite von 9.00–15.00 Uhr;
Kernzeit von 10.00–13.00 Uhr
minimale Arbeitszeit 3 Stunden
     (keine Pause)
maximale Arbeitszeit 5,5 Stunden
je nach Arbeitseinsatz in der Doppelwoche 6–1 arbeitsfreie Tage

Floating c
Basis 5-Tage-Woche
= Bandbreite von 14.00–20.00 Uhr;
Kernzeit von 16.00–19.00 Uhr
minimale Arbeitszeit 3 Stunden
     (keine Pause)
maximale Arbeitszeit 5,5 Stunden
je nach Arbeitseinsatz in der Doppelwoche 6–1 arbeitsfreie Tage

Die Anstellung für Schicht A, B, C erfolgt arbeitsvertraglich mit 40 Stunden/Woche, die Anstellung für die Floating-Perioden a, b, c erfolgt für 20 Stunden/Woche.

Auf den ersten Blick mag nun eine solche Flexibilisierung der Dienstzeiten auf einer Pflegestation verwirrend erscheinen. Dies ist allerdings mehr die Folge eines traditionellen Plandenkens als die Folge einer möglichen Nichtdurchführbarkeit. Elektronische Zeiterfassung ist heute in fast allen Bereichen der gewerblichen Wirtschaft mit großem Erfolg in Anwendung und dient im vorliegenden Fall ja nicht der Kontrolle der Mitarbeiter, sondern allein der Erfassung der gewählten Gleitzeiten. Auch ist es Aufgabe des betrieblichen Aus- und Fortbildungswesens, die Motivation der Mitarbeiter für solche Formen der Dienstzeitgestaltung zu wecken. Zumeist wird es anzuraten sein, ein solches System zunächst auf einer Musterstation einzuführen, um anschließend die positiven Erfahrungen in den Mitarbeiterkreis einzubringen. Das jeweils vorhandene „Zeitkonto" innerhalb des Stationsgefüges läßt sich über eine Display-Anzeige von jeder erfaßten Person zu jedem Zeitpunkt selbst ablesen.

Einen besonderen Stellenwert bei der Umgestaltung der Arbeitsweisen auf den Stationen nach Funktion, Information und Zeitablauf wird die jeweilige Stationsschwester einnehmen. Zunächst einmal scheint es, als ob bestimmte Verfügungsgewalten, wie Dienstplanung, Dokumentation, Therapieplanung, ihr nunmehr durch die Einführung von persönlichkeitsorientierten Pflegeformen abgenommen würden. Hier gilt es, Überzeugungsarbeit zu leisten in Hinblick darauf, daß nach wie vor das gesamte Stationsklima geprägt bleibt von der Informationshoheit und -kanalisierung, die der Stationsschwester obliegt. Nur sie weiß, und dies nun in verstärktem Maße, weil sie für solche Aufgaben freigestellt ist, welche Chancen jeder einzelne Bewohner ihrer Station für eine persönliche, geförderte Entwicklung hat. Weiterhin wird es Aufgabe der Stationsschwester bleiben, ihren Bereich in allen Hausgremien zu vertreten und insbesondere für eine Vermittlung und Umsetzung der bewoh-

Tätigkeit	zeitlicher Ablauf

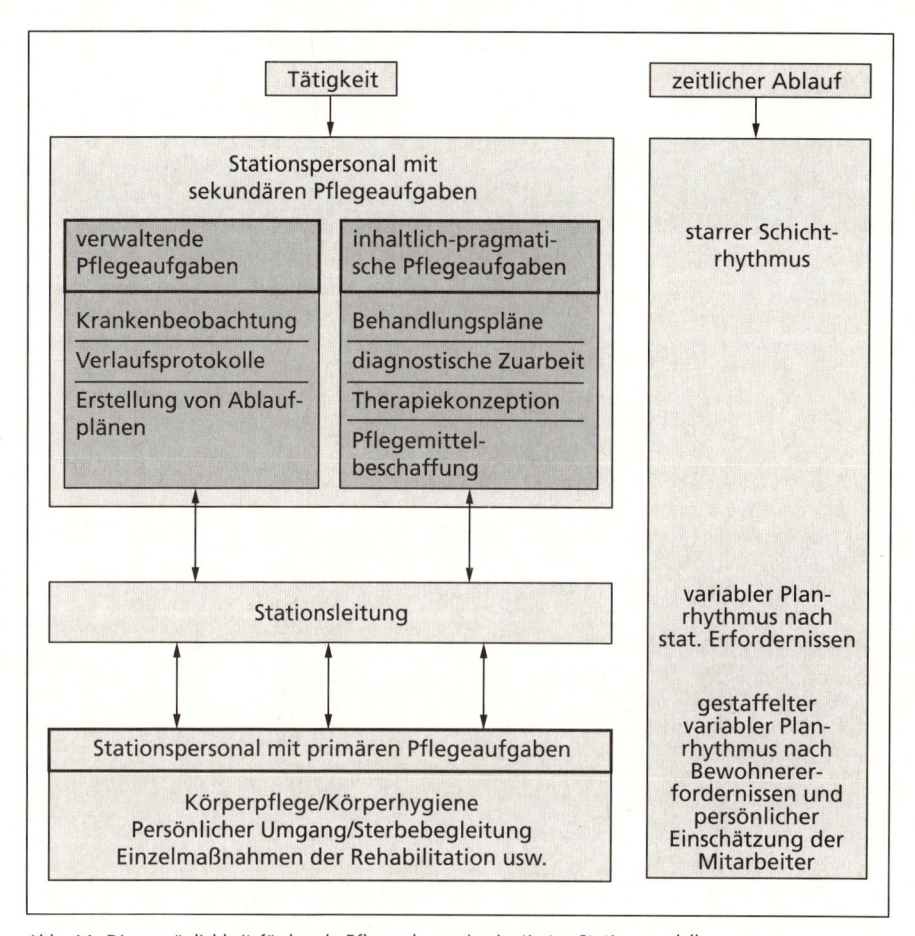

Stationspersonal mit sekundären Pflegeaufgaben

verwaltende Pflegeaufgaben	inhaltlich-pragmatische Pflegeaufgaben	starrer Schichtrhythmus
Krankenbeobachtung	Behandlungspläne	
Verlaufsprotokolle	diagnostische Zuarbeit	
Erstellung von Ablaufplänen	Therapiekonzeption	
	Pflegemittelbeschaffung	

Stationsleitung — variabler Planrhythmus nach stat. Erfordernissen

Stationspersonal mit primären Pflegeaufgaben

Körperpflege/Körperhygiene
Persönlicher Umgang/Sterbebegleitung
Einzelmaßnahmen der Rehabilitation usw.

gestaffelter variabler Planrhythmus nach Bewohnererfordernissen und persönlicher Einschätzung der Mitarbeiter

Abb. 14: Die persönlichkeitsfördernde Pflege als praxisorientiertes Stationsmodell

nerbezogenen Informationen Sorge zu tragen.

Zu beachten bleibt, daß die Grundlagen der persönlichkeitsfördernden Pflege nicht mit Maßnahmen der Funktions- und Gruppenpflege verwechselt werden; diese zielen auf die Organisation der Arbeitstätigkeit, während individuelle Altenpflege die Sozialform der Arbeitstätigkeit an sich zum Gegenstand hat.

Insgesamt ergibt sich das oben dargestellte Verlaufsschema.

2. Die persönliche Leistungsbereitschaft

Die Arbeitsmotivation des Mitarbeiters stellt nun die auf eine konkrete pflegerische Tätigkeit gerichtete Grundhaltung dar, etwas leisten zu wollen. Diese Grundhaltung der Leistungsbereitschaft, die sich nicht an bestimmten Arbeitsinhalten entzündet, bezeichnen wir als Leistungsmotivation. Diese kann auch gleichsam als innerer Motor der Vorantreibung von Bedürfnisbefriedigung gesehen werden, wobei äußere Merkmale der Arbeit, gleichsam ihre „Karosserie", relativ unwichtig sind. Ein solches Leistungsstreben besitzt grundsätzlich jeder Mensch, allerdings ist diese Form von Antriebsenergie nicht gleichbleibend vorhanden, sondern wird durch bestimmte Folgen oder Konsequenzen von Arbeitshandlungen erhöht oder erniedrigt. Insbesondere Erfahrungen, das heißt Rückmeldung über die eigene Leistungsfähigkeit durch sichtbare Erfolge, durch Kollegen oder Vorgesetzte gehen als intrinsische Motivation auch in das psychische Gefüge der Arbeitsmotivation ein.

Die Theorie der Leistungsmotivation geht davon aus, daß menschliches Leistungsstreben eine angeborene Grundhaltung sei. Das Ausmaß, die Quantität sowie die Richtung und Wertigkeit, die Qualität dieses Strebens bildeten sich jedoch nicht an einem bestimmten Arbeitsgegenstand heraus, sondern würden bestimmt durch die Auseinandersetzung mit einem selbstgewählten Gütemaßstab, der das Können, die Fähigkeit, die Anstrengung und äußere Einflüsse einbeziehe. Am Zustandekommen eines Leistungsergebnisses, also der Bewältigung einer Aufgabenstellung, seien folgende Faktoren beteiligt:

situativ
▷ Anreizwert einer Aufgabe
▷ die Erfolgswahrscheinlichkeit
▷ formale Ausführungszwänge (Art der Instruktion, Zeitdruck, Arbeitszwänge)

internal (innerlich)
▶ Fähigkeiten/Können
▷ überdauernde Funktionsweisen (Gewohnheiten der Ausführung im Sinne von Methoden und Techniken, kognitive Stile)
▷ momentane Zustände der Funktionssysteme (Frische, Ermüdung)

▶ überdauernde Motivstruktur
▷ Selbstbilder der eigenen Fähigkeit
▷ Bestreben, Informationen über die eigene Fähigkeit zu erhalten.

Das Zusammenspiel von situativen und innerlichen Momenten leistungsmotivierten Verhaltens erzeugt einen bestimmten Grad an Aktivierung dieser Fähigkeiten in Hinblick auf die erwarteten Folgen von entsprechenden Handlungen. Es zeigt sich, daß auch für die Beschreibung der Leistungsthematik das Instrumentalitätskonzept von Vroom (vergleiche Abschnitt 2, Kapitel „Die Motivation der Mitarbeiter") Gültigkeit besitzt. Die erwarteten Folgen leistungsbezogenen Handelns liegen aber stets ausschließlich in der Vorwegnahme des Erlebens von Erfolg oder Mißerfolg begründet, ein Prozeß, in den eine kognitive Abwägung der Erfolgs-/Mißerfolgswahrscheinlichkeit als ein besonderes

Merkmal der Instrumentalität[2] eingeschaltet ist. Das Erleben von Erfolg und Mißerfolg ergibt sich aus Vergleichsprozessen, Beurteilungen, Entscheidungen, Ursachenklärungen des Resultats und anderen kognitiven Prozessen. Weiterhin wird davon ausgegangen, daß diese Prozesse nachfolgendes Leistungsverhalten beeinflussen.

Leistungsmotivation kann folglich als ein geschlossener Kreislauf inneren Geschehens umschrieben werden, der zu seiner Erzeugung und zu seinem Fortgang äußere Anreize lediglich zu seinem Werkzeug macht, sich auf diese instrumentell bezieht, ohne daß eine inhaltliche Bestimmung (Arbeitsgegenstand) von Wichtigkeit wäre. Leistungsmotivation bezieht ihren Fortgang mithin aus der Leistung selbst und bedient sich zu ihrer Bewertung äußerer Umstände. Wesentlich dabei bleibt, Erfolgs- oder Mißerfolgserlebnisse als auf die eigene Tüchtigkeit oder Untüchtigkeit bezogene Erlebnisse begreifen zu können, denn zufallsabhängiges Handeln ist in seiner Instrumentalität nicht leistungsmotivierend. Das Leistungsresultat muß demzufolge als ichabhängig, als Wirkung der eigenen Tüchtigkeit beziehungsweise Untüchtigkeit aufgefaßt werden und nicht als abhängig von Faktoren, die außerhalb des Einflußbereichs des Individuums liegen und damit tüchtigkeitsunzugänglich sind.

Aus den aufgezeigten Bedingungsmerkmalen für Leistungsmotivation lassen sich, je nach Erkenntnisabsicht, unterscheidbare Modellzusammenhänge aufstellen, die hier im einzelnen nicht erläutert zu werden brauchen. Lediglich zwei Schwerpunkte sind für die Beurteilung von leistungsmotivierten Handlungen im Heimbereich wesentlich: Die Anspruchsniveausetzung und die Ursachenzuschreibung von Erfolg und Mißerfolg.

Das Anspruchsniveau eines Mitarbeiters, also die Anspruchshöhe an die eigene Leistungsfähigkeit, zeigt an, in welchem Ausmaß die zur Aufgabenbewältigung notwendig erscheinenden situativen und inneren Voraussetzungen vom selbstgewählten Leistungsstandard abweichen. Ist die Abweichung in der Richtung eines erwarteten Mißerfolges zu groß, so wird die gestellte Aufgabe als zu schwer empfunden. Ist die Abweichung in Richtung eines erwarteten Erfolges zu groß, wird die Aufgabe als zu leicht empfunden. Beide Zustände sind dismotivierend. Das Anspruchsniveau stellt somit einen, vom erreichten Leistungsstand mehr oder weniger stark, im Grenzfall gar nicht abweichenden Gütegrad dar, der als Anspruch an die eigene Leistung erlebt wird. Das Erreichen beziehungsweise Nicht-Erreichen dieses Gütegrades wirkt sich auf die Selbstachtung aus und ist zugleich Rückmeldung individueller Tüchtigkeit. Nur in diesem Fall erfolgt eine leistungsorientierte Verschiebung des Anspruchsniveaus in Hinblick auf die Zuwendung zu leichteren oder schweren Aufgaben.

Ursachenzuschreibungen beziehen sich nun auf die wahrgenommenen oder vermuteten Gründe für Erfolg beziehungsweise Mißerfolg. Um die zukünftigen Leistungsergebnisse kontrollieren und voraussagen zu können,

---

[2] Die gedankliche Verknüpfung von möglichen Handlungsergebnissen mit deren Folgen.

müssen die Ursachen für zurückliegende Ergebnisse erkannt oder vermutet werden. Wesentlich dabei ist, daß die wahrgenommenen oder vermuteten Gründe nicht auch die tatsächlichen Gründe für den Eintritt eines bestimmten Handlungsergebnisses sein müssen. Aufgrund der Instrumentalität des leistungsorientierten Verhaltens bringt hier die wahrgenommene Ursache von Erfolg und Mißerfolg Auswirkungen auf die Leistungsresultate hervor. Die Ursachenzuschreibung ist folglich die entscheidende Verhaltensbestimmung für die Abwicklung zukünftiger Aufgaben. Man unterscheidet innere von äußeren Ursachenzuschreibungen. Innere Ursachen für Erfolg und Mißerfolg sind beispielsweise hohe oder niedrige Begabung, großer Anstrengungsaufwand oder fehlender Fleiß, erhöhte Konzentration oder Ermüdung. Äußere Ursachen finden sich in Auswirkungen der Umwelt wie den Schwierigkeiten der gestellten Aufgabe, Glück oder Pech, ungenügender technischer Ausstattung des Arbeitsplatzes oder mangelnder Klarheit der zur Erledigung der Aufgabe notwendigen Informationen. Äußere Ursachenzuschreibungen erweisen sich als dismotivierend, kann man sie doch kaum beeinflussen.

Mit Ursachenzuschreibungen ergeben sich Erwartungsänderungen nach Erfolg und Mißerfolg und damit ergibt sich langfristig die Setzung eines Anspruchsniveaus als Maßstab von Leistungsbereitschaft. Zuschreibungen auf unbeeinflußbare innere Faktoren (Begabung, Fähigkeit) haben größere Erwartungsänderungen zur Folge als solche auf innere, aber steuerbare Faktoren (Anstrengung, Methode).

Ursachenzuschreibungen führen in der Verknüpfung mit den Ergebnissen beruflicher Handlungsketten zu einem relativ zuverlässigen Kenntnisstand über die eigene Leistung. Schwierig gestaltet sich Kenntnisnahme und Bewertung der Leistung dort, wo komplexes berufliches Handeln erforderlich ist, das heißt eine Vielfalt auch äußerer Faktoren zur Beurteilung von Leistungsergebnissen herangezogen werden kann. Je mehr also äußere Bedingungen der Arbeitsumwelt an den leistungsorientierten Mitarbeiter als mögliche Ursachen von Erfolg und Mißerfolg herangetragen werden, um so unsicherer ist er in der Bewertung seiner eigenen Fähigkeiten und Kenntnisse und um so fatalistischer wird er sich an einem unteren Anspruchsniveau orientieren, da man ja durch persönliche Anstrengung doch nichts an den Leistungskonsequenzen zu ändern vermag.

Für die Ziele der organisatorischen Umgestaltung des Heimbetriebes ist unbedingte Voraussetzung, daß die Mitarbeiter ihre Leistungsbereitschaft und ihren Leistungswillen auch in die neue Form der Zusammenarbeit einbringen. Für die neue Aufgabenverteilung, die im vorangegangenen Kapitel erläutert worden ist, ergeben sich nun ganz bestimmte Anforderungen, die eine solche Leistungsbereitschaft erhöhen. Die Anordnung der Aufgaben muß übersichtlich sein, sie darf nicht als zu schwer, weil undurchschaubar empfunden werden, und die Ergebnisse des pflegerischen Tuns müssen in ihrer Ursachenzuschreibung vorwiegend innerlich als Ergebnisse eigenen Könnens, eigener Verantwortungsbereitschaft und eigenen Umgestaltungswillens erscheinen. Wesentliche Vorbedingung für das Gelingen der Veränderung des Pflegealltags ist folglich das Gefühl, dies sei die Folge von selbstgeäußerter Kritik an den Zuständen im Heimbereich, das heißt der Umsetzung von empfundenen Mängeln in neue Organisationsformen. Die Verfahrensweise für das methodische Vorgehen bei einem solchen Prozeß der Umgestaltung ist, den Mitarbeitern den Auftrag zu erteilen, selbst Gegenentwürfe zu kritisierten Pflegeabläufen zu entwickeln. Schrittweise werden dann persönliche Zielsetzungen und Vorstellungen zu einem neuen Arbeitszusammenhang integriert, der gestaltet ist nach dem Prinzip der persönlichen Passung.

Welchen Forderungen müssen aber nun die neuen Pflegeentwürfe entsprechen?

▶ Es gibt bei den Mitarbeitern unterschiedliche Gütemaßstäbe (Anspruchsniveaus), die sich in unterschiedlichen Ansprüchen an die eigene Leistungsfähigkeit äußern. Die neuen Leistungsziele, die sich aus der Auffächerung der Pflegearbeit in zwei Ebenen ergeben, müssen folglich so überschaubar und in ihrer praktischen Umsetzung so beschaffen sein, daß sie als nicht zu schwer und als bewältigbar erscheinen. Daher ist die entsprechende Umgestaltung nicht auf einmal, sondern in kleinen Schritten zu vollziehen, deren Aufeinanderfolge zur Fortsetzung des eingeschlagenen Weges ermuntert

▶ Die Ursachenzuschreibung für die Ergebnisse der zugewiesenen neuen Aufgaben muß das Gefühl von Erfolg durch eigene Tüchtigkeit und durch eigenes Engagement beinhalten. Gründe außerhalb der eigenen Zuständigkeit, wie Planvorgaben mit scheinbar zu hohen Anforderungen oder zeitliche Beschränkungen müssen ausgeschaltet werden

▶ Die äußeren Hilfen für die Umgestaltung, wie zum Beispiel Pflegegerätschaften, Räumlichkeiten, Zahl der Mitarbeiter, Qualifikation der Mitarbeiter müssen so beschaffen sein, daß sie den Erfolg ermöglichen

Was benötigt nun der einzelne Mitarbeiter an konkreter organisatorischer Hilfe, um die Neugestaltung der Pflegearbeit mitvollziehen zu können:

▶ Informationen darüber, wie sich ein Erfolg der neuen Tätigkeit am Bewohner ausdrückt: Steigerung seiner Lebensfreude – größere Zufriedenheit mit der Heimsituation – Zugewinn von körperlicher Beweglichkeit, von körperlichen Fähigkeiten – größere psychische Stabilität – Zunahme der Aktivität – Zunahme der Mitverantwortlichkeit gegenüber dem Schicksal anderer Bewohner – Äußerung einer nach vorne gerichteten Lebensperspektive

▶ eine klare Umschreibung, welche Tätigkeiten auf welche Weise ein solches Bewohnerverhalten hervorbringen können:
▷ auf der Betreuungs- und Versorgungsebene zum Beispiel: Verständnis, Zuwendung, Kenntnis des Vorlebens, Schulung von Restfähigkeiten, persönliche Gespräche, Bestätigung von Fortschritten, Einbeziehung des Bewohners in Entscheidungen
▷ auf der pragmatisch-inhaltlichen Ebene zum Beispiel: Anfertigung von individuellen Rehabilitationsplänen, Zusammenarbeit (Ärzte, Physiotherapeuten, Psychologen), Aufstellung von Entwicklungsverläufen, Sammlung gesundheitlicher Daten, Umsetzung von medizinischen Diagnosen in Behandlungspläne

- Anreize und Impulse (keine fertigen Pläne oder Anordnungen) Zum Beispiel Anwendung der folgenden Formulierungen: „Versuchen Sie bewohnergerechte Dienstzeitenregelungen zu finden!" „Wie könnte das Verhältnis zum Bewohner verbessert werden?" „Wie kann die Abhängigkeit des Bewohners von uns verringert werden?"

- Vornahme internaler Ursachenzuschreibungen für pflegerische Erfolge. Zum Beispiel können folgende Formulierungen getroffen werden: „Daß Frau X wieder selbständig essen kann, ist auf Ihre Bemühung und auf das von Ihnen vorgeschlagene Trainingsprogramm zurückzuführen." „Daß Herr Y sich so schnell von den Folgen seines Schlaganfalls erholt hat, ist auf Ihre fundierten Kenntnisse der Behandlungsformen zurückzuführen." Keinesfalls sollte sich hier die Gesamtorganisation, das Zusammenspiel von Aufgabenverteilungen, als ursächlich für solche Erfolge bezeichnen: „Wir betreiben optimale Pflege."

Der Mitarbeiter, der solchermaßen aufgefordert ist, selber vielschichtige Probleme zu lösen beziehungsweise Lösungsvorschläge zu unterbreiten, die dann auch in die Umgestaltung der Pflegearbeit einfließen, kann sich die Erfolge seiner konkreten Arbeit selbst zuschreiben. Er wird daher ein ausgeprägt günstiges Leistungsverhalten zeigen. Bloße, vorgegebene Abläufe, an denen er nicht mitgewirkt hat, führen zur Arbeitsroutine ohne innere Beteiligung und wirken dismotivierend. Die engsten Beziehungen zwischen Motivation und Leistung ergeben sich dort, wo der äußere Druck auf die Leistungstätigkeit minimal ist, das heißt dort, wo zeitliches Gebundensein, ein hohes Maß an Kontrolle und Verhaltensvorschriften entfallen. In der persönlichkeitsbezogenen Organisation von Pflege ist dies insbesondere im Betreuungs- und Versorgungsbereich der Fall. Hier vollzieht sich Berufsarbeit in freier Zeiteinteilung und im individuellen Rhythmus. Vielfältige Formen der Mitbestimmung, Abbau von hierarchischen Berufsstellungen (Heimleiter, Stationsschwester) und von Verwaltungsmacht führen zu einem leistungsorientierten Verhalten aller Beteiligten. [4]

3. Berufliche Sozialisation als pädagogische Aufgabe

In der soziologischen Literatur wird berufliche Sozialisation als Garant zur Sicherung bürokratischer Verhaltenskontrolle über die Mitglieder einer Organisation beschrieben. Im Sinne von Übernahme vollziehe sich eine aktive und passive Form der Auseinandersetzung mit dem vorgegebenen ökologischen System[3] der Organisation. Sozialisation bewirke folglich, daß äußere bürokratische Kontrolle durch innere Verhaltenssteuerung (Internalisierung von Normen und Regeln) ersetzt werde und so der Schein eines autonomen Handelns entstehe. Die aktive Form der Anpassung vollziehe sich nun darin, daß die Mitarbeiter das ihnen auferlegte, äußere Regelsystem auch als Schutz gegen Zuständigkeitsüberschreitung und als strategisches Mittel zur Abwehr unberechtigter Forderungen einsetzten. Zugleich aber sei die Organisation auch auf die Loyalität ihrer Mitarbeiter angewiesen, so daß solche aktiven Formen des Übernahme-Verhaltens da ihre Grenzen erhielten, wo grundsätzliche Zustimmungen zu Organisationszielen und -handlungen erforderlich seien. Insoweit diene Sozialisation auch der Herstellung von Loyalität. Weiterhin stelle dieser Prozeß der Einführung in das bürokratische Wesen einer Organisation einen weitgehend nicht bewußt gesteuerten und nicht elaborierten[4] Lernprozeß dar, denn das Organisationsziel sei auf die Erstellung von Dienstleistungen, nicht aber auf die Durchführung von Sozialisationsprozessen ausgerichtet. Schließlich ersetze dieser Prozeß keine Machtverhältnisse und Bestrafungsdrohungen, sondern benötige diese vielmehr zu seiner Wirksamkeit. [5]

Aus einer solchen einseitigen Festlegung folgt:
▷ berufliche Sozialisation dient in erster Linie zur Reproduktion betrieblicher Verhältnisse innerhalb eines verfestigten Arbeitsgefüges
▷ berufliche Sozialisation wird als ein überwiegend einseitiger Prozeß der Einpassung in das Normen- und Regelgefüge bürokratischer Herrschaft verstanden
▷ berufliche Sozialisation wird als ein endgültiger, abzuschließender Vorgang betrachtet
▷ berufliche Sozialisation wird als ein automatisch sich vollziehender Prozeß ohne Beabsichtigung und bewußter Wirksamkeitskontrolle begriffen
▷ berufliche Sozialisation vollzieht sich als die Durchsetzung eines organisatorischen Machtanspruchs gegenüber miteingebrachten, individuellen antizipatorischen[5] Sozialisationsbedingungen

Um dagegen den sozial-psychologischen Standpunkt zu setzen, bedarf es der kurzen Erinnerung der Notwendigkeit von Formen „bürokratischer Herrschaft" in Organisationen. Organisation als Ausdruck bürokratischer Verhaltensplanung und -kontrolle dient dem Abbau von Verhaltensunsicherheiten gegenüber wechselnden Umweltbedingungen[6]. Zu diesem

---

[3] Hierdurch wird ein Zusammenhang von dinglich-technischen Voraussetzungen zur Erbringung von Dienstleistungen und seinen Auswirkungen auf das betriebliche Regel- und Normensystem sowie auf die soziale Umwelt am Arbeitsplatz beschrieben.
[4] Elaboration bezeichnet das Ausmaß an ausdrücklicher Beschreibung der für die Erreichung eines Handlungszieles notwendigen Mittel und Verfahrensweisen.
[5] Antizipation bezeichnet die Auswirkung von Lernerfahrungen, die dem Eintritt in eine Organisation vorausgegangen sind.
[6] Der Begriff „Umweltbedingung" umfaßt hier die Austauschbeziehung mit der sozialen, äußeren Einflußsphäre der Organisation, auf deren angenommene Bedürfnisse hin die Organisationsziele ausgerichtet sind.

Zweck bildet die Organisation Mitglieder (Abteilungen, Einzelpersonen) aus, die einerseits solche Umweltbedingungen abschätzen und berechenbar machen und andererseits nach innen Verhaltenseigenschaften ausbilden und kontrollieren. Die bürokratische Verhaltenskontrolle durchdringt alle Aufgabenbereiche, schränkt den individuellen Handlungsspielraum ein und bewirkt, daß das Verhalten der Mitglieder berechenbar und planbar wird. Als Elemente bürokratischer Kontrolle können die Spezialisierung der Arbeitsaufgaben und die Erarbeitung von Handlungsvorschriften gelten. In der Auseinandersetzung mit diesen Anforderungen steckt der einzelne Organisationsangehörige seinen Spielraum (Autonomie) ab, der ihm zur Mitgestaltung verbleibt.

Bürokratisch organisierte Betriebe unterliegen dabei gewissen sozialen Gesetzmäßigkeiten: Je ausgeprägter die Arbeitsteilung (Spezialisierung) vollzogen wird, desto
▷ routinierter gestalten sich die Arbeitsaufgaben
▷ zwanghafter gestalten sich Handlungsabläufe
▷ zentraler gestalten sich Entscheidungsprozesse

Ein hohes Ausmaß an Arbeitsteilung in Verbindung mit einem hohen Grad an Verhaltenskontrolle reproduziert durch berufliche Sozialisation ständig ein starres geschlossenes System, das auf veränderte Umwelteinflüsse nur unzureichend schnell reagieren kann. Die Mitarbeiter, deren Handlungsspielräume systematisch durch starre Regeln eingeengt werden, neigen schließlich zu Arbeitsritualen, die sie ohne Rücksicht auf Bewohnerverhältnisse vollziehen (z. B. Stationsvisite, Toilettengang der Bewohner).

Eigentlich müßte aber gelten: Je unsicherer die Umwelt, desto flexibler und dezentralisierter müssen Entscheidungsabläufe eingerichtet werden. Alten- und Pflegeheime zeichnen sich nun gerade durch ein hohes Maß an Mobilität und Fluktuation der pflegerischen Mitarbeiter wie auch durch die kurze Verweildauer der Bewohnerschaft aus. Unser Entwurf einer persönlichkeitsorientierten Pflege anerkennt darüber hinaus die Verschiedenheit von Lebensweisen, von Einstellungen und Verhaltensweisen als unantastbare Äußerungen persönlicher Identität. Berufliche Sozialisation deutet sich aus einem solchen Zusammenhang als:
▷ ein ständiger Prozeß wechselseitiger Anpassung der Mitarbeiter an die sich im Austausch mit der Umwelt verändernden Betriebsstrukturen einerseits und der Betriebsstrukturen an die je verschiedenen beruflichen Orientierungsmuster der Mitarbeiter und an die je verschiedenen Lebensweisen der Bewohner andererseits
▷ ein Prozeß, der die für die Aufrechterhaltung des Betriebsablaufs notwendigen Normen und Regeln nicht umfassend setzt, sondern individuelle Bewohnerverhältnisse berücksichtigt
▷ ein unvollständiger Prozeß, der ständig aus den Erfahrungen von Mitarbeitern und Bewohnern ergänzt werden muß

Nun sollte aber ein solches Geschehen durchaus nicht so verstanden werden, als müsse im Verlaufe des wechselseitigen Anpassungsprozesses so etwas wie „Beruflichkeit" und „berufliches Arbeiten" erst ausgehandelt werden; dies würde die Funktionsunfähigkeit des Altenheims außer Kraft setzen.

Vielmehr verläuft berufliche Sozialisation über einen langen Entwicklungszeitraum und verfügt über Vorerfahrungen aus Berufswahl, Ausbildung und anderen Arbeitsverhältnissen, die eine grundsätzliche „pflegerische" Verhaltenseigenschaft garantieren.

Solche Vorerfahrungen gründen sich in den folgenden Bereichen:
▶ vorberufliche Sozialisation
▷ Berufsinteressen
▷ Erwartungen, Idealvorstellungen
▷ berufsbezogene Begabungsförderung

▶ schulische Sozialisation
▷ gezielte Beeinflussung durch die Altenpflegeschule, die fachliche Praktiken und Fähigkeiten herausbilden soll
▷ zentrale Wissensvermittlung zum Ausgleich von örtlichen Unterschieden in Praxisbetrieben
▷ Lernen am idealen Modell

▶ betriebliche Selektionskriterien
▷ inhaltliche/technische Qualifikationsmerkmale (Können, Fertigkeiten, Wissen)
▷ bestimmte Verhaltenseigenschaften (Kooperationsfähigkeit, Sozialverhalten) und ritualisierte Verhaltensvorstellungen (Fleiß, Ordnung, Pünktlichkeit, Zuverlässigkeit)
▷ überfachliche kulturelle Praktiken (politische Überzeugungen, Religionszugehörigkeit, Geschlecht)

Solche beruflichen Vorerfahrungen begründen aber nun eine sehr allgemeine Haltung zum alten Menschen; eine sehr allgemeine Sichtweise seiner Bedürfnisse, Nöte und seines Verhaltens. Ausgebildet werden hierdurch nur grundlegende Verhaltenseigenschaften, die es dem pflegerischen Mitarbeiter ermöglichen, sich in jedem beliebigen Altenheimbetrieb zurechtzufinden.

Zu den allgemein geforderten Basalqualifikationen der Altenpflege zählen:
▷ Kenntnisse von Alterserkrankungen
▷ Kenntnisse über Einsatz und Wirkungsweise von Arzneimitteln
▷ Beherrschung von Techniken der Grundpflege
▷ Kenntnisse vom Aufbau und der Funktionsweise des menschlichen Organismus
▷ grundlegende stationäre Organisationstechniken
▷ Psychologische Umgangstechniken

Nun können Altenheimbetriebe aber sehr unterschiedlich organisiert sein, wie unsere bisherigen Betrachtungen gezeigt haben. Schwerpunkte können auf die bürokratische Sicherstellung der Grundversorgung des Bewohners, das heißt auf die Übernahme einer bürokratischen Schutzfunktion ausgerichtet sein, sie können aber auch auf die Förderung der sozialen Beziehungen und damit auf die Aktivierung des Bewohners zur Mitgestaltung bezogen sein oder aber auf die Bildung eines persönlichen Lebensraums innerhalb der Altenheimorganisation. Jede Schwerpunktsetzung äußert sich in ganz unterschiedlichen Erwartungen an die Fähigkeiten, Kenntnisse und Einstellungen des Personals zum alten Menschen. Hierdurch werden wiederum ganz unterschiedliche Arbeitsaufgaben verteilt und durch die Verteilung auch ganz unterschiedliche Personenbeziehungen hergestellt.

Der Mitarbeiter hat sich folglich an diese unterschiedlichen Erwartungen anzupassen, indem er sie übernimmt oder im Sinne seiner Einstellungen verändert, was nicht ohne die beschriebenen Konflikte abläuft. Er muß im Verlaufe seiner Zugehörigkeit zu einem bestimmten Altenheim seine basalen, allgemeingültigen Qualifikationen erweitern und ausformen. [6] Dies gelingt nun je nach den betrieblichen Verhältnissen, dem Ausmaß ihrer widersprüchlichen Rollenzwänge und den eingebrachten persönlichen Voraussetzungen (Ich-Stärke, Unterordnungsbereitschaft, Selbstbild) mehr oder weniger gut. Die berufliche Haltung (Berufsorientierung) kann dabei erwünschte, aber auch höchst unerwünschte Formen einnehmen, wie die Zusammenstellung von Ostner (1979) und Volkholz (1973) zeigt [7]:

▶ Berufliche Orientierungsmuster in der Altenpflege
▷ inhaltlich orientiert am Wissen/Können oder am Patienten auf der Grundlage von erworbener Kompetenz
▷ professionell am Patienten oder am Wissen orientiert (inhaltlich-pragmatisches Handeln am Patientenobjekt)
▷ aufstiegs- und mobilitätsorientiert
▷ affirmativ berufsorientiert (Identifikation mit Wissen und technischen Fertigkeiten)

▶ Nichtberufliche Orientierungsmuster in der Altenpflege
▷ diffus-patientenorientiert (Helfenwollen als Handlungsmaxime)
▷ traditionsorientiert (Dienstideale, konfessionelle Bindungen)
▷ pragmatisch-instrumentell orientiert/job-orientiert in der Sicherung und Begründung einer Privatsphäre mit möglichst geringem beruflichem Einsatz

▶ Orientierungskonfusion in der Altenpflege

▷ totale Verunsicherung (Allen alles recht machen wollen)
▷ Rebellion gegen Autorität überhaupt

Das Überwiegen von Berufshaltungen, die sicherlich nirgendwo erwünscht sind, erklärt sich leicht aus der Tatsache, daß man berufliche Sozialisation weitgehend sich selbst überläßt, ihren Verlauf nicht kontrolliert und ihn damit unbewußt dem Zufall überläßt. Auch müssen die Altenheimbetriebe lernen, daß man durch strenge Handlungsanweisungen, durch ein hohes Maß an Kontrolle und Bestrafungsgewalt die berufliche Entwicklung nicht automatisch in eine gewünschte Richtung zwingen kann, wie obenstehende Zusammenstellung augenfällig beweist. Der in den letzten Jahren sich immer deutlicher abzeichnende Wandel der traditionellen Vorstellungen von Pflege muß folglich auch in diesen Prozeß beruflicher Orientierung einfließen. Formen des Dazulernens, des betrieblichen Umdenkens müssen sich hier äußern durch eine bewußte, zielgesteuerte Beeinflussung des Geschehens; hieraus erwächst eine pädagogische Aufgabe der Zukunft.

Berufliche Sozialisation im Altenheim kann nun beschrieben werden als ein Prozeß der Veränderung von erworbenem pflegerischem Berufshabitus, mit dem eine Veränderung von erworbenen Einstellungen, Motiven und Wertvorstellungen einhergeht. Traditionell handelt es sich dabei um ein „Zurechtschleifen" im Sinne einer Pragmatisierung des Handelns. In den allermeisten Fällen vollzieht sich hierdurch eine Abstufung der Arbeitsmotivation hin zu ihren äußeren Bedingungen (Lohn, Technik, Routine).

Solche motivationalen Umdeutungen, die als pflegetypisch bereits beschrieben worden sind, ergeben sich zwanghaft aus der Vielfalt und Zufälligkeit von Ursachenzuschreibungen für Erfolg und Mißerfolg pflegerischen Tuns.

Nach außen hin offenbart sich dies in einer zunehmenden Mechanisierung des Arbeitshandelns, in einer zunehmenden geistigen Festlegung auf die Angemessenheit und Nützlichkeit von bestimmten Berufshandlungen und durch ein zunehmendes „Sichrückversichern" im Kollegenkreis. Steckten zuvor Inhalte wie die Situation des Heimbewohners, die Notwendigkeit fachlicher Pflege für die menschenwürdige Existenz älterer Menschen, die Verwirklichung humaner Prinzipien durch die Pflege den motivationalen Horizont ab, so geraten solche intrinsischen Motive zunehmend unter den äußeren Zwang des sich Einfügens in eine bestehende Arbeitsgemeinschaft, unter den Zwang der Übernahme bestehender pflegerischer Konzepte und unter den Zwang bestehender Bestrafungspraktiken, Zwänge, die überwiegend quantitative, äußerlich sichtbare Arbeitsleistung (Waschen, Windeln, Füttern, Sauberkeit, Hygiene) fordern. Wesentliche, direkte Auswirkungen auf diesen Prozeß haben die folgenden Faktoren:
– Alter
– Geschlecht
– Bewohnerstruktur
– Art des Arbeitsbereiches (nach technischer Ausstattung, Baulichkeit)
– Ausbildungs-, Altersstruktur und Berufserfahrung der Kollegen
– Kooperationsbeziehungen am Arbeitsplatz
– Dauer der Berufstätigkeit

Indirekte Auswirkungen ergeben sich aus dem Zusammenwirken autorisierter (Berufskollegen, Vorgesetzte) und nichtautorisierter Sozialisationskräfte (informelle Gruppen, ökologische Bedingungen, Arbeitsklima). Die Abbildung auf S. 132 soll verdeutlichen, daß Sozialisation im beruflichen Zusammenhang auch immer stets ein Suchen nach einem konfliktfreien Raum darstellt. Soziologisch formuliert geht es dabei um das Ausbalancieren der verschiedenen Rollenforderungen mit den persönlichen Voraussetzungen. Da sich die Art der Anforderungen durch die Persönlichkeit des Heimbewohners verändert und damit auch unterschiedliche persönliche Verhaltensbereitschaften gefordert sind, ist berufliche Sozialisation in der persönlichkeitsbezogenen Pflege ein Prozeß wechselseitiger Verhaltensabstimmung, immer gerichtet auf eine für beide Seiten erträgliche Übereinstimmung. Die Organisation muß ihren Normenhorizont offenhalten für wechselnde Umwelteinflüsse. Dies beinhaltet die Wahrung autonomen Handelns und Entscheidungsmitwirkung auf der Mitarbeiterseite. [8]

Feldmann (1979) folgt nun dem Verlauf von beruflicher Sozialisation, wenn er drei Stadien oder zeitlich einander nachgeordnete Verlaufsformen aufzeigt (siehe Abb. 15 auf der S. 132).

3.1 Das antizipatorische Stadium

Hier vollziehen sich Prozesse der Vorwegnahme beruflichen Handelns, ausgedrückt in Interessen, Einstellungen und im Denken. Maßgeblich für die

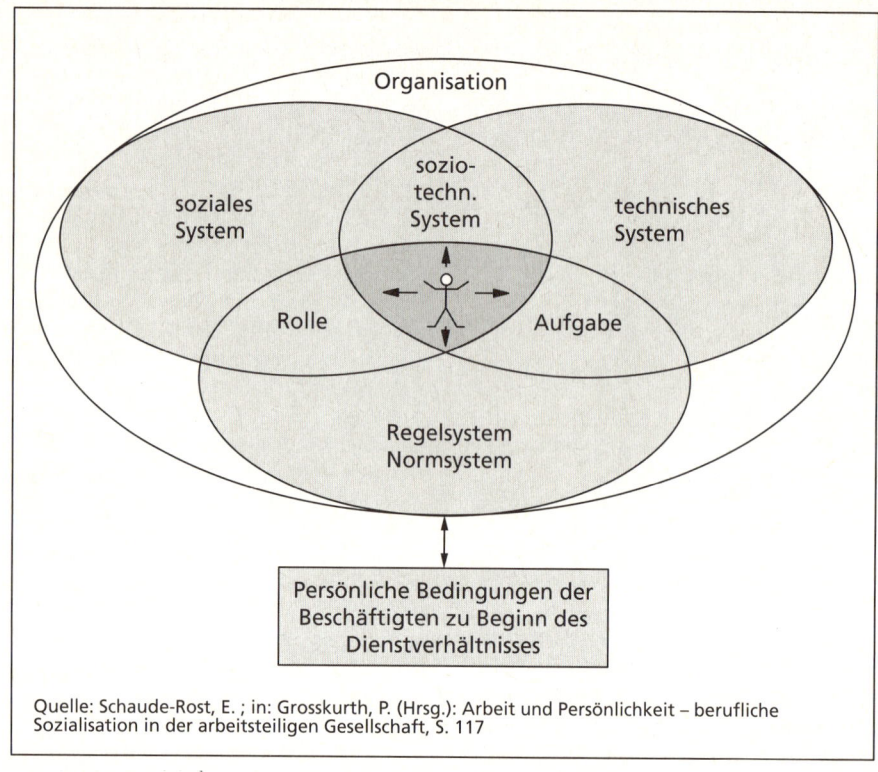

```
                          Organisation
                    ┌─────────────────────┐
              sozio-techn.
   soziales      System         technisches
   System                          System
              Rolle    👤    Aufgabe
                   Regelsystem
                   Normsystem

          Persönliche Bedingungen der
          Beschäftigten zu Beginn des
              Dienstverhältnisses
```

Quelle: Schaude-Rost, E. ; in: Grosskurth, P. (Hrsg.): Arbeit und Persönlichkeit – berufliche Sozialisation in der arbeitsteiligen Gesellschaft, S. 117

Abb. 15: Berufliche Sozialisation als Standortbestimmung des Mitarbeiters

spätere berufliche Übernahmefähigkeit dieses Stadiums ist
– der Grad an Realismus der vorgestellten Berufshandlungen
– der Grad an Übereinstimmung zwischen individuellen Bedürfnissen und ihrer Erfüllung durch die vorgestellte Berufshandlung

3.2 Das Stadium der Akkommodation

Dies ist das Stadium, in dem der Mitarbeiter erkennt, wie sich die Organisation wirklich verhält, deren Mitglied zu werden er anstrebt. Hierzu muß er neue Aufgaben lernen, er muß sich klarwerden, welchen Rollenerwartungen er entsprechen will, und er muß seine Fortschritte innerhalb dieses Prozesses beurteilen können. Als Beurteilungsmerkmal gilt hierbei die Akzeptanz durch Vorgesetzte und Kollegen in Hinblick auf
– seine Kompetenz
– seine Gruppenzugehörigkeit
– seine Rollenwahrnehmung

Die Überdeckung von Eigen- und Fremdwahrnehmung ist die Grundlage objektiver Beurteilung des erzielten Fortschritts.

3.3 Das Stadium der Rollenhandhabung

In diesem dritten Stadium beruflicher Sozialisation bemerkt der Mitarbeiter die bestehenden Probleme und Konflikte innerhalb seiner Arbeitsgruppe beziehungsweise zwischen den verschiedenen Berufsgruppen der Gesamtorganisation, die Auswirkungen auf sein persönliches Handeln haben. Im Zuge der weiteren Entwicklung lernt er zunehmend, aktiv mit diesen Widersprüchen umzugehen, sie für seine Zwecke einzusetzen, sie mit Kollegen auszutragen oder sie hinzunehmen. Insgesamt entwickelt er eine persönliche Strategie des Umgangs mit solchen Konflikten.

Die beschriebenen drei Stadien beruflicher Sozialisation durchläuft nun jeder Pflegemitarbeiter. Das erste Stadium vollzieht sich in der Berufswahl und in der Entwicklung von Berufswünschen, hervorgehend aus der Prägung durch Elternhaus, Schule und Erziehungsumfeld. Die zwei nächsten Stadien beschreiben nun den Vorgang des Vergleichs vorgefundener Arbeitsbedingungen mit den ursprünglichen Absichten und Erwartungen. Hieraus ergeben sich dann Übereinstimmungen, oder aber der Mitarbeiter erlebt sich als unfähig zur Eingliederung in die vorgegebene Ordnung. In einem nächsten Schritt wird der Mitarbeiter nach Gründen (Ursachenzuschreibungen) für sein Versagen suchen; er findet sie entweder in widersprüchlichen Forderungen, in den unzureichenden Arbeitshilfsmitteln, in der unzureichenden Anerkennung durch Vorgesetzte oder in sich selbst, das heißt in unzureichender Fähigkeit, in unzureichendem Wissen oder in der unzureichenden Umsetzung von Wissen und Fähigkeit in die Praxis. In einem letzten Schritt lernt er dann, entweder die entstehenden Konflikte auszuhalten, sich den geforderten Arbeitsbedingungen anzupassen, oder aber diese in Hinblick auf seine ursprünglichen Absichten zu verändern. Arbeitsmotivation, Arbeitszufriedenheit und damit ein gelungener beruflicher Sozialisationsvorgang entsteht nun dort, wo sich der Mitarbeiter entweder freiwillig einem geforderten Ablauf unterwirft, oder aber wo die Altenheimorganisation ihm die Chance gibt, ein persönliches Gleichgewicht zwischen Neigungen, Interessen, Einstellungen und seiner Berufsrolle herzustellen. Indem nun die persönlichkeitsentwickelnde Pflege Wahlmöglichkeiten der beruflichen Einordnung beläßt, Mitbestimmung fördert, allgemeine Zwänge vermindert, ergibt sich hier die ideale Voraussetzung für konfliktfreies Arbeiten.

Der klassische Bereich der Altenpflege zeichnet sich durch eine Fülle von Konflikten, Widersprüchen und erzwungenen Handlungsweisen aus. (Vergleiche dazu den Abschnitt 3.4 im Kapitel „Das Altenheim als soziale Organisation".) Hier werden die Mitarbeiter durch die Bedingungen der Berufsausübung ständig „unter Spannung gehalten". So erstaunt es nicht, wenn von allen im Altenheim Beschäftigten die Pflegekräfte die geringste Arbeitszufriedenheit aufweisen. Sie wurden entweder gezwungen, ihre ursprünglichen Absichten und Überzeugungen aufzugeben, oder sie haben diese umgedeutet in funktionelle Erfordernisse, wie apparative Ausstattung, klinischer Arbeitsablauf, Machtausübung. Das Denken der hier Tätigen kreist zunehmend darum, nicht „anzuecken", im Kollegenkreis

133

nicht durch besondere Zuwendung zum Bewohner aufzufallen, das quantitativ vorgegebene Arbeitspensum zu schaffen. Ursprüngliche Vorstellungen von der persönlichen Zuwendung, von der Gesprächsoffenheit gegenüber dem alten Menschen, geraten zunehmend in den Einflußbereich des „Kollegenurteils" und werden als unnütz, ablenkend, undurchführbar und nicht realitätsbezogen abgetan. Das Verhalten wird dabei zunehmend durch äußere „Kontrolleure" wie Kollegen, Vorgesetzte, Angehörige und Ärzte bestimmt. Die gesunkene Arbeitszufriedenheit führt zur Resignation oder zu dem Wunsch nach einem Arbeitsplatzwechsel.

Im Vergleich hierzu wird der Mitarbeiter in einem Altenheim, das die berufliche Selbstverwirklichung an den Bedürfnissen der Bewohner ausrichtet, die Arbeitsbedingungen selbst aushandeln dürfen. Er besitzt Macht und Kontrolle über die Gestaltung seiner Berufsarbeit und ist hochmotiviert. Eine solche Organisation wird die berufliche Sozialisation pädagogisch beeinflussen, um
▷ jedem Mitarbeiter die Chance zu eröffnen, sich inhaltlich motivieren zu können durch die Entwicklung seiner Fähigkeiten
▷ die drei Verlaufsstadien für jeden Mitarbeiter bewußt beeinflußbar und kontrollierbar zu machen

Welche Fähigkeiten, die der Pflegemitarbeiter im Verlaufe seiner beruflichen Vorerfahrungen nicht entwickeln konnte, werden nun von der persönlichkeitsbezogenen Pflege ausgebildet?
▷ Kompetenzerweiterung durch Schulung an den Defiziten des Bewohners

(Welche Fähigkeiten sind ihm verlorengegangen? Was möchte er gerne wieder können? Was kann ich tun, um diese erwünschten Kräfte wiederzubringen? Reicht mein Wissen und Können dazu aus? In welchem Bereich muß ich sachkundiger werden?)
▷ Techniken der Bedürfnisermittlung (Wie kann ich die Reaktionen des Bewohners verstehen? Wie ist sein Leben verlaufen? Kann er seine Empfindungen, Wünsche und Vorstellungen äußern? Durch welche psychologischen Methoden und Techniken kann ich diese ermitteln? Welche Hilfsmöglichkeiten und Hilfspersonen kann ich hinzuziehen?) Folgende Techniken stehen zur Verfügung und müssen personengerecht ausgewählt werden: Schöpferisches Empfinden (zum Beispiel Malen, Basteln, Gestalten in Ton), direktes Befragen, Befragen von Zeugen, Assoziationstests, Psychodrama
▷ Sprachliche und nichtsprachliche Einfühlung
(Was geht in dem Bewohner vor? Was möchte er?) Folgende Techniken stehen zur Verfügung: Aussprechen von vermuteten Gedanken und Empfindungen, Streicheln, Zeichensprache
▷ Techniken der Informationsvermittlung
(Wie kann ich dem Bewohner etwas mitteilen? Welche Fähigkeiten zur Informationsaufnahme hat er noch? Wie kann ich diese verbessern?) Folgende Techniken stehen zur Verfügung: Sprache, Bilder, Zeichen, Körperkontakt

Die persönlichkeitsbezogene Pflegeorganisation wird folglich alles daransetzen, den Mitarbeiter in Richtung auf die verbesserte Wahrnehmung der Bedürfnisse des Bewohners zu schulen, und sie wird alles daransetzen, daß diese Schulung auch die berufliche Haltung des Mitarbeiters entwickelt, hin zur Selbstgestaltung von Arbeit und hin zur Selbstbestätigung. Damit ist sowohl der persönliche Umgang von Mitarbeiter und Bewohner als auch der persönliche Umgang von Organisation und Mitarbeiter bezeichnet. Aus der Wahrung der beruflichen Identität der Personalmitglieder erwächst deren Bereitschaft, auch die Identität des Bewohners zu wahren. Die Schaffung von Arbeitsbedingungen, die altruistische Motivation ermöglichen, soll jedoch nicht auf ein unbestimmtes Helfenwollen bezogen sein, sondern auf ganz konkrete Inhalte, die die Lebenssituation des Heimbewohners verbessern. Daß sich hiermit keine utopischen Wunschvorstellungen verbinden, zeigt die Tatsache, daß am Anfang ihres beruflichen Sozialisationsprozesses etwa 80 % der in die Altenpflege eintretenden Mitarbeiter inhaltlich motiviert sind. Das enorme Ausmaß späterer „Motivabstürze" läßt sich hier nur vage vermuten.

Berufliche Sozialisation im Altenheim vollzieht sich gemäß des damit verbundenen pädagogischen Auftrags auch über Trainings- und Fördermaßnahmen vor Ort. Solche Maßnahmen beinhalten die folgenden Zwecke:
▷ Vermittlung einer anthropologisch begründeten Sichtweise vom älteren Menschen als einem identitätswahrenden Subjekt
▷ Bestimmung des eigenen motivationalen Hintergrundes
▷ Feststellung des eigenen Standortes innerhalb des Organisationsgeschehens

▷ Bewußtmachung der empfundenen Konflikte, Unzulänglichkeiten, Widersprüche und Frustrationen
▷ Einübung von Strategien der Rollenhandhabung (Schaffung von autonomen, konfliktfreien Räumen)
▷ Aushandeln von Arbeitsbeziehungen auf der Grundlage wechselseitigen Verstehens und der Einsicht in die notwendigen Belange der Organisation
▷ Formulierung von Leitbildern inhaltlicher beruflicher Orientierung als Möglichkeit konfliktfreien Zusammenarbeitens von Mitarbeitern und Bewohnern

Die zur Durchführung solcher Trainingsmaßnahmen notwendigen methodischen Verfahren folgen nun der vorgenannten Gliederung:
▷ Vorträge von Soziologen, Psychologen und Theologen
▷ Vergleichung mit eigenen Erlebnissen und Erkenntnissen
▷ Interview mit Krankenpflege- und Altenpflegeschülern/innen
▷ Vergleich mit eigenen Einstellungen und Orientierungen
▷ Supervision
▷ Rollenspiele
▷ Planspiele
▷ Transfer in die eigene Berufspraxis [9]

Literatur zu Kapitel 4

1. Lawler, Edward E., III.: Motivation in work organizations. Monterey 1973. S. 201–209.
2. vgl. hierzu:
Balluseck, Hilde: Die Pflege alter Menschen. Berlin 1980. S. 249 ff.
Isaac-Candeias, Pilar: Lust und Frust – Der Pflegealltag, in: Altenpflege 1986/9. S. 553–558.
Closs, Christiane/Kempe, Peter/Sauter, Maria: Heimtypabhängige Charakteristika von Alteneinrichtungen, in: Das Altenheim 1981/5. S. 106 f.
Schmitz-Scherzer, R., & Schick, L., u. a.: Altenwohnheime, Personal und Bewohner. Stuttgart 1978. S. 42 ff.
Sandrock, F.: Untersuchungen zur Sozialstruktur einer Krankenstation, in: Kaupen-Haas, H. (Hrsg.): Soziologische Probleme medizinischer Berufe. Köln 1968. S. 207.
Kempe, Peter, & Closs, Christiane: Die Situation der Altenpflegekräfte in der stationären Altenhilfe, in: Das Altenheim 1984/4. S. 96–100.
Kerpe, Peter, & Closs, Christiane: Menschenführung im Altenheim, in: Das Altenheim 1986/3. S. 63.
Kempe, Peter, & Closs, Christiane: Das Betriebsklima in 22 Hamburger Alteneinrichtungen aus der Sicht des Personals, in: Zeitschrift für Gerontologie 1981/14. S. 444–458.
3. Bischoff, C.: Frauen in der Krankenpflege, Frankfurt 1984. S. 144–172.
4. vgl. hierzu:
Vontobel, Jaques: Leistungsbedürfnis und soziale Umwelt. Bern 1970. S. 48–59.
Rosenstiel, Lutz von: Die motivationalen Grundlagen des Verhaltens in Organisationen. Berlin 1975. S. 123 ff., S. 302–312.
Gellerman, Saul W.: Motivation und Leistung. Düsseldorf 1972. S. 143–166
Meyer, Wulf-Uwe: Leistungsmotiv und Ursachenerklärung von Erfolg und Mißerfolg. Stuttgart 1973. S. 30–66.
Weiner, Bernhard: Die Wirkung von Erfolg und Mißerfolg auf die Leistung. Stuttgart 1975. S. 21–100.
5. Windolf, Paul: Berufliche Sozialisation. Stuttgart 1981. S. 59–150.
6. vgl. hierzu:
Groskurth, Peter: Berufliche Sozialisation als die entscheidende Grundlage der Persönlichkeitsentwicklung, in: Groskurth, Peter (Hrsg.): Arbeit und Persönlichkeit – berufliche Sozialisation in der arbeitteiligen Gesellschaft. Reinbek 1979. S. 7–19.
Windolf, P., a. a. O. S. 80–89, 134 f., 108 f.
Kleinbeck, Uwe: Motivation und Berufswahl. Motivationsforschung, Bd. 3, Göttingen 1975. S. 17–34.
7. vgl. hierzu:
Ostner, I., & Beck-Gernsheim, E.: Mitmenschlichkeit als Beruf. Frankfurt 1979. S. 158 f.
Volkholz, K.: Krankenschwestern, Krankenhaus, Gesundheitssystem. Stuttgart 1973. S. 100 f.
8. vgl. hierzu:
Schaude-Rost, Edith/Kunstek, Rolf/Klatt, Günther: Einführung neuer Arbeitsstrukturen im Betrieb, in: Groskurth, P. (Hrsg.), a. a. O. S. 113–119.
Pinding, M./Münstermann, J./Kirchlechner, B.: Berufssituation und Mobilität in der Krankenpflege. Stuttgart 1975. S. 147–174.
9. Feldman, Daniel Charles: Organizational socialisation of hospital employees, in: Jaco, E. G. (Ed.): Potients, physicians and illnes. New York 1979. S. 307–323.

Die zukünftige Entwicklung der stationären Altenarbeit

1. Bevölkerungsentwicklung

Die Tatsache, daß der Anteil älterer Menschen an der Gesamtbevölkerung der hochindustrialisierten Länder beständig angestiegen ist, hat sich mittlerweile zu einem Allgemeingut politischen und gesellschaftlichen Denkens und Handelns entwickelt und bedarf somit keiner näheren Darstellung. Auffällig in diesem Zusammenhang hingegen ist die irrige Annahme, es handle sich hierbei ausschließlich um eine Entwicklung innerhalb westlicher Industriestaaten, hervorgerufen im wesentlichen durch Veränderungen des generativen Verhaltens[1], durch Verbesserung der medizinischen Versorgung, durch Verbesserung der Lebensbedingungen älterer Menschen im sozio-ökonomischen Bereich[2] und durch das Ausbleiben demographischer Krisen wie Epidemien oder Kriegsereignisse. [1] Beattie (1975) erstellt die Prognose, daß der Anteil der über 60jährigen in den Industrieländern, bezogen auf die Gesamtpopulation im Zeitraum von 1970 bis 2000 um 58% steigen werde. Gleichzeitig erhöhe sich der Anteil der über 60jährigen in den Ländern der Dritten Welt, ebenfalls bezogen auf die Gesamtpopulation, jedoch im gleichen Zeitraum um 158%. [2]

Aus dieser Tatsache schließt Lehr (1983): „Auch das von manchen dieser Länder (der Dritten Welt) hervorgehobene besondere Ansehen und Prestige gerade der älteren Bevölkerung, das sicher auf deren Seltenheitswert beruht (wenn nur 2–3% der Gesamtbevölkerung 60 Jahre und älter sind), dürfte kaum die Jahrtausendwende überdauern." [3] Insoweit darf man sicherlich von einer globalen Entwicklung und damit verbunden von einer Annäherung der gesellschaftlichen Verhältnisse in Hinblick auf die Entwicklung der Altersbevölkerung ausgehen. Dieser Zukunftsentwicklung stehen solche, gemessen am Standard gesellschaftlicher Hilfen eines Wohlfahrtsstaates untergeordneten Länder, hilflos gegenüber, dies um so mehr, als daß auch wir erhebliche sozialpolitische Spannungen hinsichtlich der Rentenabsicherung, der Beziehungen zwischen den Generationen und der zu erwartenden Veränderungen des Dienstleistungsangebotes für ältere Menschen zu gewärtigen haben. [4]

Die Altersbevölkerung der Bundesrepublik ist nun allerdings alles andere als eine homogene Gruppe[3] der über 60jährigen. Schlagworte wie „die vierte Generation" beleuchten ein recht differenziertes Bild von der überproportionalen Zunahme der Hochbetagten.

Übereinstimmend gelangen sämtliche die Bevölkerungsentwicklung einschätzende Studien [5] zu den folgenden Bewertungen:

---

[1] Unter generativem Verhalten versteht man die Geburtenhäufigkeit sowie den zeitlichen Abstand der Generationsfolge.
[2] In diesem Zusammenhang ist insbesondere die Steigerung des Renteneinkommens ursächlich. Damit verbunden sind eine gewisse Unabhängigkeit des alten Menschen wie auch seine Bedeutung als Konsument von gesundheitsfördernden und -erhaltenden Maßnahmen, die letztlich zu einer bedeutsamen Lebensverlängerung führen.
[3] Bezeichnung für die Übereinstimmung der Gruppenmitglieder in einem Untersuchungsmerkmal.

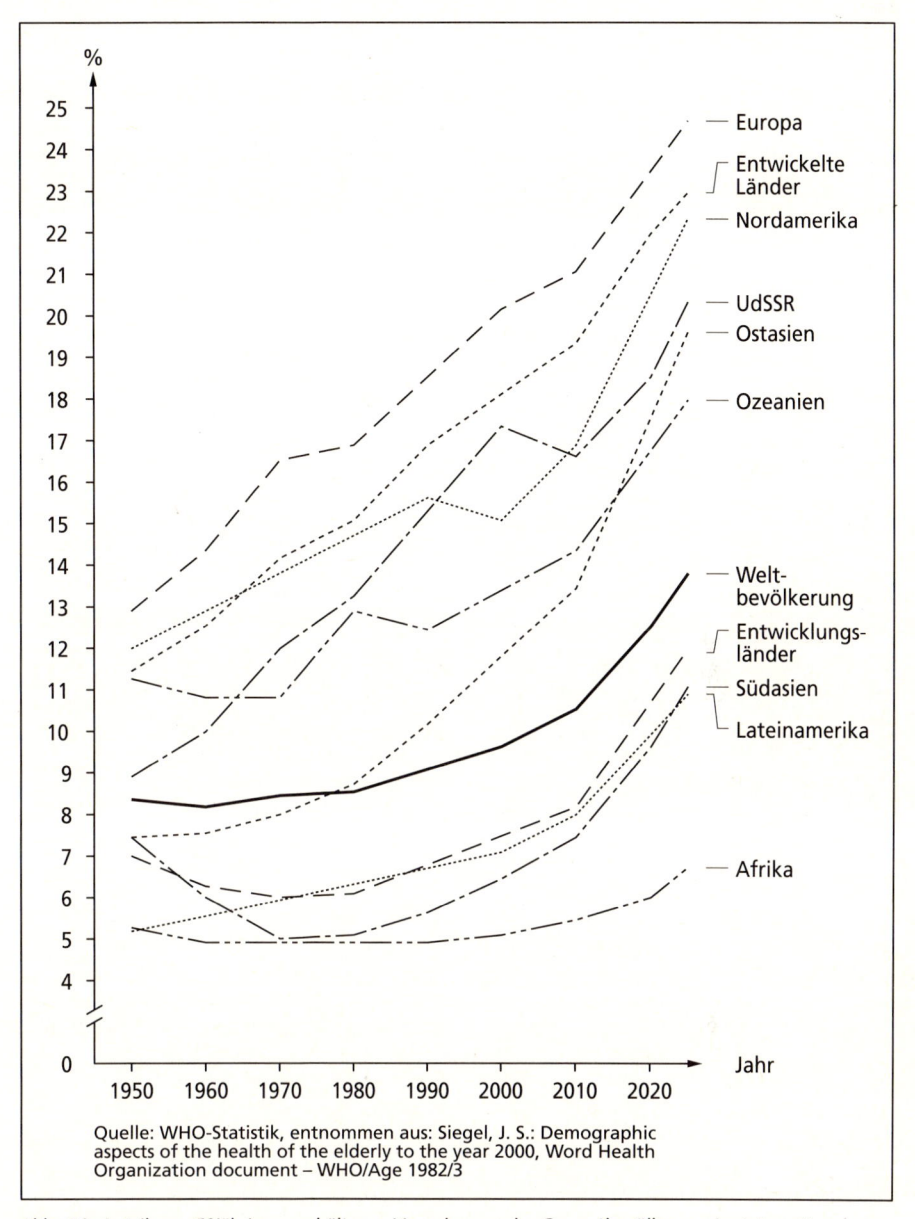

Abb. 16: Anteil von 60jährigen und älteren Menschen an der Gesamtbevölkerung im internationalen Vergleich von 1950 bis 2025

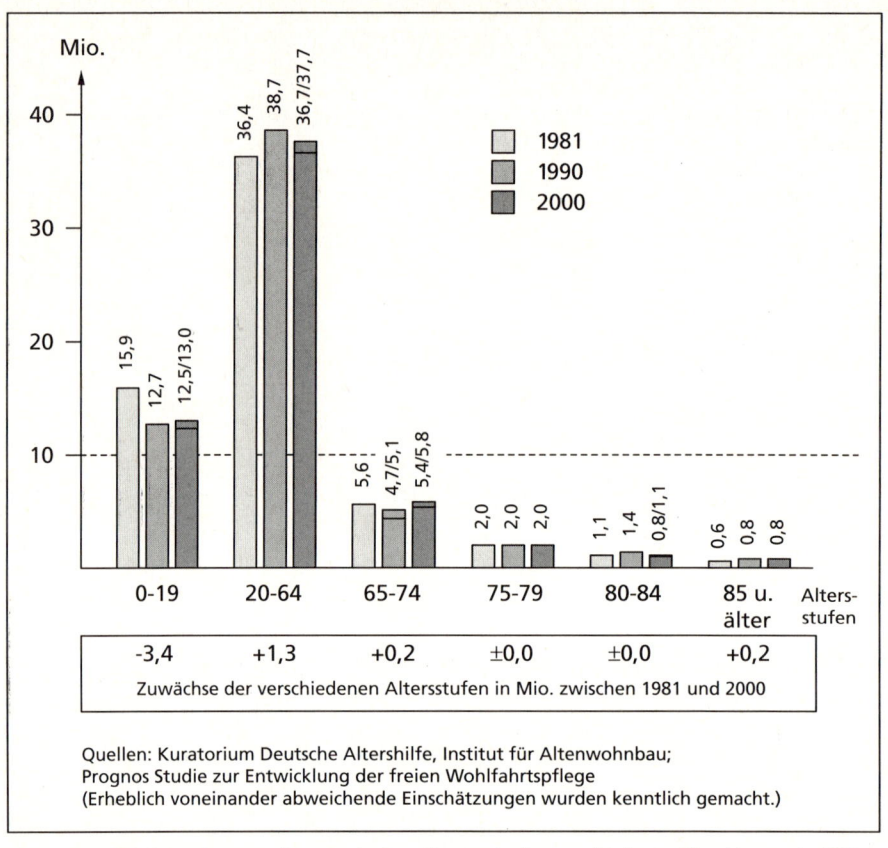

Altersstufen	0-19	20-64	65-74	75-79	80-84	85 u. älter
1981	15,9	36,4	5,6	2,0	1,1	0,6
1990	12,7	38,7	4,7/5,1	2,0	1,4	0,8
2000	12,5/13,0	36,7/37,7	5,4/5,8	2,0	0,8/1,1	0,8
Zuwächse 1981–2000	-3,4	+1,3	+0,2	±0,0	±0,0	+0,2

Zuwächse der verschiedenen Altersstufen in Mio. zwischen 1981 und 2000

Quellen: Kuratorium Deutsche Altershilfe, Institut für Altenwohnbau;
Prognos Studie zur Entwicklung der freien Wohlfahrtspflege
(Erheblich voneinander abweichende Einschätzungen wurden kenntlich gemacht.)

Abb. 17: Entwicklung der Zuwachsraten der Bevölkerung in den verschiedenen Altersklassen der BRD bis zum Jahr 2000

▷ Der vielfach beschworene sprunghafte Anstieg des Anteils alter Menschen ab 65 Jahren an der Gesamtbevölkerung bleibe bis zum Jahre 2000 aus; eine verstärkte Zunahme finde erst danach statt
▷ Mit Bezug auf die Altersbevölkerung ab 65 Jahre werde hingegen der Anteil der Hochbetagten überproportional anwachsen

▷ Das Schlagwort der „Vier-Generationen-Gesellschaft" übertreibe zweifellos erheblich. Die vierte Generation (ab 75 Jahren) werde auch im Jahre 2000 nur knapp 7 % der Bevölkerung stellen. Dennoch zeige sich bereits eine Tendenz, die sich nach 2000 noch verstärke.

2. Gesundheitsentwicklung und Hilfsinstanzen

Zimmermann (1977) geht aufgrund eigener umfangreicher Untersuchungen davon aus, daß hohes und vor allem höchstes Lebensalter in starkem Maße durch das vermehrte Auftreten verschiedener Krankheitsformen charakterisiert sei. Die Mehrfachbelastung mit Krankheiten, die jede für

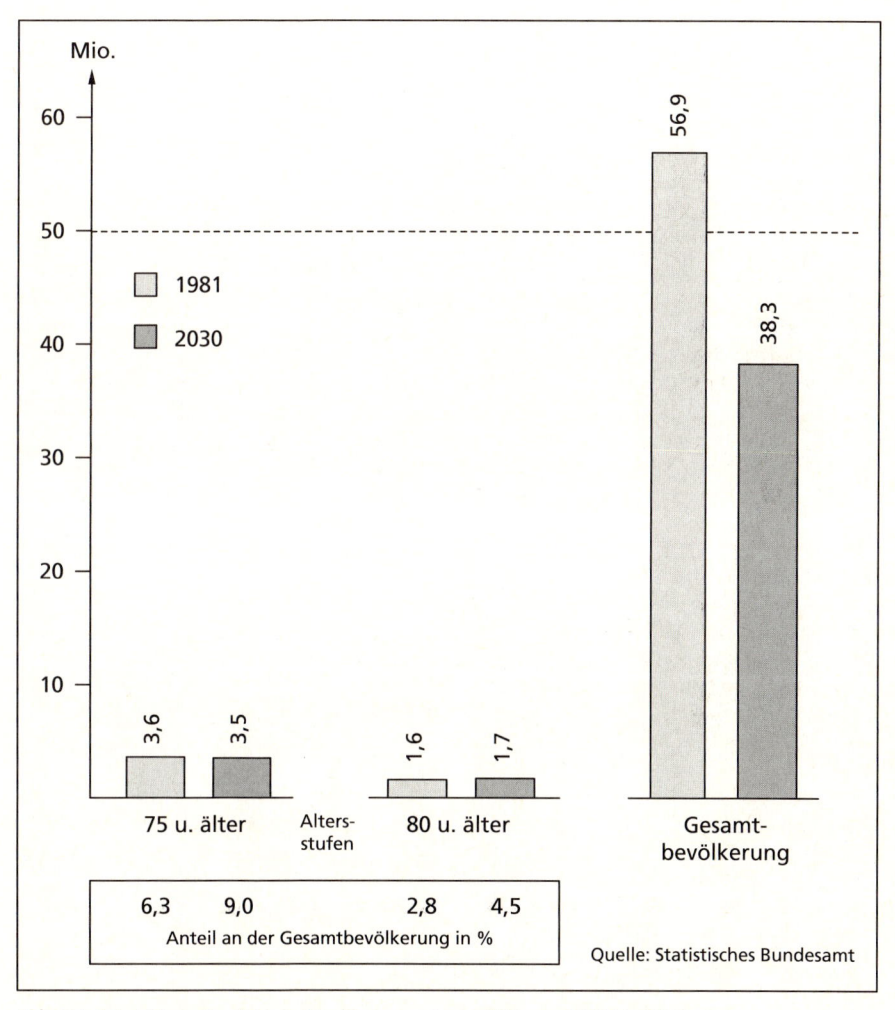

Abb. 18: Entwicklung der Zahl der Hochbetagten in der BRD von 1981 bis 2030

sich genommen zum Tode führen könne, umschreibt er mit dem Begriff „Multimorbidität". [6] Auch wenn Art, Ausmaß und nähere Umstände des Auftretens von Krankheiten im Alter individuell sehr verschieden seien, bleibe es doch bei den zu beobachtenden statistischen Zusammenhängen. [7] Mit dem Ausmaß der Morbidität[4] bei älteren Menschen steige zwangsläufig auch das Ausmaß der Abhängigkeit und Hilfsbedürftigkeit gegenüber Dritten.

Hilfsbedürftigkeitsgrad	Altersgruppe		
	60–69	70–79	80–89
Abhängigkeit: Personen, die sich nicht selbst versorgen können	1,0	8,2	19,0
davon: ohne motorische Behinderungen	0,5	0,5	1,1
mit einzelnen motorischen Behinderungen	0,5	2,4	3,7
mit multiplen motorischen Behinderungen	0,0	5,3	14,2
Hilfsbedürftigkeit: Personen, die sich nur mit fremder Hilfe versorgen können	9,1	19,3	31,0
davon: ohne motorische Behinderungen	4,1	4,8	4,2
mit einzelnen motorischen Behinderungen	1,4	5,8	10,5
mit multiplen motorischen Behinderungen	3,6	8,7	16,3
„Risikogruppe" (potentielle Hilfsbedürftigkeit): Personen, die sich mit Schwierigkeiten selbst versorgen	16,2	21,2	26,3
davon: ohne oder mit einzelnen motorischen Behinderungen	13,5	15,4	20,5
mit multiplen motorischen Behinderungen	2,7	5,8	5,8

Abb. 19: Schätzung des Anteils von verschiedenen Graden der Hilfsbedürftigkeit an der Population[5] der 60- bis 90jährigen in Prozent (100% = Population der jeweiligen Altersgruppe)
Quelle: Garms-Homolova, V./Hütter, U.: Motorische Leistungsfähigkeit und motorische Behinderungen 60- bis 90jähriger Großstadtbevölkerung, in: Zeitschrift für Gerontologie 1983/16, S. 263

---

[4] Morbidität bezeichnet das Ausmaß der Belastung mit Erkrankungen einer Bevölkerungsgruppe im Vergleich zu einer anderen.
[5] Bestand, Gesamtheit der Träger eines bestimmten Untersuchungsmerkmals.

Hilfsbedürftigkeitsgrad	1950	1970	1984	2000
Abhängigkeit[1]	330	586	790	741
Hilfsbedürftigkeit[2]	855	1465	1689	1731
Zwischensumme	1185	2051	2479	2472
Risikogruppe[3]	1319	2191	2372	2506

[1] Personen, die sich nicht selber versorgen können
[2] Personen, die sich nur mit fremder Hilfe versorgen können
[3] Personen, die sich mit Schwierigkeiten selber versorgen können

Abb. 20: Entwicklung der Zahl Hilfeabhängiger, Hilfebedürftiger und potentiell Hilfebedürftiger innerhalb der Population der 60- bis 90jährigen von 1950 bis 2000 in Tausend
Quelle: Garms-Homolova, V./Hütter, U., a.a.O., S. 268

Daß die Zunahme der Hilfsbedürftigkeit alter Menschen gesellschaftliche Veränderungen in der Struktur des klassischen Angebots an ambulanten und stationären Maßnahmen erzwingt, ist sicherlich nicht ungewöhnlich; daß aber diese Erweiterung der Hilfsangebote sich gegen eine frühzeitige Unterbringung in Alten- und Pflegeheimen auswirkt, erscheint relativ neu und hat die folgenden Voraussetzungen:

▷ Die Verbesserung der Einkommenssituation älterer Menschen in Gegenwart und Zukunft; ein äußeres Merkmal ist der Rückgang der Bezieher von Kleinstrenten
▷ Die Zunahme von unabhängigen, selbstbestimmten Wohnformen älterer Menschen in Ein-Personen- oder Zwei-Personen-Haushalten
▷ Die zunehmende Verbesserung der ambulanten Hilfsangebote in Hinblick auf die Kompensationsmöglichkeit von Gebrechen und in Hinblick auf die örtliche Beweglichkeit
▷ Die qualitative Verbesserung wichtiger prothetischer Hilfsmittel

Auch aufgrund eines enormen Kostendruckes lassen sich hieraus für die Zukunft Neuorientierungen ableiten:
▷ Das Aufkommen neuer, gemeindenaher spezifischer Organisationsformen der ambulanten Altenhilfe, dadurch: Verbesserungen von halboffenen und offenen Dienstleistungsangeboten (Tagespflege, Dienstleistungszentrum), Verbesserung des Hilfsangebotes häuslicher Pflege durch Ausbau eines engen Netzes von Sozialstationen
▷ Der Ausbau eines umfassenden Programms der Interventionsgerontologie und deren Umsetzung in die Lebensgestaltung älterer Menschen (Alten-Clubs, Altenakademien, Altenbildungsstätten)
▷ Zunehmende Formierung von Selbsthilfekonzepten mit steigender „Beruflichkeit"

Durch solche Verlagerungen pflegerischer Erstbetreuung in den häuslichen oder teilstationären Bereich wird zwar das Altenheim einerseits entlastet, jedoch in anderer Hinsicht zunehmend belastet, weil eine Aufnahme zunehmend erst dann erfolgen wird, wenn der Pflegegrad so hoch geworden ist, daß häuslich-ambulante oder teilstationäre Maßnahmen nicht mehr durchführbar sind. Entscheidend für das zukünftige Pflegebild und damit auch für die Organisationsformen der Pflege im Heimbereich wird also der Zuweisungs- oder Selektionszusammenhang der verschiedenen Hilfsangebote sein. Die zunehmende Rivalität zwischen ambulanten und geschlossenen Formen der Hilfe begründet sich zum gegenwärtigen Zeitpunkt vornehmlich im Zusammenhang mit den überproportional gestiegenen Kosten des Heimbereichs. [8] Das Aufkommen des Begriffs „Lebensqualität"[6] in dieser Diskussion beschreibt aber nun den zaghaften Ansatz einer nicht nur nach Kostengesichtspunkten durchgeführten Differenzierung des entsprechenden Leistungsangebotes. Innerhalb der sich somit ergebenden Vernetzung der Gesundheitsfürsorge-Instanzen muß der zentralisierende Anspruch der Heimzuweisung älterer Menschen aufgegeben werden zugunsten einer weitläufigen, breitgefächerten Struktur, die individuelle Hilfe zuläßt. Insoweit wird das Altenheim nur noch eine Möglichkeit neben vielen anderen in diesem System darstellen. [9]

Die wissenschaftliche Auseinandersetzung zu diesem Thema ist geprägt durch die Annahme, daß ein weiteres Wachstum des stationären Bereichs sich als schädlich für einen differenzierten, die konkrete Lebenssituation berücksichtigenden Interventionsgedanken erwiese. [10] Allgemein wird hier die Ansicht vertreten, das breitgefächerte Hilfsangebot der offenen und teilstationären Altenhilfe sei flexibler und gezielter einzusetzen in Hinblick auf die Vermeidung oder Verminderung von Altersdefekten. Neben dem hohen Kostenausmaß der Heimbetreuung besteht die Befürchtung, daß zusätzlich zu der eingebrachten Hilfsbedürftigkeit noch psycho-soziale Fehlentwicklungen, hervorgerufen durch die Heimaufnahme, auftreten könnten.

Aus der Vernetzung der Hilfsangebote (siehe hierzu Abb. 21 auf S. 145) werden sich für das Altenheim zukünftig die folgenden Entwicklungen ergeben:
▷ Erhöhung des Eintrittsalters der Bewohner
▷ Erhöhung des Grades der Krankheitsbelastung der Bewohner
▷ Erhöhung des Grades der Hilflosigkeit der Bewohner

Als Bedingung für das Gelingen solcher Umorientierung auf den ambulanten Bereich muß insbesondere die Gewinnung eines Reservoirs von ehrenamtlichen Helfern aus dem nichtfamiliären Bereich gelten. [11] Eine leichtfertige Wertung solcher Tendenzen zeigt sich in der Forderung einer grundsätzlichen Abschaffung von Alten- und Pflegeheimen, die ihre gesellschaftliche Funktion eingebüßt hätten. Diese Position vertreten vornehmlich radikal-humanistische Gruppierungen wie die Grünen. [12]

---

[6] Ein sozialwissenschaftliches Bewertungsschema mit dem beurteilt wird, in welchem Maße konkrete menschliche Lebensverhältnisse lebenswert beziehungsweise unbefriedigend im Rahmen einer normativen Gesellschafts- oder Persönlichkeitstheorie erscheinen. Zur Bewertung werden objektive Daten aus gesellschaftlichen Teilsystemen (z. B. Arbeitslosenquoten, Sterblichkeitsraten, bildungspolitische Parameter), aber auch subjektive Einschätzungen von Zufriedenheit und Wohlbefinden herangezogen.

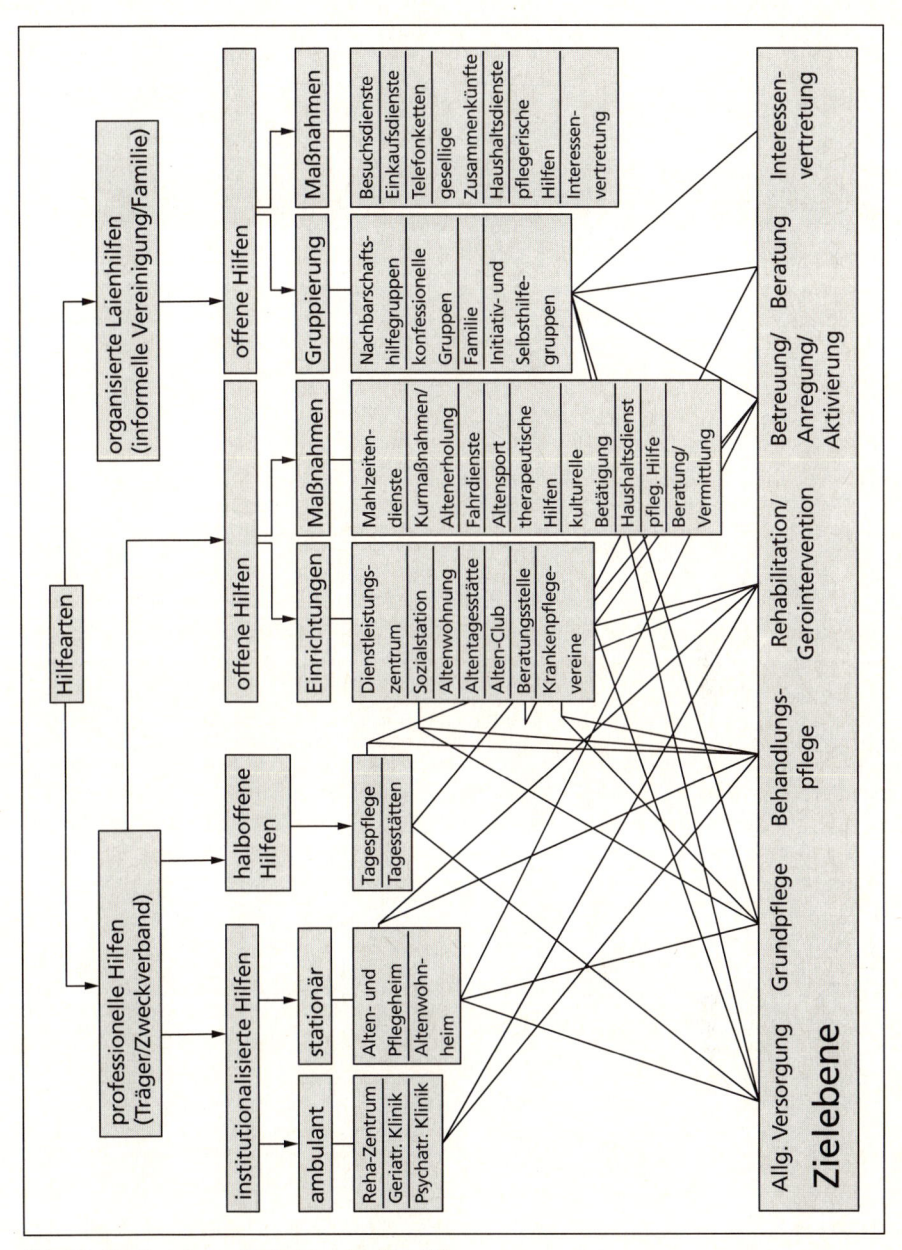

Abb. 21: Die Vernetzung des Systems der Altenhilfe

Aber auch die sozialpolitischen Thesenpapiere der gegenwärtigen Regierungskoalition setzen auf eine geistig-moralische und darüber hinaus vor allem auf eine ökonomische Stärkung der innerfamiliären Pflege- und Versorgungsbereitschaft. [13] Wie sehr beide Ansätze jedoch an der Entwicklung der Sozialverhältnisse älterer Menschen vorbeizielen, zeigen Erkenntnisse der Familiensoziologie:

Eine ursprüngliche Theorie, die das Phänomen des Auseinanderfallens der Drei-Generationen-Familie beschreibt, entwarf die Hypothese der isolierten Kernfamilie [14], deren Mitglieder sich von der älteren Generation inhaltlich und räumlich wegbewegten. Statistische Überprüfungen führten zu einer neuen Erkenntnis: Es erfolge zwar eine räumliche Trennung, jedoch werde die innere Verbundenheit zwischen den Generationen beibehalten. (Innere Nähe durch äußere Distanz.) – Die entsprechende Theorie der Integration älterer Menschen in einem erweiterten familiären Lebensraum [15] hatte bis vor wenigen Jahren noch Gültigkeit.

Rosenmayr (1974) sieht selbst den Zusammenhang der „erweiterten Kernfamilie" bedroht durch einen zunehmenden Solidaritätsverlust zwischen den Generationen, verbunden mit qualitativen Veränderungen der familiären Beziehungen. Für Rosenmayr äußert sich diese Entwicklung in einem fortschreitenden Prozeß der Ersetzung von familiärer Integration[7] durch familiäre Kohäsion[8]. Die Umschreibung „Intimität auf Abstand" sei daher zu ersetzen durch die Fassung „Austausch auf Distanz".

Zusammenfassend könne angesichts des Erlahmens ihrer hilfegewährenden und emotionalen Integrationskraft nicht mehr gesellschaftlich auf die Familie als Hilfsinstanz gesetzt werden. [16]

Rückert (1984) formuliert:
„Insgesamt gesehen hat in den vergangenen 30 Jahren die Entwicklung des Hilfsbedarfs unser traditionelles Hilfssystem, die Familie, überrollt." [17] Die folgenden Faktoren mögen die Berechtigung solcher Aussagen nachweisen:
▷ Die zunehmende Berufstätigkeit der Frau in der Familie
▷ Bevorzugung der räumlichen Trennung
▷ Sinkende Zahlen von Mitgliedern der jungen Generation
▷ Relativ hohes Altersniveau der Kinder von Hochbetagten

Dem stehen die Folgen der demographischen Entwicklung unvereinbar gegenüber:

---

[7] Sozialer Prozeß, der einer Vervollständigung oder Herstellung eines beständigen sozialen Gebildes förderlich ist. Es überwiegt das Streben nach Gleichartigkeit in einem Prozeß der Anpassung an die Standards dieser Gruppe. Integration kann nur da erfolgen, wo Gruppen sich den Eigenarten bestimmter Individuen öffnen (Toleranz) oder sie zum Merkmal ihrer sozialen Formation machen (Abgrenzung).
[8] Kräfte, die ein Zusammenhalten in einer Gruppe bewirken. Diese Kräfte sind eine Funktion der Attraktivität der Gruppe oder ihrer Mitglieder, der Attraktivität der Gruppenziele sowie der Befriedigung der individuellen Bedürfnisse durch die Gruppenaktivität. Das Ausmaß der Kohäsion hängt darüber hinaus auch vom Wert der möglichen Alternativbeziehungen außerhalb der eigenen Gruppe ab. Kohäsion und Konformität stehen hier unmittelbar im Zusammenhang, so daß mangelnde Konformität auch zu Desintegration führt.

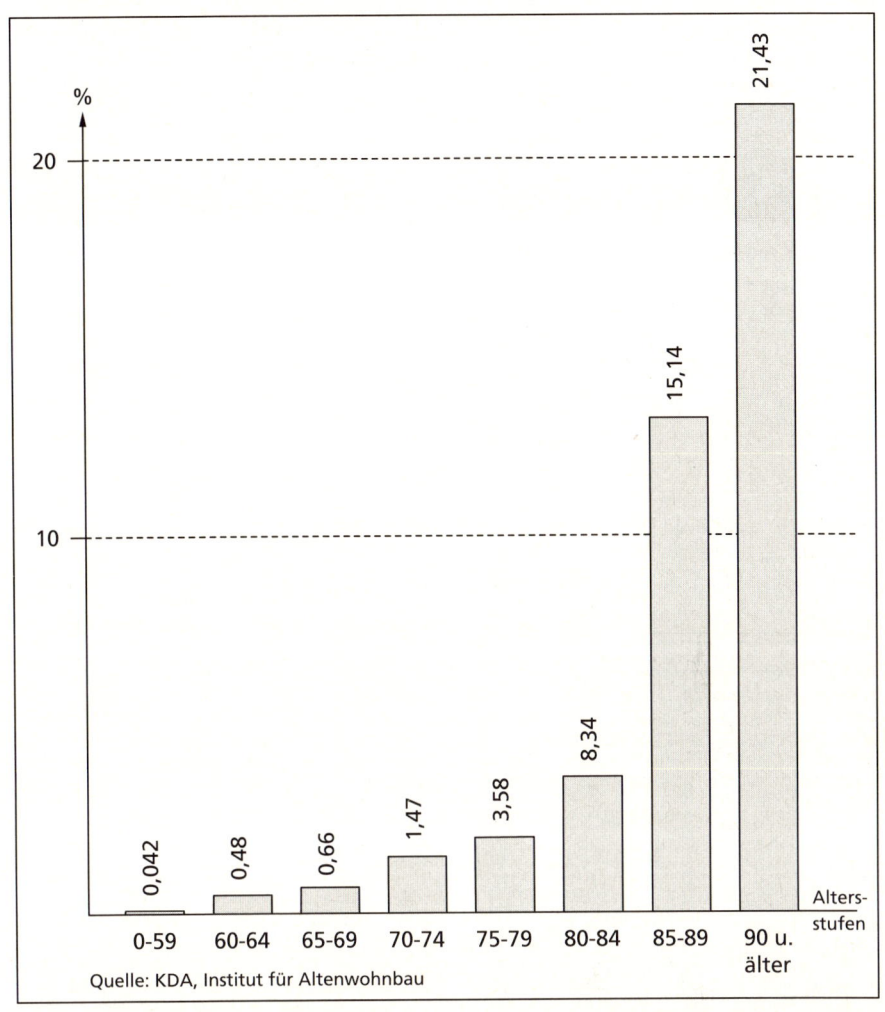

Abb. 22: Anteil der in Alten- und Pflegeheimen Lebenden in Abhängigkeit vom Lebensalter (BRD 1980)

Quelle: KDA, Institut für Altenwohnbau

Werte: 0-59: 0,042; 60-64: 0,48; 65-69: 0,66; 70-74: 1,47; 75-79: 3,58; 80-84: 8,34; 85-89: 15,14; 90 u. älter: 21,43

▷ Anstieg der Zahlen hochbetagter, hilfebedürftiger älterer Menschen
▷ Anstieg der Anforderungen an die pflegerische Kompetenz der Helfer (siehe hierzu auch die Abb. 22 auf dieser Seite)

Aus dieser Gegenüberstellung folgert unmittelbar eine Verlagerung der Wahrnehmung pflegerischer Aufgaben in den außerfamiliären Bereich. Damit stellt sich immer zwingender die Frage nach der Zuweisung beziehungsweise nach dem Selektionsvorgang, der bestimmten älteren Menschen eine bestimmte Form der Hilfegewährung zuordnet. Eingedenk unse-

rer Themenstellung interessieren insbesondere die Faktoren, die zukünftig verantwortlich für die Zuweisung eines stationären Hilfsangebotes sein werden. Für das Zustandekommen einer Heimaufnahme trägt der alte Mensch das folgende biographische Risiko:
▷ Hohe Krankheitsbelastung
▷ Versagen der familiären Anbindung
▷ Mangelnde Professionalität von Nachbarschafts- und Familienhelfern
▷ Überforderung der Möglichkeiten ambulanter Pflege
▷ Niedriger sozio-ökonomischer Status[9] [18]

Beweise für die Gültigkeit dieser Steuerungselemente liefern statistische Erhebungen über den Zusammenhang von Lebensalter und der Notwendigkeit einer Heimunterbringung. Nach offiziellen Angaben [19] leben etwa 4–5% der über 60jährigen in der BRD in Alten- und Pflegeheimen. Innerhalb der Heimbewohnergruppen sind Angehörige der Unter- und Mittelschicht eindeutig überrepräsentiert. [20] Aufgeschlüsselt nach Altersstufen [21] zeigt sich deutlich, daß der Anteil der Heimbewohner, die bereits das 80. Lebensjahr vollendet haben, an der Gesamtpopulation der über 65jährigen mit 13% angenommen werden muß. „Diese Zahlen verdeutlichen, daß (schon jetzt) dem Leben im Heim für (hochbetagte) ältere Menschen wesentlich mehr Bedeutung zukommt, als der Hinweis auf den geringen Anteil alter Personen in Heimen vermuten läßt." [22]

Der überproportionale Zuwachs von hilfebedürftigen alten Menschen wirkt sich gleichfalls aus auf die Entwicklung der stationären Angebote der Einrichtungen der freien Wohlfahrtspflege (siehe dazu die Abb. 23 auf S. 149).

---

[9] Der Zuweisungszusammenhang von sozialer Stellung und Verdienst oder Renteneinkommen, der sich auch in der privaten Lebensgestaltung ausdrückt.

Wohneinrichtungen für alte Menschen	Einrichtungen		Betten/Plätze		Vollbeschäftigte		Tendenz 1981– 2000
	1981	1984	1981	1984	1981	1984	
Einrichtungen mit Altenwohnungen	583	533	24 229	25 866	646	505	–
Altenwohnheime							
Altenwohnheime ohne ständige Pflegeabteilung	236	236	17 387	17 024	3 037	1 943	–
Altenwohnheime mit ständiger Pflegeabteilung	119	102	10 958	12 891	1 458	2 194	+
Altenheime							
Altenheime ohne ständige Pflegeabteilung	1 164	1 060	48 070	46 763	9 898	10 133	0
Altenheime mit ständiger Pflegeabteilung	1 592	1 726	145 791	162 369	35 678	43 598	+
Altenpflege-/ Altenkrankenheime	232	264	19 698	21 136	7 597	8 065	+ +
Altenerholungsheime	111	102	4 810	4 565	554	466	0

– abnehmende Tendenz   0 stagnierende Tendenz   + zunehmende Tendenz

Abb. 23: Tendenzieller Vergleich der Statistiken für stationäre Altenhilfeeinrichtungen 1981/1984
Quelle: Bundesarbeitsgemeinschaft der freien Wohlfahrtspflege

Aus der vorliegenden Zusammenschau zur Entwicklung der stationären Altenhilfeeinrichtungen läßt sich unschwer ablesen, daß sich im Vergleichszeitraum von nur 3 Jahren das Platzangebot der Altenheime mit ständiger Pflegeabteilung um 11 % und das Angebot der Pflegeheime um 7 % erhöht haben. Gleichzeitig erhöhte sich die Zahl der hauptamtlich Beschäftigten um 13 %. Dieser Zuwachs sowie der Trend zur Pflegeeinrichtung wird als ausschließliche Folge der gestiegenen Zahlen hilfsbedürftiger älterer Menschen interpretiert. [23] Die prognostische Beurteilung der Entwicklung des Bedarfs an Pflegebetten bis zum Jahre 2000 ist nun unter drei Aspekten zu beurteilen:

▷ *Nachholbedarf*
Die stürmische Entwicklung des Bedarfs an Pflegebetten – seit 1960 hat sich der Anteil der Hochbetagten an der Altersbevölkerung verdoppelt – [24] hat dazu geführt, daß die bauli-

che Realisierung entsprechender Kapazitäten nicht folgen konnte. Zum gegenwärtigen Zeitpunkt erfüllen wir den Bedarf, der sich aus der zurückliegenden Entwicklung ergab; solche „Rücklasten" müssen bei der Einschätzung einer Zukunftsentwicklung noch bedarfssteigernd mitgedacht werden.

▷ *Fehlbelegungen*
Füsgen (1975) weist bereits nach, daß die offenen Betreuungssysteme der Altenhilfe ihr offenkundiges Versagen gegenüber hochbetagten und chronisch-kranken alten Menschen durch eine fragwürdige Einweisungspraxis in Krankenhäuser und psychiatrische Kliniken auszugleichen versuchen. Die genannten Einrichtungen sind jedoch, da sie weder über eine entsprechende technische Ausstattung für eine Langzeittherapie noch über diesbezüglich ausgebildetes Personal verfügen, durch solche Fehlplazierungen hoffnungslos überlastet. Das Ausmaß solcher Praktiken ist bereits so erschreckend hoch, daß bereits die Einrichtung rein geriatrischer Krankenversorgungssysteme für die Zukunft gefordert wird. Aus solchen Übergangsunterbringungen fließen folglich den stationären Hilfsformen eine Vielzahl von „austherapierten" Patienten zu. [25]

▷ *Psycho-organische Erkrankungen*
Die Gruppe der zu erwartenden hochbetagten Heimbewerber wird in zunehmender Weise mit psycho-organischen Krankheiten belastet sein. Je höher das Alter der Aufnahmegruppe, desto höher ist auch der Anteil der bereits Erkrankten. Solche dem psychiatrischen Formenkreis zuzuordnenden Reaktionen auf gesundheitliche Belastungen oder Umweltereignisse sind unter dem Begriff „Organisches Psychosyndrom" zusammenfaßbar. Entsprechende wissenschaftliche Studien belegen eindeutig das Einhergehen von Behinderungen im Alter mit Symptomen, die auf ein hirnorganisches Psychosyndrom hinweisen. Die frühzeitige Erkennung dieser Risiken und die Ableitung spezieller Betreuungsformen im Heimbereich sind sicherlich die zukünftigen Hauptaufgaben einer vorausschauenden geriatrischen Versorgung. [26]

Altersstufen	Prozentsatz der Dementen
65–69	2,4–5,1
70–74	5,3–9,1
75–79	10,0–12,5
80–90	20,0–24,2
90 und älter	30 und mehr

Abb. 24: Anteil der psychiatrisch behandlungsbedürftigen älteren Menschen an der Population der jeweiligen Altersstufe
Quelle: Grond, Erich

Bereits heute sind in den Alten- und Pflegeheimen der Bundesrepublik, ohne daß im engeren Sinne äußere Krankheitszeichen auftreten müssen, 40–64 % der aufgenommenen Personen cerebral gestört. [27] Durch Eigenkompensierung beziehungsweise durch therapeutische Umwelteinflüsse innerhalb der Einrichtungen läßt sich das Auftreten der Erkrankung als Desorientiertheit zumeist verzögern oder gar verhindern. Werden nun konsequent zunächst alle Möglichkeiten der offenen Hilfsangebote genutzt, so bedeutet dies eine überproportionale Zunahme von hochgradig Dementen, deren Krankheitsbild ganz spezifische Auswirkungen auf das organisatorische Altenheimgefüge hat. [28]

Damit ist der prognostische Nachweis dessen erbracht, was in den meisten stationären Alteneinrichtungen bereits jetzt als bedrückende Realität erlebt wird: Die dramatische Zunahme des Anteils „austherapierter", in hohem Maße hilfs- und behandlungsbedürftiger älterer Menschen, belastet mit mehreren Erkrankungen und hoher Sterbewahrscheinlichkeit, mit Desorientiertheit oder auch mit sozioökonomischer Benachteiligung. Ein gemeinsames Merkmal aller Aufnahmeanträge ist das vorherige Versagen der offenen Hilfsangebote oder familiären Angehörigenpflege durch Überlastung. Bei dem nachsuchenden Personenkreis wird es sich zunehmend um Rumpfpersönlichkeiten handeln, die geradezu den Versorgungs- und finalen Verwahrcharakter der Einrichtungen provozieren. Die entsprechenden Zuweisungsmechanismen stellen eine „Negativselektion" par excellence dar. Die zukünftige Diskussion dürfte daher abzielen auf eine Ausrichtung der stationären Altenhilfe in Richtung Intensivpflege und Sterbebegleitung.

Bezogen auf die Gesamtorganisation des Altenheims, hat die zukünftige Aufnahmestatusveränderung des Bewohners natürlich tiefgreifende Folgen. Es wird sich zunehmend der Gegensatz vertiefen zwischen Auffassungen, die noch umfassendere Verhaltenskontrollen und -vorgaben als notwendige Voraussetzung für die Versorgung erachten, und Auffassungen, die als einzige Chance zur Vermeidung des Abgleitens in eine Sterbe- und Verwahranstalt die Einführung einer bedürfnisgerechten Pflege und Betreuung sehen.

3. Auswirkungen auf die Heimorganisation

Die zunehmende Aufnahme von durch das Netz der offenen Angebote gefallenen Hochbetagten läßt aus Altenheimen reine Pflegeheime werden.

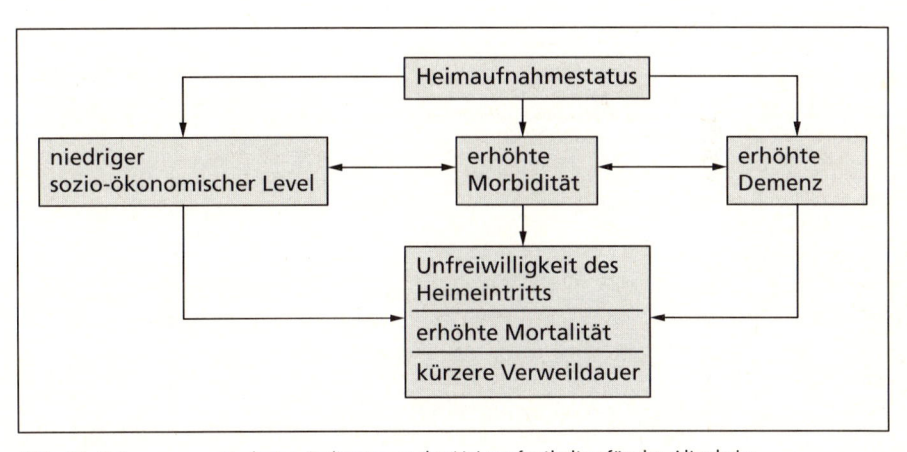

Abb. 25: Folgen von veränderten Bedingungen des Heimaufenthaltes für das Altenheim

Zwangsläufig verbindet sich damit eine veränderte Aufgabenstellung an die solchermaßen überforderte Einrichtung. Auslöser für Veränderungen der Organisation ist der veränderte Aufnahmestatus (dazu die Abb. 25 auf S. 151).

Als Folge dieser Negativselektion ergeben sich für das Heim Auswirkungen [29]:
▶ Auswirkungen im organisatorischen Bereich
▷ Dominanz des Versorgungscharakters
▷ Einschränkung der rehabilitativen Möglichkeiten
▷ Zunahme der Geschlossenheit des Stationssystems
▷ Erhöhung des apparativen-technischen Aufwands
▷ Überforderung der erworbenen Berufskompetenz des Pflegepersonals
▷ Zunahme des Personalbedarfs
▷ Erhöhung des Gesamtkostenniveaus
▷ Ausrichtung auf einfache Basisbedürfnisse

▶ Auswirkungen im personalen Bereich
▷ Verringerung des Aktivitätsniveaus
▷ Verkürzung der Zeitperspektive
▷ Verringerung des Interessenspektrums
▷ Verringerung der geistigen Leistungsfähigkeit

▶ Auswirkungen im sozialen Bereich
▷ Einschränkung der aktiven Anpassungsleistungen
▷ Einengung des Verhaltensspielraumes
▷ Zunahme abhängigkeitsorientierter Verhaltensweisen
▷ Zunahme von defensiven und evasiven Techniken der Abwehr
▷ Soziale Apathie
▷ Einschränkung der Um- und Neuorientierungsfähigkeit
▷ Verminderung der Mobilität
▷ Einschränkung der Zahl der Sozialkontakte
▷ Einengung der Rollenvarianz[10] zu starren Rollenmustern
▷ Zunahme von Dekompensation[11] und psycho-pathologischen Befunden

Die hier aufgezeigten Auswirkungen oder Effekte werden in der Fachliteratur als Institutionalisierungseffekte[12]

---

[10] Hierunter ist die Fähigkeit zu verstehen, aus seinem Rollenrepertoir situativ richtige und angemessene Verhaltensweisen auswählen zu können. Notwendige Bedingung hierzu wäre einerseits das Vorhandensein solcher unterschiedlichen Rollenmuster, andererseits die Tolerierung solchen selbstbestimmten Verhaltens durch die soziale Umgebung.
[11] Das zunehmende Unvermögen, psychische Mängel, Minderwertigkeitsgefühle oder Unsicherheiten entweder direkt durch das Anstreben der Vollwertigkeit oder indirekt durch die Ersetzung von Inhalten durch andere Inhalte, die mehr Erfolg versprechen, oder auch durch die Flucht in neurotische Krankheitsvorgänge auszugleichen.
[12] Verhaltensweisen älterer Menschen, die in Zusammenhang mit einer Heimunterbringung erstmals oder verstärkt auftreten und in der Organisation der Alteneinrichtungen mitberücksichtigt und damit verfestigt werden. Solche Effekte dürfen nicht ausschließlich als einrichtungsbedingt interpretiert werden, sondern sind auch als latente Verhaltensdisposition zu werten, die in einer neuen Umgebung offen zum Ausbruch kommen und sich in der Regel aus vorausgegangenen Krankheitsverläufen oder psychischen Belastungen ableiten lassen. Daher ist eine eindeutige, exakte Abgrenzung solcher Effekte nicht möglich.
Literatur: Lehr, Ursula: Psychologie des Alterns. Heidelberg 1970. S. 270ff.
Fischer, Lorenz: Die Wirkung der Institutionalisierung auf das Selbstbild alter Menschen. Köln 1976. S. 6ff.

beschrieben und stehen nicht nur untereinander in einem engen Wechselwirkungszusammenhang, sondern auch zu den Kriterien einer zukünftigen Heimaufnahme. Folglich kann dieses Geschehen nicht einseitig als Folge der Heimaufnahme begriffen werden, sondern auch als Folge der Selektionsbedingungen, die zur Heimaufnahme geführt haben.

In einem Kontrollversuch, basierend auf einem amerikanischen Forschungsprogramm zur Beschreibung typischer Interaktionsmuster in Altenheimen, stellten Baltes & Kindermann (1986) fest, daß selbständiges, auf die Eigenpflege zielendes Verhalten von Heimbewohnern von deren Sozialpartnern (Mitbewohner, Personal) ignoriert wird, während unselbständiges, auf die fremde Hilfegewährung zielendes Verhalten ein abhängigkeitsunterstützendes Verhalten der Sozialpartner nach sich zieht. Auffallend in diesem Zusammenhang war auch, daß abhängigkeitsunterstützendes Verhalten fast ausschließlich vom Pflegepersonal ausging, während insgesamt der Anteil des Personals an den Sozialkontakten äußerst gering ausfiel. Baltes & Kindermann schließen daraus, daß aus der einseitigen Verhaltensbestimmung durch das Personal zunehmende Unselbständigkeit und Hilflosigkeit hervorgehe, da differenzierte und aktive Konsequenzen der sozialen Umwelt ausblieben. [30]

Durch diese Erkenntnis wird ein Teufelskreis beschrieben, der in Hinblick auf einen zukünftigen Heimaufnahmestatus in zunehmender Hilflosigkeit und Abhängigkeit besteht, was wiederum auf seiten der Altenheimorganisation die Zunahme abhängigkeitsstützender Verhaltensweisen hervorruft. Inwieweit Abhängigkeit nun heim- oder krankheitsbedingt ist, inwieweit also Abhängigkeit als gelerntes Verhalten oder krankheitsbedingter Zustand aufgefaßt werden kann, muß für die folgende Diskussion nicht näher untersucht werden. Fest steht jedoch, daß:
▷ das Ausmaß der Abhängigkeit und Hilflosigkeit der Heimbewohner einhergeht mit der Tendenz zu Vorgabe formaler Hilfsangebote, bestehend in der Zunahme von Normierung[13] des Verhaltens sowie der Errichtung eines starren Sanktionssystems[14]
▷ ein hohes Ausmaß von Verhaltenskontrolle zur Verleugnung der lebenslang erworbenen Erwartungen, Überzeugungen, Einstellungen, Vorsätze führt, letztlich zu einer erzwungenen Verleugnung der Persönlichkeit des Heimbewohners

Ganz im Sinne einer kognitiven Persönlichkeitstheorie wendet Spauwen-Micka (1974) eine genauer unterscheidende Betrachtungsweise an und kommt in Hinblick auf schädliche heimbedingte Auswirkungen für pflegebedürftige Heimbewohner zu dem

---

[13] Bezeichnung für die in sozialen Gruppierungen anerkannten Handlungs- und Wertestandards in Form von meist ungeschriebenen Vorschriften. Die Einhaltung solcher Normen wird mit positiven Sanktionen belohnt; ihre Übertretung mit negativen bestraft. Normen äußern sich in Verhaltenserwartungen, die zum Gefühl der Sicherheit, Orientiertheit und folglich Angstfreiheit der Mitglieder in einer Gruppe beitragen.
[14] Typisches Bündel oder Merkmalskomplex zusammenhängender Erwartungen und Anpassungsleistungen, die beschrieben oder unbeschrieben sein können. Ein Beispiel für ein beschriebenes Sanktionssystem wäre das Zeugnis- und Notensystem der Schule.

Ergebnis, daß hier ein gewisses, vom Grad der Hilfsbedürftigkeit abhängiges Maß an Verantwortungsübernahme durch das Heim unschädlich bleibt, ja sogar von den Bewohnern erwartet wird. [31] Insofern kann nun der vereinheitlichende Begriff der „Institutionalisierungseffekte" präzisiert werden als persönlicher Ausdruck einer erzwungenen einseitigen Anpassungsleistung an die Forderungen der Heimsituation, die letztlich eine Aufgabe der Persönlichkeit zur Folge haben kann. Solche unerwünschten Verhaltenszwänge führen zu Deprivation[15] und Dekulturation[16] [32] und sind zu unterscheiden von erwünschter Anleitung und Führung.

Wir sehen also, daß die Heimaufnahme und die damit verbundenen Anpassungsleistungen bei verschiedenen Bewohnern ganz verschiedene Auswirkungen haben. Der „Anpassungswillige", der sogar Führung und Anleitung erwartet, wird weniger Schwierigkeiten haben als der „Opponierende", der versucht, sich gegen Bevormundung zur Wehr zu setzen oder der „Orientierungslose", der aufgrund seiner Behinderungen gar nicht in der Lage ist, sich mit der neuen Umgebung auseinanderzusetzen. Entscheidend also für die aktive Rollenhandhabung durch den Bewohner ist aber sein Gesundheitszustand; er beeinflußt ganz direkt das Ausmaß an Fremdbestimmung und Verhaltenskontrolle, daß dem Bewohner vom Heimpersonal entgegengebracht wird. Als einander beeinflussende Größen in diesem Geschehen ergeben sich also einerseits die Erwartungen des Bewohners in Hinblick auf erwünschte und unerwünschte Folgen der Heimaufnahme sowie andererseits die körperliche Fähigkeit, solche Erwartungen auszudrücken und sie mit Ansprüchen der Altenheimorganisation in Einklang zu bringen.

Wenn zukünftig das Ausmaß an Krankheitsbelastung, an Desorientiertheit und Hilflosigkeit zur Grundlage der Heimaufnahme wird, so fordert die damit verbundene mangelnde Fähigkeit des Bewohners, Wünsche und Bedürfnisse auszudrücken, das Altenheim dazu heraus, eine Art „Beschützer-" und „Bevormundungsrolle" zu übernehmen. Damit wird ein Teufelskreis aus Hilflosigkeit – Fremdbestimmung und Bevormundung – zunehmender Hilflosigkeit – zunehmender Fremdbestimmung und Bevormundung in Gang gesetzt, wobei die Ursachen für die zunehmende Hilflosigkeit und Desorientiertheit stets in einem „Abbau" des Bewohners vermutet werden, jedoch niemals in den Folgen der Entmündigung. Die Abbildung 26 zeigt nun verschiedene „Ty-

---

[15] Soziale Isolation durch Heimunterbringung oder andere Formen von erzwungenem Rückzug, z. B. durch Krankheit.
[16] Prozeß der regulierten Lebensführung, der wesentliche Elemente des freien kulturellen Austausches von Zielen, Einsichten, Meinungen, Wertvorstellungen, aus denen die Person durch Teilhabe schöpft, einengt oder verhindert. Alterskultur, als die ichbezogene Äußerung der Persönlichkeit im Alter, wird somit ihrer Grundlage, nämlich des sozialen Wirkungsfeldes, beraubt. Die Einengung oder der Verlust an solchen identitätsstiftenden kulturellen Strukturen führt zu tiefgreifenden psychischen, physischen und sozialen Veränderungen, die zum Teil gleichzusetzen sind mit den sogenannten Institutionalisierungsmerkmalen.
Literatur: Feldmann, Erich / Demme, Helmut: Der Mensch im Alter. München 1972. S. 136–143.

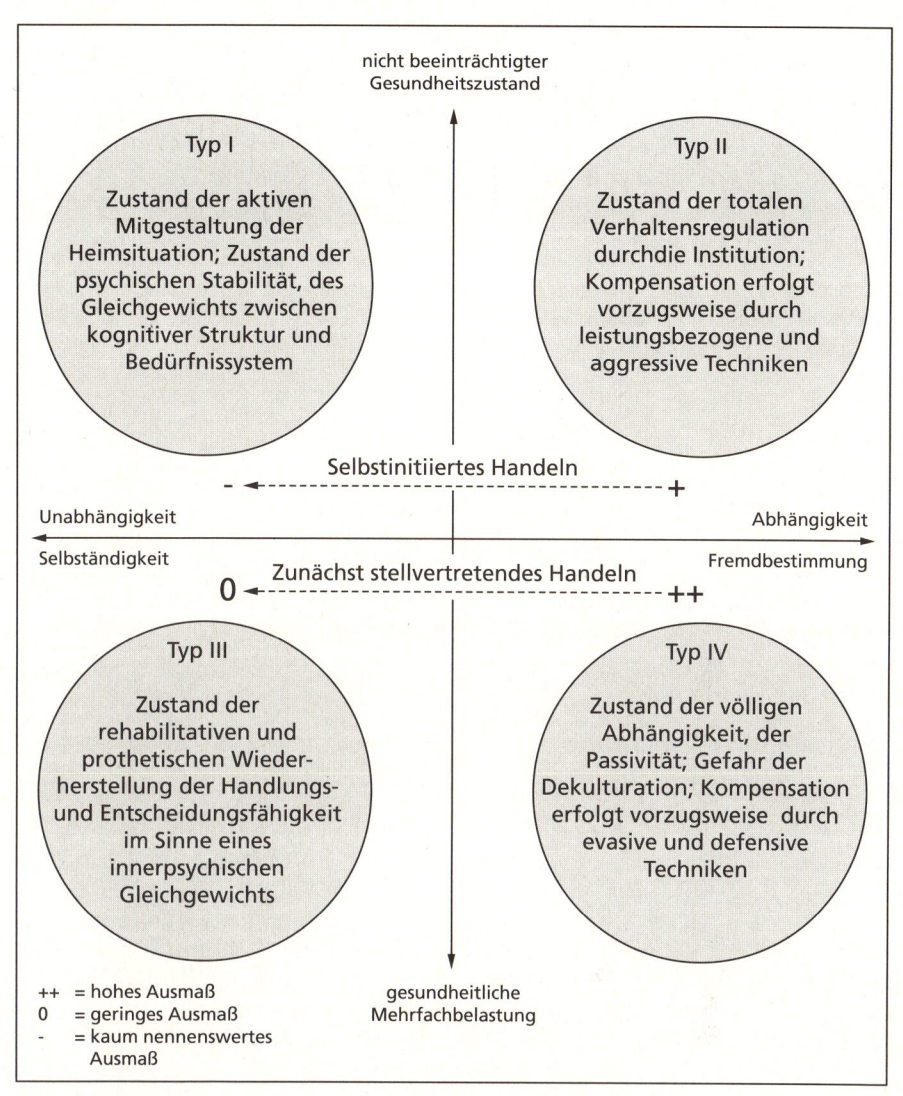

```
                    nicht beeinträchtigter
                      Gesundheitszustand
                              ↑
        Typ I                              Typ II
    Zustand der aktiven                Zustand der totalen
    Mitgestaltung der                  Verhaltensregulation
    Heimsituation; Zustand der         durch die Institution;
    psychischen Stabilität, des        Kompensation erfolgt
    Gleichgewichts zwischen            vorzugsweise durch
    kognitiver Struktur und            leistungsbezogene und
    Bedürfnissystem                    aggressive Techniken

                  Selbstinitiiertes Handeln
          – ←----------------------------+
Unabhängigkeit                              Abhängigkeit
Selbständigkeit                             Fremdbestimmung
               0   Zunächst stellvertretendes Handeln
                  ←----------------------------++

        Typ III                            Typ IV
    Zustand der                        Zustand der völligen
    rehabilitativen und                Abhängigkeit, der
    prothetischen Wieder-              Passivität; Gefahr der
    herstellung der Handlungs-         Dekulturation; Kompensation
    und Entscheidungsfähigkeit         erfolgt vorzugsweise durch
    im Sinne eines                     evasive und defensive
    innerpsychischen                   Techniken
    Gleichgewichts

++ = hohes Ausmaß              ↓
 0 = geringes Ausmaß      gesundheitliche
 – = kaum nennenswertes   Mehrfachbelastung
     Ausmaß
```

Abb. 26: Das Ausmaß der unerwünschten Institutionalisierungseffekte in Abhängigkeit vom gesundheitlichen Status

pen" von Bewohnern, die entweder versuchen, weil dazu imstande, selbständig von der Abhängigkeit zur Unabhängigkeit zu gelangen, oder aber, weil dazu nicht imstande, dabei zunächst auf die Hilfe eines Stellvertreters angewiesen sind. Hierbei wird davon ausgegangen, daß jeder Bewohner grundsätzlich, gleich ob er dies zum Ausdruck bringen kann oder nicht, eine innere Gerichtetheit auf Unabhängigkeit und Selbstbestimmung besitzt. Die Altenheimorganisation der Zukunft muß also, will sie nicht inhuman werden, dem Bewohner, unabhängig von dem Grad seiner Behinderung, ein selbstbestimmtes Leben ermöglichen, das durch geeignete Maßnahmen und Techniken pflegerischer Art unterstützt und gefördert wird. Die Mauern der Einrichtung dürfen nicht abschneiden und beschützen, sondern sie müssen helfen und fördern. Die Grundsätze hierzu haben wir bereits in den vorangegangenen Kapiteln im Rahmen der persönlichkeitsfördernden Pflege beschrieben. Abschließend sollen noch einmal verschiedene methodische Vorgehensweisen der Altenheimorganisation in Hinblick auf die Ermöglichung von selbstbestimmtem Lebensraum miteinander verglichen werden.

Literatur zu Kapitel 5

1. vgl. hierzu:
   Kuratorium Deutsche Altershilfe, Institut für Altenwohnbau (Hrsg.): Bevölkerungsentwicklung und Altenhilfe von der Kaiserzeit bis zum Jahr 2000. Köln 1984. S. 1 ff.
   Zimmermann, Robert E.: Alter und Hilfsbedürftigkeit. Stuttgart 1977. S. 65 ff.
   Feldmann, Erich & Demme, Helmut: Der Mensch im Alter. München 1972. S. 215–266.
   Tews, Hans-Peter: Soziologie des Alterns. Heidelberg 1979. S. 5 f.
2. Beattie, W. M. jr.: Aging in the year 2000, in: The Gerontologist 1975/15. S. 39–40.
   Siegel, J. S.: Demographic aspects of the health of the elderly to the year 2000. World Health Organization document. WHO/Age 1982/3.
   Schade, B.: Aging and old age in developing countries, in: Thomae, Hans/Maddox, G. L. (Ed.): New perspectives on old age. New York 1982. S. 98–112.
3. Lehr, Ursula: Altern bis zum Jahr 2000 und danach, in: Lehr, U. (Hrsg.): Altern – Tatsachen und Perspektiven. Bonn 1983. S. 1.
4. vgl. hierzu:
   Prognos AG (Hrsg.): Entwicklung der freien Wohlfahrtspflege bis zum Jahr 2000. Basel 1984. S. 18–24.
   Articus, Stephan & Braun, Hans: Gesellschaftlicher Strukturwandel und die Lebensbedingungen alter Menschen, in: Articus, St./Karolus, S. (Hrsg.): Altenhilfe im Umbruch. Frankfurt 1986. S. 10–21.
   Narr, Hannelore: Soziale Probleme des Alterns. Stuttgart 1976. S. 41–98.
   Schmähl, Wilfried: Altern – Aufgaben zukünftiger Alterssicherungspolitik, in: Lehr, U. (Hrsg.): Altern, a. a. O. S. 49–83.
5. vgl. hierzu:
   Prognos AG (Hrsg.), a. a. O. S. 6 f.
   Kuratorium Deutsche Altershilfe, Institut für Altenwohnbau (Hrsg.), a. a. O. S. 7 ff.
6. Zimmermann, R. E., a. a. O. S. 8, 66 ff.
   Lang, Erich: Altern – medizinische Aspekte, in: Lehr, U. (Hrsg.): Altern, a. a. O. S. 36–38.
7. Kuratorium Deutsche Altershilfe, Institut für Altenwohnbau (Hrsg.), a. a. O. S. 41–44.
   Göpel, Holger: Altenpflege wird Hochbetagtenpflege, in: Altenpflege 1986/11, S. 667–669.
8. vgl. hierzu:
   Tesic, D.: Vergleich ambulante/stationäre Pflege, in: Das Altenheim 1985/7. S. 164–168.
   Balluseck, H.: Die Pflege alter Menschen. Berlin 1980. S. 130 f.
   Knobling, Cornelia: Konfliktsituationen im Altenheim. Freiburg 1985. S. 44, 59.
9. vgl. hierzu:
   Balluseck, H., a. a. O. S. 131.
   Narr, H., a. a. O. S. 99 f., 113–116.
   Grond, E., a. a. O. S. 59.
   Rückert, Willi: Interventionsmaßnahmen in der BRD, in: Lehr, Ursula (Hrsg.): Interventionsgerontologie. Darmstadt 1979. S. 118 ff.
   Tews, H.-P., a. a. O. S. 321–329.
   Sutter, Urs: Altersbetreuung. Niederteufen 1973. S. 44 ff.
10. Rückert, W., a. a. O. S. 124.
11. vgl. hierzu:
    Articus, St. & Braun, H., a. a. O. S. 19 ff.
    Reis, Claus: Altenselbsthilfegruppen – Strukturmerkmale eines sozialen Phänomens, in: Articus, St./Karolus, S. (Hrsg.), a. a. O. S. 63–77.
    Freier, Dietmar: Zwischen Selbsthilfe und Altenhilfe, ebda. S. 78–86.
    Karolus, St. & Letsche, I.: Der Beitrag sozialer und ambulanter Dienste und Hilfen zu einem selbständigen Leben im Alter, ebda. S. 95–106.
    Articus, St.: Hilfebedürftige alte Menchen in der Familie, ebda. S. 108–119.

Braun, Hans: Der Beitrag organisierter Nachbarschaftshilfe zur häuslichen Versorgung pflegebedürftiger alter Menschen, ebda. S. 120–132.
Gößling, Siegfried: Tagespflegeheime – Alternative zur Heimversorgung, ebda. S. 133–143.
Radebold, Hartmut: Dienstleistungszentrum für Ältere, ebda. S. 87–94.
Lehr, U.: Altern bis zum Jahr 2000 und danach, a.a.O. S. 1–31.
UNO (Ed.): Empfehlungen der Weltversammlung der Vereinten Nationen zu Fragen des Alterns, ebda. S. 181–198.
Prognos AG (Hrsg.), a.a.O. S. 57ff.
Lehr, Ursula: Psychologie des Alterns. Heidelberg 1977. S. 229–235.
12. Bundesfraktion der Grünen: Vorschlag bis 1995 alle Pflegeheime schließen zu lassen, in: Der Spiegel 1985/33. S. 40.
13. Kuratorium Deutsche Altershilfe (Hrsg.): Hilfe und Pflege im Alter. Bonn 1986. S. 3.
Bericht der Bundesregierung zu Fragen der Pflegebedürftigkeit. Deutscher Bundestag, Drucksache 10/1943 vom 5.9.84.
Zimmermann, R., a.a.O. S. 135.
14. Parsons, T.: Alter und Geschlecht in der Sozialstruktur der Vereinigten Staaten, in: Rüschemeyer, D. v. (Hrsg.): Beiträge zur Soziologischen Theorie. Neuwied 1968. S. 65–83.
15. Stehouwer, J.: The household and family relations of old people, in: Shanas, E./Streib, G. F. (Ed.): Old people in three industrial societies. New York 1968. S. 177–226.
16. Rosenmayr, Leopold & Rosenmayr, Hilde: Gesellschaft, Familie, Alternsprozeß, in: Reimann, Helga & Reimann, Horst (Hrsg.): Das Alter. München 1974. S. 35–56.
17. Kuratorium Deutsche Altershilfe, Institut für Altenwohnbau (Hrsg.), a.a.O. S. 44.
18. vgl. hierzu:
Tesic, Dusan: Vergleich ambulante/stationäre Pflege, in: Das Altenheim 1985/7. S. 167ff.
Articus, St.: Hilfebedürftige alte Menschen in der Familie, a.a.O. S. 108–118.
Saup, W.: Wohnen im Alter, in: Zeitschrift für Gerontologie 1986/5. S. 344.
Tews, H.-P., a.a.O. S. 137–146.
Göpel, H., a.a.O. S. 667–669.
Balluseck, Hilde: Die Pflege alter Menschen. Berlin 1980. S. 56ff.
19. vgl. hierzu:
Zimmermann, R., a.a.O. S. 115.
Kuratorium Deutsche Altershilfe, Institut für Altenwohnbau (Hrsg.), a.a.O. S. 29.
20. Zimmermann, R., a.a.O. S. 76, 85.
21. vgl. hierzu:
Kuratorium Deutsche Altershilfe, Institut für Altenwohnbau (Hrsg.), a.a.O. S. 30.
Zimmermann, R., a.a.O. S. 116ff.
22. ebda. S. 116.
23. vgl. hierzu:
Prognos AG (Hrsg.), a.a.O. S. 70ff.
Bundesarbeitsgemeinschaft der Freien Wohlfahrtspflege (Hrsg.): Gesamtstatistik der Einrichtungen der Freien Wohlfahrtspflege. Bonn 1981.
Bundesarbeitsgemeinschaft der Freien Wohlfahrtspflege (Hrsg.): Gesamtstatistik der Einrichtungen der Freien Wohlfahrtspflege. Bonn 1984. S. 27.
24. Leitner, Ute: Entwicklungslinien in der Geschichte institutioneller Versorgung alter Menschen, in: Articus, St./Karolus, S. (Hrsg.), a.a.O. S. 27–32.
Grönert, Jochen: Entwicklungstendenzen im Pflegebereich, in: Das Altenheim 1981/7, S. 161f.
25. Füsgen, Ingo: Der alte Chronischkranke in der stationären Behandlung, in: Aktuelle Gerontologie 1975/5. S. 337–350.
Prognos AG (Hrsg.), a.a.O. S. 80, 81.
Leitner, U., a.a.O. S. 28.
26. Wahl, H. W.: Behinderung in der Altersbevölkerung, in: Zeitschrift für Gerontologie 1987/2. S. 66–73.
27. vgl. hierzu:
Zimmermann, R., a.a.O. S. 59.
Österreich, Klaus: Psychiatrie des Alterns. Heidelberg 1975. S. 95ff.
Lehr, U.: Psychologie des Alterns, a.a.O. S. 275ff.
28. vgl. hierzu:
Grond, Erich: Die Pflege verwirrter alter Menschen. Freiburg 1984. S. 23f., 260–269.
Zimmermann, R., a.a.O. S. 31–37, 53–64.
Bericht über die Lage der Psychiatrie in der BRD. Deutscher Bundestag, Drucksache 7/4200. Bonn 1975.
Österreich, K., a.a.O. S. 193–204.
Tews, H.-P., a.a.O. S. 289–296.
29. vgl. hierzu:
Fischer, Lorenz: Die Institutionalisierung alter Menschen. Köln 1976. S. 128, 132f., 135, 142, 149–152.
Tews, H.-P., a.a.O. S. 338ff.
Lehr, U.: Psychologie des Alterns, a.a.O. S. 270ff.
Bennett, R.: The meaning of institutional life, in: The Gerontologist 1963/3. S. 117–125.
Österreich, K., a.a.O. S. 206f.
30. Baltes, Margret M./Kindermann, Th./Reisenzein, R.: Die Beobachtung von unselbständigem und selbständigem Verhalten in einem

deutschen Altersheim, in: Zeitschrift für Gerontologie 1986/19. S. 14–24.
31. Spauwen-Micka, E.: Anpassung an das Heim, in: Aktuelle Gerontologie 1974/4. S. 705–709.
32. vgl. hierzu:
Tews, H.-P., a. a. O. S. 334 ff.
Eisenbach, Martin: Psychologie in der Altenarbeit. Freiburg 1977. S. 108–111.

Lehr, U.: Psychologie des Alterns, a. a. O. S. 228–270.
Knobling, C., a. a. O. S. 44–76.
Grond, E., a. a. O. S. 218–225.
Munnichs, J. M. A. & Janmaat, H. F. J.: Vom Umgang mit älteren Menschen im Heim. Freiburg 1976. S. 17 ff., 67–74.
Feldmann, E. & Demme, H., a. a. O. S. 136–143.

Methoden der Betriebsführung

1. Der organisationsbezogene Ansatz

Das klassische Konzept der stationären Altenhilfe schlechthin orientiert sich am Betriebsziel der fach- und sachgerechten Unterbringung und Versorgung älterer Menschen entsprechend den gesetzlichen Bestimmungen. Von der erwerbswirtschaftlichen Unternehmung übernommen ist das Zweck-Handlungs-Schema als ein planvolles, wirtschaftliches Mittel der Unternehmensführung. Angestrebt wird ein Maximum an allgemeiner Dienstleistung bei gleichzeitigem minimalen Kostenaufwand. Das erwerbswirtschaftliche Ziel der Gewinnmaximierung wird damit negativ verschoben zu einer Kostenminimalisierung auf der Grundlage kostendeckender Pflegesätze. Zur Erreichung dieses Ziels dient ein der betriebswirtschaftlichen Unternehmensführung entlehntes, auf die kontrollierte Einhaltung bestimmter Verfahrensweisen hin ausgerichtetes Überwachungsschema, das auf Konfliktvermeidung zwischen den Handlungsträgern und Vermeidung von Überschneidungen zwischen den einzelnen Arbeitsbereichen abzielt.

Durch diese Organisation werden bestimmte Stelleninhaber mit Kompetenzen ausgestattet, die mit anderen in einem regelhaften Bezugszusammenhang eintreten, ohne daß zuvor eine persönliche Verständigung über das angestrebte Ziel erfolgt wäre. An die Stelle einer solchen Verständigung der Handlungspartner untereinander tritt eine hierarchisch gegliederte Führungsstruktur, die durch Weisungs- und Kontrollmechanismen die Zielerreichung sicherstellt und dabei die unterschiedlichen Voraussetzungen der Mitarbeiter und alten Menschen als Mitglieder dieses Systems egalisiert.

Möglich erscheint stets nur das, was per Gesetzesverordnung oder durch äußere Kontrollvorgaben (Heimaufsicht, Gesundheitsamt) vom Betreiber gefordert wird. Positiv bewertet sind solche Organisationsmittel, die helfen, den Zusammenhang von hierarchischer Unterstellung und Kompetenzzuweisung zu durchgliedern und damit kontrollierbar zu gestalten. Die Ausrichtung der solchermaßen charakterisierbaren Institution zielt auf ein routiniertes und eingeschränktes Arbeitsverhalten sämtlicher Mitarbeiter, das stark verwaltet, geregelt und kostenbewußt erscheint. [1] (Siehe Abb. 27 auf S. 161.)

Eine Kontrolle der Erreichung des Betriebszieles vollzieht sich in der Vergleichung zwischen den Vorgaben der Aufbauorganisation und den praktischen Meßgrößen der Ablauforganisation wie der Zahl der versorgten Bewohner pro Zeiteinheit oder dem Grad der Kosteneffektivität je Kostenstelle. Auffallend ist, daß die Organisation die Kenntnisse und Voraussetzungen der Mitarbeiterschaft völlig einseitig den Betriebszielen und dem Verwaltungskonzept unterordnet. Personalführung wird damit zu einem Restfaktor, der erst dann vonnöten ist, wenn vorgegebene Soll-Werte von den Ist-Werten abweichen. Durch ein solches Management-Konzept (management-by-system) ist die Gestaltung der Altenpflege sach- und zielbezogen festgelegt, was einerseits zu Konfliktfreiheit, andererseits aber auch zu Demotivation führt. Informelle, störende Arbeitsbeziehungen zwischen den Pflegemitarbeitern als Ausdruck ihrer Suche nach Identität nehmen zu.

```
                    ┌─────────────────────┐
                    │  Aufbauorganisation │
                    └─────────────────────┘
```

als Planungsinstrument	als Führungsinstrument
Betriebsziel ⇓ Gesetzliche Bestimmungen ⇓ Verwaltungskonzept ⇓ Betriebliche Gliederung (Küche, Pflegebereiche, techn. Dienst, Wäscherei etc.) ⇓ Bauliche Gestaltung ⇓ Betriebsmittel (Geld-, Sacheinsatz) ⇓ Betriebliche Ausstattung (Med.-techn. Ausstattung, Möblierung etc.) ⇓ Überbetriebliche Kooperation	Stellenbildung ⇓ Kompetenzzuweisungen ⇓ Regelung der Über- und Unterstellungen ⇓ Festlegung der Kooperations- und Kommunikations- beziehungen

```
                    ┌─────────────────────┐
                    │  Ablauforganisation │
                    │     = Richtlinien   │
                    └─────────────────────┘
```

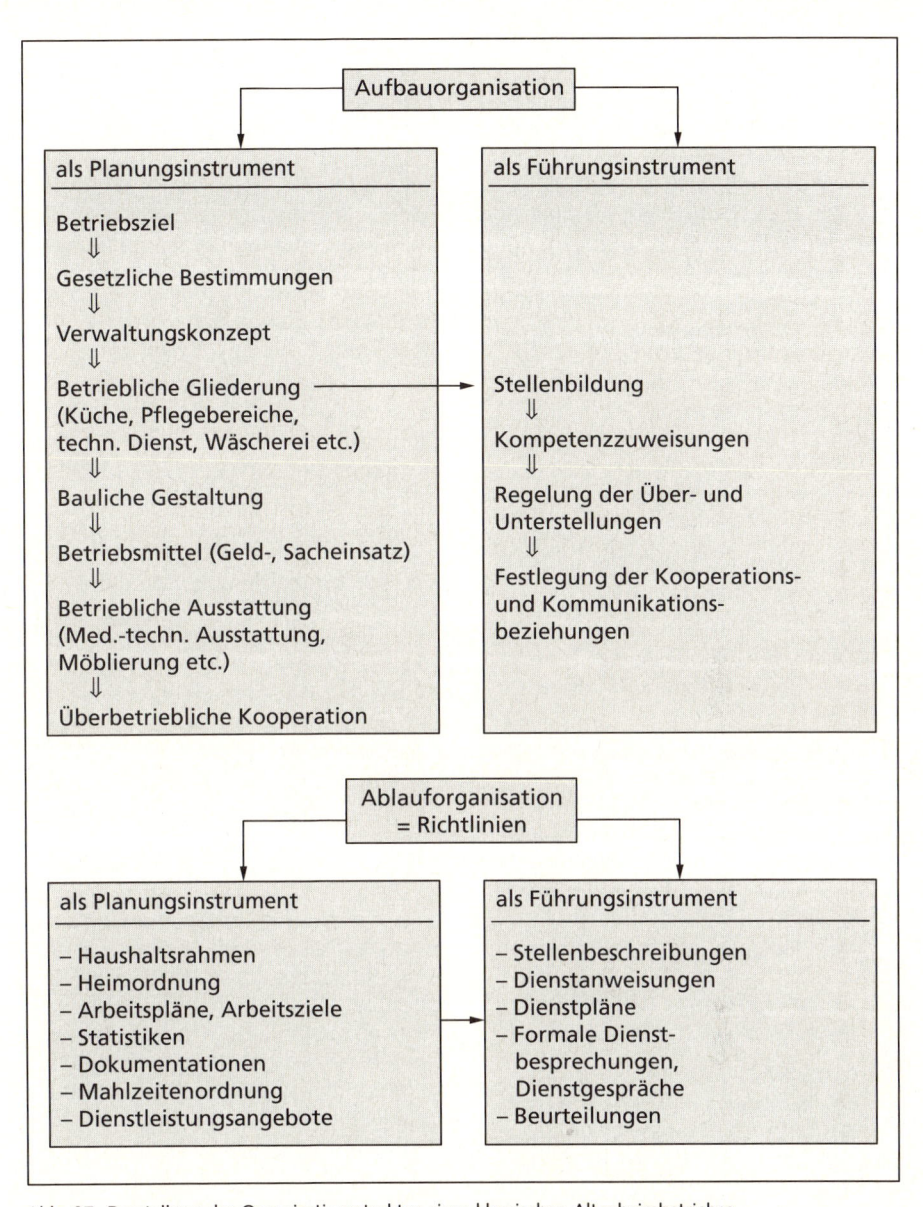

als Planungsinstrument	als Führungsinstrument

– Haushaltsrahmen
– Heimordnung
– Arbeitspläne, Arbeitsziele
– Statistiken
– Dokumentationen
– Mahlzeitenordnung
– Dienstleistungsangebote
	– Stellenbeschreibungen
	– Dienstanweisungen
	– Dienstpläne
	– Formale Dienst-
	  besprechungen,
	  Dienstgespräche
	– Beurteilungen

Abb. 27: Darstellung der Organisationsstruktur eines klassischen Altenheimbetriebes.

Die Grundsätze der organisationsbezogenen Betriebsführung zielen auf eine Schutzfunktion gegenüber dem Bewohner ab, der aus seiner gewohnten Umwelt, mit der er nicht mehr zurechtgekommen ist, herausgelöst werden muß. Diese Herauslösung vollzieht sich durch die völlige Abschirmung gegenüber störenden äußeren Einflüssen und durch die Übernahme einer Vormundschaft für den Heimbewohner. Durch Gesetze, Kontrollbestimmungen und Vorschriften wird der alte Mensch bürokratisch verwaltet. Ein solcher Vorgang der körperlichen und juristischen Absicherung gegenüber Lebensrisiken vollzieht sich in Einzelschritten:

▷ Heimaufnahme/Verwaltungsvorschriften: Meldebestimmungen; Zimmerzuweisung; Gesundheitsattest; Heimordnung; Verwaltung persönlicher und gesundheitlicher Daten

▷ Eingliederung/Verwaltungsvorschriften: Platzzuweisung; Meldung an die Heimaufsicht; Terminfestlegung für Dienstleistungen (zum Beispiel Baden, Putzen, Essen); Festlegung von Behandlungsterminen zum Beispiel durch Ärzte, Fußpfleger; Vorgabe von medizinischen Behandlungsformen, von Essensformen, von Beschäftigungsprogrammen; Heimkostenfestlegung

▷ Heimleben/Verwaltungsvorschriften: Heimgesetze; Hygieneverordnungen; Sicherheitsbestimmungen; Brandschutzverordnungen; Heimvertrag; Pflegschaften; Pflegesätze; Personalschlüssel; Vollmachten; Beurteilungen; Sozialhilfegesetz

▷ Tod/Verwaltungsvorschriften: testamentarische Verfügungen, Erbrecht; Todesanzeige; Totenschein; Sterbebeurkundung; Mitteilungen an Behörden, Angehörige

Durch eine solche Flut von Verwaltungsvorschriften und Kontrollanweisungen werden die persönlichen Ansprüche des Bewohners überdeckt und nicht mehr wahrgenommen. Der Mitarbeiter in der Pflege wird durch den Zwang zur Einhaltung aller Vorschriften völlig von der Person des alten Menschen abgelenkt: er nimmt diesen nur noch im Zusammenhang mit der Umsetzung vorgegebener beruflicher Ziele wahr und bestimmt ihn aus der vermeintlichen Notwendigkeit von umfassender Hilfe- und Schutzgewährung heraus.

Der alte Mensch wird innerhalb eines solchen verwaltenden Rahmens als hilfs- und versorgungsbedürftiges Objekt von pflegerischen und organisatorischen Handlungen gesehen. Eine biologistische Defizithypothese unterstellt, daß man nachlassende Leistungsfähigkeit und körperlich-geistige Verfallserscheinungen als gegebene, unbeeinflußbare Größen in das Heimgefüge einbeziehen muß, so daß die resultierenden Ausfallserscheinungen stets nur durch fremdbestimmte, von außen auf den Heimbewohner gerichtete Handlungen auszugleichen sind. Der ältere Mensch selbst wird nicht mehr als handlungsmächtiges Wesen begriffen. Dieser angenommene einseitige Abhängigkeitszusammenhang bedarf nun der Organisation und berufspraktischen Festschreibung. Mitsprache und Mitbestimmung des älteren Menschen bleiben nur dort gewahrt, wo das Gesamtgefüge der asymmetrischen Rollenbeziehungen zwischen kompetentem Helfer und seinem hilflosen Mündel nicht in Frage gestellt wird.

Die mit solchen Vorstellungen einhergehende Disengagementthese belegt aus einer generellen Rückzugshaltung und Verinnerlichung des älteren Menschen dessen Anspruch auf ein möglichst komfortables Wohnen in einer konfliktfreien, umfassend geregelten Umgebung. Mit dem Anspruch einer perfekten Befriedigung der vermeintlichen Bedürfnisse älterer Menschen bleibt die gesellschaftliche Vorstellung der Humanitas gewahrt.

Der organisationsbezogene Ansatz der stationären Altenhilfe erweist sich durch die Nichteinbeziehung der persönlichen Lebensumstände, Vorlieben, Abneigungen, Ansichten, Einstellungen, sowohl der Heimbewohnerschaft als auch der Mitarbeiterschaft, als äußerst bedürfnisfeindlich. Berücksichtigt sind nur solche Bedürfnisse, die sich ohne weiteres in das zweckgerichtete Handlungsschema des Betriebes einordnen lassen, die also generalisierbar sind. Damit ist zugleich eine allein ihren äußeren Betriebszielen unterworfene Organisation beschrieben, die sich selbst absolut setzt und sich in ihren Zwecken und Zielen verselbständigt. Hierzu gehört notwendigerweise ein starres Gerüst an Normen und Sanktionen[1], das jegliche Hinterfragung verhindert und allen Beteiligten Zwänge auferlegt. Die prognostische Vorhersage der Zunahme hilfsbedürftiger mehrfachabhängiger älterer Heimbewerber wird in der Konsequenz letztlich dazu führen, daß sich die Institution in ihrer Ausrichtung bestätigt fühlt und aus ihrer inneren Logik heraus dann weitere, die Lebenssituation ihrer Bewohner einengende Maßnahmen hervorbringt. An diesem Prozeß wird sich deshalb nichts ändern, weil ja die Organisation Altenheim vorgibt, die effektivste Betreuungsform für seine Klientel entwickelt zu haben. Zugleich wird mit einem solchen Ansatz auch die Führungsrolle innerhalb des Altenhilfesystems betont und verteidigt.

Die Einbeziehung von rehabilitativen Maßnahmen dient allein dem Zweck, die Arbeitseffektivität der Mitarbeiter durch Anregung von Eigenpflegeverhalten bei den Bewohnern zu erhöhen. Ebenso wie der Mitarbeiter lediglich als Erfüllungsgehilfe in dem Beziehungsgeflecht der Organisation wirkt, bleibt der Heimbewohner als Objekt von äußeren Handlungen abgeschnitten von sozialen Prozessen und kultureller Teilhabe, die ein handlungsmächtiges Ich voraussetzen.

2. Der gemeinwesenbezogene Ansatz

Mit dieser theoretischen Grundlegung wird der Versuch gemacht, die beschriebene Einschränkung des Umweltbezuges der stationären Altenhilfe auszugleichen durch Rückverlagerung der Verantwortlichkeit für solche Prozesse in einen gesamtgesellschaftlichen Zusammenhang. Hierdurch

---

[1] Im Unterschied zum gesetzlichen Recht werden hier auf Konventionen beruhende Handlungserwartungen, die beschrieben oder unbeschrieben sind, bezeichnet. In ihrer Wirksamkeit und in ihrer Form sind Sanktionen abhängig von der Struktur der jeweiligen Gesellschaft oder Gruppe. Hieraus ergibt sich ein gesellschaftlicher Zwang zur Konformität, verursacht durch soziale Einflußnahmen und vergesellschaftete Bedürfnisse.

verspricht man sich eine Umkehr der Einengung des Handlungsspielraumes hin zu einer Öffnung der geschlossenen Heimkultur durch Übernahme sozial-politischer Mitverantwortung; damit, so glaubt man, werde aus dem geschlossenen Organisationsgefüge ein quasi öffentlich bestimmtes Gemeinwesen.

Der vorliegende soziologische, systemtheoretische Ansatz betont den Umweltbezug der sozialen Organisation „Altenheim" und damit die prinzipielle Umkehrbarkeit sozialer Prozesse (Einstrahlung/Ausstrahlung). Hieraus ergibt sich die Übertragbarkeit von gesellschaftlichen, ökologischen und sozialpolitischen Merkmalen des Zusammenlebens (community organization/community development/community empowerment) auf das Heimleben. Aufgabe des Managements ist es hier, durch Partizipation und Außenöffnung soziale Einwirkungsfaktoren in den gesellschaftlichen Diskurs zurückzuverlagern. Innerhalb der somit sich begründenden Gemeinwesenarbeit sind 3 Aspekte unterscheidbar:
▷ Funktionale Gemeinwesenarbeit will die als Mangel oder Mißstand innerhalb einer sozial-räumlichen Gliederung erkannten Lebensbedingungen älterer Menschen durch Veränderung ihres Wirkens auf den Gesamtzusammenhang, durch Offenlegung von Diskriminierung oder durch Stärkung von Gegenkräften verändern (z. B. Seniorenbeiräte, öffentliche Diskussionen)
▷ Territoriale Gemeinwesenarbeit richtet sich konkret auf das „ökologische Klima" eines Stadtteils oder einer Region zugunsten einer Verstärkung der Beziehungen zu einem hier ansässigen Altenheim und zugunsten der Sensibilisierung aller Außenstehenden hinsichtlich ihrer Mitverantwortlichkeit für das „soziale Klima" innerhalb dieser Einrichtung (z. B. Informationsveranstaltungen, gemeinsame Feste und Feiern)
▷ Kategoriale Gemeinwesenarbeit schließlich richtet sich auf kleinere soziale Gruppen innerhalb des Altenheims, die sich von anderen durch gemeinsame Handlungsweisen, Ansichten und kulturelle Praktiken unterscheiden, mit dem Ziel, den Dialog zu fördern und gegenseitiges Verständnis zu erwecken (z. B. Angehörige der Unter- und Oberschicht, pflegebedürftige und rüstige Heimbewohner).

Angestrebt wird mit jeder, wenn auch unterschiedlichen Wirkrichtung der Gemeinwesenarbeit stets das Herausgehen aus der Einrichtung hin zu einer Teilhaberschaft am gesamtgesellschaftlichen Dialog. Es geht dabei nicht nur um die Veränderung gegebener Bedingungen, sondern man will bereits an ihrem Zustandekommen, am Diskurs über Planungen und Absichten beteiligt sein.

Das Unmöglichkeitstheorem der Gemeinwesenarbeit beleuchtet nun allerdings das Verhältnis zwischen individueller Lage und gemeinschaftlichen Interessen und räumt dabei ein, daß die Erstellung von Zielen für das Gemeinwesen „Altenheim" nicht der einfachen Vereinheitlichung individueller Bewohneranliegen gleichzusetzen ist. Dennoch soll Gemeinwesenarbeit sich in der tatsächlichen Lebensweise von Heimbewohnern widerspiegeln.

Dieser scheinbare Widerspruch wird innerhalb des Theorierahmens normativ gelöst: Die gesellschaftliche Lebensweise bilde nun einmal den Rahmen und die Struktur der individuellen Lebensweisen, folglich könne auch die eigene Lage des Bewohners nur als eine gesellschaftlich bestimmte begriffen werden. Individualität erlange der einzelne in diesem Geschehen nur als ein aktiver oder zu aktivierender Teilhaber an einer fortlaufenden Verständigung über Erfahrungen und Verhaltensregeln, die sowohl das eigene als auch das gemeinschaftliche Leben beträfen. [2]

Gubrium (1972) und Rosow (1967) haben im Rahmen der Diskussion um die in der Disengagementtheorie behaupteten Beziehungen älterer Menschen zu ihrer Umwelt eigene Untersuchungen angestellt und die Erkenntnisse zu einer eigenen Theorie des „socio-environments", also zu einer Theorie des Altersmilieus ausgeformt. Auch hier wird ganz im Sinne des Gemeinwesenansatzes Verhalten und Handeln des alten Menschen nicht nur als Ergebnis der persönlichen Entwicklung oder nur als Ergebnis des ihn umgebenden sozialen Systems begriffen, sondern als Zusammenhang von Person und Umwelt, der sich in einer bestimmten Situation ausdrückt. Im Rahmen einer solchen Kontexttheorie wird dem individuellen Bestandteil der Aktivität der soziale Bestandteil der Norm entgegengestellt; beide werden als gemeinsam wirkende Handlungsbedingungen begriffen. Somit wird zunächst nicht nur die soziale Dimension betrachtet, sondern auch der individuelle Handlungsraum, die physischen und psychischen Bedingungen des einzelnen. Allerdings, so Gubrium, könne der einzelne Einfluß auf das ihn umgebende soziale Geschehen nur als Angehöriger einer Gruppe nehmen, die sich aufgrund verwandter Ansichten formiere. Solch eine Gruppe bilde ein gemeinsames Bewußtsein und entsprechende Verhaltensweisen aus, an denen sich die Gruppenmitglieder erkennen könnten.

Hierdurch wird ersichtlich, daß auch die Kontexttheorien der „Gemeinwesenarbeit" und des „socio-environments" es nicht vermögen, die Einflüsse von sozialen Normen und selbstbestimmtem Handeln miteinander in Beziehung zu setzen; vielmehr kann sich hier „Persönlichkeit" nur ausdrücken in der Zugehörigkeit zu einem bestimmten Milieu, welches Anerkennung und Befriedigung verspricht. Der einzelne Mensch ist außerhalb von solchen Gruppen mit kulturellen und sozialen Eigenarten gleichsam „non-existent".

Der gemeinwesenorientierte Ansatz meint also, daß der Zusammenschluß von Lebensbedingungen alter Menschen zu „Milieus" innerhalb und außerhalb von Altenheimen als wünschenswert im Sinne eines naturgemäßen Ablaufs (Norm) zu bewerten ist. Aus dem Zusammenschluß von gleichartigen Sitten und Gebräuchen, von gleichartigem Denken und Handeln innerhalb von Gruppen, Wohn- und Nachbarschaftsgemeinschaften erwachse dann zunehmende Distanz zu negativen Altersvorurteilen und entwickelten sich eigene, angemessene Vorstellungen vom Alter. Aus der Isolierung der Altenheim-Wohngemeinschaft bilde sich Eigenständigkeit und durch gegenseitige Anerkennung eine „Altersidentität", was wiederum zu der Formulierung eigener Interessen führe. Durch eine solche Einbringung von eigenen Interessen, Haltungen und Wertvorstellungen in die gesellschaftliche Vorstellung vom Alter veränderten sich die Lebensbedingungen älterer Menschen, da die Voraussetzungen der gesellschaftlichen Urteile nicht mehr stimmten. [3]

Ein solches Konzept der Veränderung durch Interessenvertretung muß sich jedoch einige kritische Fragen gefallen lassen:
▷ Wie soll der alte Mensch aus seiner Isolation durch Hilflosigkeit zu einer aktiven Mitarbeit am öffentlichen Geschehen gebracht werden?
▷ Worin besteht die Motivation für den Bewohner, sich Techniken und Fähigkeiten anzueignen, die ihn in die Lage versetzen, sich und seine Interessen zu vertreten?
▷ Wie soll verhindert werden, daß nicht der einzelne sich innerhalb des Heimes eine ihm entsprechende Lebensform sucht, sondern ihm diese „übergestülpt" wird?
▷ Wie drückt sich „Gruppenidentität" bei solchen Bewohnern aus, die zunehmend abhängig von fremder Hilfe sind und oftmals desorientiert?

Der entscheidende Schwachpunkt dieses Ansatzes scheint nun darin zu liegen, daß das gemeinwesenbezogene Konzept ursprünglich erdacht wurde für unterdrückte, soziale Randgruppen unserer Gesellschaft, die jedoch aufgrund ihres Alters, ihrer intellektuellen Fähigkeiten und ihrer körperlichen Belastbarkeit und aufgrund ihres Bewußtseins über ihre Ungleichbehandlung durch Unterstützung motiviert werden können, diese Verhältnisse zu ändern. Hochbetagte, mit vielfachen Krankheiten belastete alte Menschen sind hiermit eindeutig überfordert.

Hummel (1978) bezieht nun das Altenheim in solche Überlegungen mit ein und begreift es als Verkörperung einer gestörten Beziehung, eines Spannungsverhältnisses, zwischen dem alten Menschen und seiner sozialen Umgebung. Heime seien beschreibbar durch den gesellschaftlichen Prozeß des Entzugs von Aufgaben für den alten Menschen, sie spielten daher keine aktive Rolle im Gemeinwesen. In der aktiven Auseinandersetzung mit den Bedingungen der Ausgrenzung und in der Anmeldung von Ansprüchen gegenüber Angehörigen, Ärzten, Politikern, der sozialen und politischen Nachbarschaft, müßten Heimbewohner die Neuregelung ihrer Beziehungen zur Umwelt erzwingen, auch in der Aufhebung von gegenseitiger Entfremdung und Isolierung. [4]

Die zuvor erhobenen kritischen Einwände gegen die Grundsätze der Gemeinwesenarbeit sieht Hummel abgewehrt durch die Effekte der Milieutherapie: Durch sie soll die starre, alles für alle gleichregelnde Organisation Altenheim nach innen durch fortwährende Teilung in immer kleinere kulturelle Bezirke aufgebrochen werden zu einem facettenreichen Nebeneinander von Meinungen, Werthaltungen, Lebensweisen, die das Insgesamt der Alterskultur widerspiegeln.

Unter Milieutherapie versteht Heim (1985) sowohl eine absichtsvoll gesteuerte Einflußnahme zur Verbesserung des psycho-sozialen Geschehens in einer Einrichtung wie auch ein bewußtes Planen dieser Umwelt, um die sozialen Fähigkeiten des Heimbewohners zu entwickeln. Neben der therapeutischen Beeinflussung im engeren Sinne sieht Heim jedoch auch die Einwirkungen von verdeckten ökologischen Merkmalen wie dingliche Umwelt, bauliche Gestaltung, die wiederum das Verhalten der Mitarbeiter und älteren Menschen unbewußt mitsteuern. [5] Milieutherapie besteht folglich auch in der Ermöglichung unterschiedlicher Wohn- und Verkehrsformen innerhalb einer Einrichtung.

Gunderson (1983) benennt 5 Kategorien, die für die Ausbildung eines bestimmten Milieus wirksam sind:
▷ Kontrolle als Befreiung von störenden Einflüssen (Vorurteile, Fremdbilder, Versagensängste, negative Selbstbilder)
▷ Unterstützung durch die soziale Umgebung (Gruppenbildung, Diskussion, Austausch)
▷ Strukturierung der therapeutischen Handlungen, der dinglichen Umwelt sowie der ökologischen Merkmale hin zu einer angestrebten Informationsaufnahme und -verarbeitung durch den Bewohner (zum Beispiel Wohnformen, Umgangsformen, Raumanordnung, Gesprächskreise, Selbsthilfegruppen, Neigungsgruppen)
▷ Engagement als Voraussetzung einer aktiven Umweltzuwendung (Aktivierung, Aufforderung, Durchsetzung)
▷ Bevorzugung der persönlichen Ausdrucksweise innerhalb des therapeutischen Geschehens (Ansichten, Meinungen, Wertvorstellungen) [6]

Innerhalb des derart beschriebenen Geschehens bilden sich therapeutische Gemeinschaften von Mitarbeitern und älteren Menschen, die sich voneinander durch Zielsetzung, Wohnformen, Lebensarten unterscheiden, aber gleichwohl in dasselbe Organisationsgefüge Altenheim eingeschlossen sind. Mit der Erkenntnis, daß nicht alle Faktoren in diesem Zusammenspiel bewußt steuerbar sind, wird dem älteren Menschen die Fähigkeit zugestanden, sich mit den Bedingungen seiner Umgebung selbstmächtig auseinanderzusetzen. Hieraus folgen Grundhaltungen der Milieutherapie:

▶ Teilhabe des einzelnen an der Gemeinschaft
▷ Mitentscheidung des älteren Menschen innerhalb des Entscheidungsspielraumes der Gruppe
▷ Mitverantwortung für den Verlauf der Therapie als aktivierende Grundlage
▷ Möglichkeiten des unabhängigen Handelns im Sinne von Selbstverwirklichung

▶ Offene Kommunikation
▷ Informationsaustausch als offener Dialog (Verhandeln, Vergleichen)
▷ Klare Information über mögliche Formen des Zusammenlebens und deren Folgen für den einzelnen
▷ Möglichkeit des Widerspruchs, der Ablehnung

▶ Soziales Lernen
▷ Vergleich der Auswirkungen unterschiedlicher Lebensformen in bezug auf das festgelegte Ziel der öffentlichen Interessenvertretung
▷ Lernen am Modell als das inhaltliche Übernehmen beispielhafter Verhaltensweisen
▷ Aktivierung als Möglichkeit der Beteiligung an Entscheidungs- und Handlungsprozessen

▶ Eingliederung in eine Gemeinschaft

Heim (1985) benennt aber auch klar die Grenzen eines Therapiekonzepts, das Elemente der Psychoanalyse, der Lern- und Kommunikationstheorie sowie der Gestaltpsychologie in sich vereinigt:
▷ Gemeinschaftliches Zusammenleben und Gruppentherapie prägten den einzelnen nur unvollkommen, weil sich nur wenig seiner Individualität und Identität hier einbringen ließe

▷ Der Verhaltensveränderung des einzelnen durch allgemeine Grundanliegen, wie sie von großen Gemeinschaften ausgingen, seien Grenzen gesetzt
▷ Die Ideologie der therapeutischen Gemeinschaft verschleiere das Unvermögen, Aussagen darüber zu treffen, für welches Gruppenmitglied unter welchen Umständen mit welcher Zielsetzung ein bestimmtes therapeutisches Mittel geeignet sei, und überlasse es damit dem Gruppenmitglied, die richtige Auswahl zu treffen. [7]

Tatsächlich folgt aus dieser Kritik aber, daß es der Mileutherapie nicht um die Anerkennung lebenslang erworbener Grundsätze geht, sondern um die therapeutisch gesteuerte Einordnung solcher Grundsätze in passende Gruppen, die zur Biographie des zu Therapierenden einen mehr oder minder großen Abstand besitzen. Individualität drückt sich hier aus durch die Wahlmöglichkeit zwischen verschiedenen angebotenen Lebensformen im Altenheim.

Welche Therapieformen werden aber nun innerhalb des gemeinwesenbezogenen Konzepts angewendet:
▷ Gruppentherapie (Gespräche über Probleme, Konflikte, Erlebtes im Austausch mit Meinungen und Einstellungen anderer Bewohner)
▷ Einzeltherapie (Beratung und Behandlung durch Psychologen, Sozialpädagogen im Zusammenhang mit dem Abbau von Ängsten, Isolationen und Konflikten mit der Umwelt)
▷ Gestalttherapie (Basteln, Malen, Tonen – Gestaltung des persönlichen Wohnraums, der Wohnetage durch Farbgebung, Bildschmuck, Zuordnung von Möbelstücken)
▷ soziale Therapie (Planung von Festen und Feiern / Austausch mit religiösen, politischen oder weltanschaulichen Gruppen der Wohnnachbarschaft, der Gemeinde oder des Stadtteils / Teilnahme an kulturellen Veranstaltungen, politischen Diskussionen außerhalb des Heimes / Beeinflussung des Heimlebens durch Vorschläge, Eingaben, demokratische Meinungsbildungen)
▷ Spieltherapie (Rollenspiele, Psychodrama)

Diese beschriebenen Therapieformen schließen sich nun zusammen zur Milieutherapie, die nunmehr inhaltlich vorgestellt werden soll:
▷ Räume und Raumanordnungen sollen die Neigungen, Interessen und Ansichten von Gesinnungsgruppen widerspiegeln (Farbe, Bilder, Möbel, Zeichen)
▷ Künstlerische, musische, weltanschauliche und handwerkliche Aktivitäten sollen die Vielfalt der kulturellen Umwelt widerspiegeln (Musikkreise, Gesanggruppen, Malgruppen, Bastelgruppen, Werkgruppen, Seniorenhandwerkerkreise für gemeinschaftliche Projekte innerhalb und außerhalb des Heims, Lese- und Vortragsveranstaltungen, Bildungs- und Weiterbildungskurse, Studienfahrten, politische Gruppen, Glaubenskreise)
▷ kulturelle Trainingsmaßnahmen sollen zur Teilnahme am Gemeinschaftsleben anregen (Diavorträge, Filme, Theaterbesuche, Museumsbesuche, Besuche von Produktionsstätten und Behörden, Besuche von Einrichtungen, Verwaltungsgebäuden des Stadtteils, der Gemeinde)
▷ Selbstdarstellung in der Öffentlichkeit soll auf die Isolation der Altenheime aufmerksam machen (Aus-

stellungen, Messen, Fachveranstaltungen, politische Diskussionsveranstaltungen)

Auf das Altenheim bezogen bedeutet die Anwendung solcher gemeinwesenorientierter Prinzipien eine Auffächerung des einseitigen, stationären Dienstleistungsgefüges hin zu einer auch Außenstehenden zugänglichen Dienstleistungsvielfalt (Dienstleistungszentrum), die in vielfältiger Weise Begegnung zwischen innen und außen fördert und damit Öffentlichkeit zwangsläufig herstellt. Diese Idee wurde bereits von Sutter (1973) vertreten, der durch die Einbettung der geschlossenen Altenhilfeeinrichtungen in ein Netzwerk von Hilfssystemen einen nach beiden Seiten wirkenden Austausch begründet sieht, der verhindert, daß die Belange des Heimes unabhängig von den Belangen der näheren Wohnnachbarschaft oder unabhängig von den Belangen des umgebenden Stadtteils gesehen werden. [8] Nach Hummel (1986) wird durch dieses Konzept sozialer Umkehrbarkeit das organisationsbezogene, klassische Feld der stationären Altenhilfe in gemeinschaftliches Denken und Handeln einbezogen:

Aus	wird
versorgen	wohnen in Gemeinschaft
aktivieren	einander begegnen
pflegen	miteinander arbeiten

Mit den folgenden Maßnahmen der kulturellen Eingliederung älterer Menschen glaubt er, auch deren individuelle Bedürfnisse erfaßt zu haben:
▷ Aufgliederung der starren inneren Geschlossenheit der Heime zu einem vielfältigen Dienstleistungsgefüge mit öffentlichem Charakter (Tagespflegestätte, öffentlicher Mittagstisch, Sozialstation, Reinigungsdienste, Essen auf Rädern, Wohn- und Pflegeheim)
▷ Einbeziehung von Angehörigen, Nachbarschafts-, Gemeinde- und politischen Gruppen sowie von anderen Institutionen der Altenarbeit in eine gemeinsame Verantwortlichkeit (Mitwirkung, Mithilfe)
▷ Auflösung der starren Normen- und Sanktionssysteme innerhalb der Einrichtungen (Abbau von Fremdbestimmung)
▷ Schaffung von möglichst vielfältigen kulturellen Einzelaktivitäten (kulturelle Aktivierung)
▷ Organisation der gemeinsamen, wesentlichen Grundbedürfnisse (Sicherstellung der Versorgung)
▷ Schaffung von unterschiedlichen Formen des Wohnens und Lebens in den Einrichtungen (Milieubezug)
▷ Gemeinsame Konfliktbewältigung nach demokratischen Prinzipien (Mitbestimmung)

Die Mitbestimmung am Organisationsgefüge Altenheim vollzieht sich nach diesem Ansatz über den Austausch von Einstellungen, Prägungen, Wünschen und Meinungen zwischen Personalmitgliedern und Bewohnern und im Aushandeln der Arbeits- und Lebensbedingungen. Andererseits prägen aber auch die soziale Nachbarschaft, politische und kulturelle Einflüsse die Lebensbedingungen im Altenheim. An diesen äußeren Einflüssen gilt es nun teilzuhaben in der Begegnung und im Austausch (Zirkulationsbereich). Damit begegnet man der doppelten Gefahr der Entfremdung, zum einen beschrieben durch die gesellschaftliche Randständigkeit des Altenheims, zum anderen be-

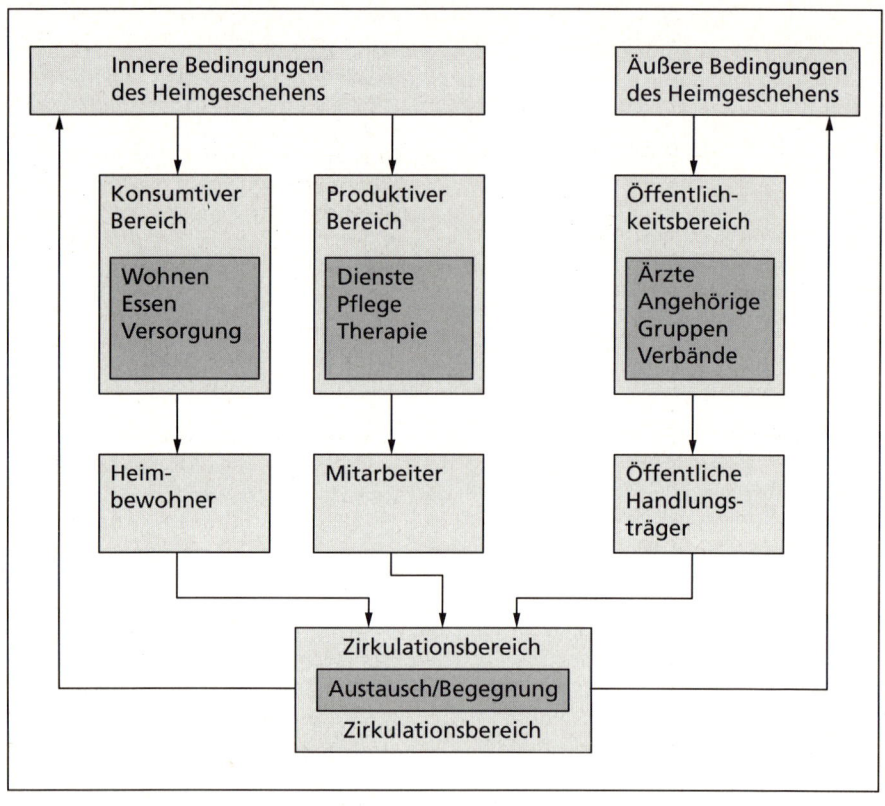

```
┌─────────────────────────────────────────────────────────────────┐
│  ┌──────────────────┐                    ┌──────────────────┐   │
│  │ Innere Bedingungen│                   │ Äußere Bedingungen│   │
│  │ des Heimgeschehens│                   │ des Heimgeschehens│   │
│  └──────────────────┘                    └──────────────────┘   │
│       ↓           ↓                              ↓              │
│  ┌─────────┐ ┌─────────┐                  ┌──────────────┐      │
│  │Konsumtiver│ │Produktiver│              │Öffentlich-   │      │
│  │Bereich   │ │Bereich   │                │keitsbereich  │      │
│  │ Wohnen   │ │ Dienste  │                │ Ärzte        │      │
│  │ Essen    │ │ Pflege   │                │ Angehörige   │      │
│  │ Versorgung│ │Therapie │                │ Gruppen      │      │
│  │          │ │          │                │ Verbände     │      │
│  └─────────┘ └─────────┘                  └──────────────┘      │
│       ↓           ↓                              ↓              │
│  ┌─────────┐ ┌─────────┐                  ┌──────────────┐      │
│  │ Heim-   │ │Mitarbeiter│                │ Öffentliche  │      │
│  │bewohner │ │          │                 │ Handlungs-   │      │
│  │         │ │          │                 │ träger       │      │
│  └─────────┘ └─────────┘                  └──────────────┘      │
│         ↓       ↓                            ↓                  │
│        ┌──────────────────────────────┐                         │
│        │ Zirkulationsbereich          │                         │
│        │ Austausch/Begegnung          │                         │
│        │ Zirkulationsbereich          │                         │
│        └──────────────────────────────┘                         │
└─────────────────────────────────────────────────────────────────┘
```

Abb. 28: Das Altenheim als offenes soziales System

schrieben durch fremdbestimmte Formen des Arbeitens, Lebens und Wohnens. Insgesamt gesehen wird es zur wesentlichen Aufgabe der Organisation, ein Fließgleichgewicht zwischen den inneren und äußeren Bedingungen des Heimgeschehens aufrechtzuerhalten (siehe dazu die Abb. 28 auf dieser Seite).

Im Zirkulationsbereich des Heimgeschehens verdichten sich die Anliegen des Gemeinwesens im kulturellen Austausch und in der sozialen Verständigung. [9]

Das im vorliegenden Ansatz vermittelte Menschenbild hebt auf ein durch die Heimaufnahme zerstörtes soziales Bezugsfeld ab. Alterstypische krisenhafte Ereignisse wie die Heimunterbringung werden überwiegend in ihrer sozialen Auswirkung gedeutet, das heißt in ihrer Auswirkung als Kulturentzug. Auch der alte Mensch lebt und wirkt in einer sozialen Gemeinschaft, die ihm das Gefühl von Vertrautheit und Identität verleiht; folglich muß ein entsprechender Verlust wieder ausgeglichen werden im Aufbau einer neuen Gemeinschaft. Die

Fremdbestimmung durch die Institution Altenheim hebt sich mit der Befähigung der Bewohner zur aktiven Mitgestaltung des Heimlebens auf.

Eine Orientierung an den Prinzipien der Engagementtheorie, die mit der Forderung nach dem Eingehen neuer Rollenverpflichtungen als Antwort auf die alterstypischen, aber im Grunde gesellschaftlich erzwungenen Lebenskrisen verbunden sind, erscheint in diesem Zusammenhang offensichtlich. Der Ersatz für erzwungene Einschränkungen des Handlungsraumes erfolgt allerdings nicht durch künstliche, sinnentleerte Betätigung (Basteln, Handwerken), sondern durch die Stärkung sozialer Übereinstimmung und Identität. Hierdurch wird auch der hilfsbedürftige ältere Mensch als handlungsfähig begriffen, als ein aktiv gestaltender und verändernder Teilhaber einer sozialen Gemeinschaft. Durch geeignete Therapiemaßnahmen muß jedoch zunächst eine solche Befähigung erst wieder erworben werden.

Der Ansatz der gemeinwesenbezogenen Arbeit hat dort seine Berechtigung, wo es gilt, den sozialen Folgen der zunehmenden Hilfsbedürftigkeit älterer Menschen, wie Kulturentzug und Ausgrenzung, entgegenzusteuern. Allerdings verhindert Interaktionismus[2] die Verwirklichung des eigentlichen Anspruchs dieser Theorie, zum Individuum zu gelangen und damit zur Befriedigung individueller Bedürfnisse. Um den Widerspruch zwischen der beabsichtigten Herausbildung der Fähigkeit zur persönlichen Lebensgestaltung und der tatsächlich nur angeregten sozialen Gestaltungsfähigkeit zu überwinden, versucht die praktische Therapie den auf generalisierte Bedürfnisse ausgerichteten allgemeinen Lebenszusammenhang in den Altenheimen immer weiter aufzufächern hin zu kleinsten Milieueinheiten, die aber letztlich doch wieder als soziale Räume[3] gleichartiger Prägung erscheinen. Dies fordert schließlich auch von jedem Handlungspartner eine Anpassung an die spezifischen Normen einer solchen Milieugruppe. Als Beleg für diese Kritik mögen die folgenden Ausführungen Hummels (1986) dienen: Ohne konsequente Anwendung von Milieutherapie verkomme der Auftrag der Ermöglichung des Wohnens, Einander-Begegnens und Arbeitens im Altenheim zur erzieherischen Fürsorge; auf der anderen Seite führe der Ausschluß des Gemeinwesens Altenheim vom gesamtgesellschaftlichen Dialog zur Stärkung einer Altensubkultur. In diesem doppelten gesellschaftlichen Auftrag seien die individuellen Anliegen aufgehoben durch die aktive Teilhabe an einer Verständigung über gemeinschaftsverbindliche Erfahrungen und Verhaltensregeln. Insoweit dürfe zugegeben werden, daß hierdurch lediglich eine Annäherung an die Bedürfnisse älterer Menschen zu erreichen sei und daß

---

[2] Lehre, die das gesamte Verhalten eines Menschen einseitig nur aus seinem Verhaltenszusammenhang zu anderen Menschen deutet als einen Vorgang von aufeinander bezogener Aktion und Reaktion, der die persönlichen Ausdrucksmittel der handelnden Personen ganz dem gemeinsamen Handlungszweck unterordnet. Dabei wird Entwicklung niemals als ein persönlicher Prozeß verstanden, sondern stets nur als fortschreitende Veränderung gegenseitiger, sozial vermittelter Verhaltensdispositionen.

[3] Umweltabhängige Gestaltungszusammenhänge zwischen Individuen, die von diesen eine gemeinsame Vereinbarung über Handlungsziele und -formen erzwingen.

gemeinwesenbezogene Altenarbeit subjektive Wünsche und Bedürfnisse älterer Menschen deuten müsse. [10]

Durch sein vorliegendes Konzept versucht Hummel, den Prozeß einer wachsenden gesellschaftlichen Ausgliederung der Altenhilfe, welcher zu einer zunehmenden Einengung und Abschnürung des subjektiven Lebensraumes älterer Menschen führt, umzukehren und wieder in die sozialpolitische Verantwortungssphäre zurückzuverlagern. Prozesse wie „Kulturentzug" und „soziale Abspaltung" erscheinen in dieser Hinsicht umkehrbar durch eine „Vergesellschaftung" des Heimlebens.

Auf das Management-Erfordernis der Arbeitsplanung und -gestaltung weiß dieses Konzept keine schlüssige Antwort zu geben. Weder bilden sich klar umrissene Aufgabenverteilungen noch bilden sich Führungsgrundsätze heraus. Die Sachbezogenheit organisationsorientierter Altenpflege wird ersetzt durch die Pflege der sozialen Beziehungen, d. h. durch eine Vergesellschaftung des Heimlebens im Sinne der „human relations". In der Aktivierung der Sozialform des Aushandelns von Lebensbedingungen (Gruppendynamik) erschöpft sich das Ziel- und Handlungskonzept der gemeinwesenorientierten Organisation. Personalführung vollzieht sich über soziale Orientierungsprozesse und durch soziale Kontrolle: Letztlich erscheint die Verhaltensregulation der Organisationsmitglieder zufallsbestimmt. Eine solche Pflege von Innen- und Außenbeziehungen des Altenheims stellt jedoch kaum intrinsische Bedürfnisbefriedigung für die Mitarbeiter in Aussicht.

Vor dem Hintergrund der erarbeiteten Prinzipien einer kognitiven Persönlichkeitstheorie des Alterns erweist sich das Versagen eines gemeinwesenorientierten Konzepts, das ja expressis verbis den persönlichen Lebensbereich der Heimbewohner erreichen will, in den folgenden Punkten:
▷ Die Ausgestaltung der Lebenssituation in Heimen wird weitaus mehr durch das von je verschiedenen Persönlichkeitsvariablen her gefärbte, subjektive Erleben bestimmt als durch Einbindungen in Milieugruppen
▷ In dem Prozeß der Daseinsbewältigung in Heimen geht es vornehmlich um das organisatorische Eingehen auf personennahe Bedürfnisse nach Identität und Sinn; erst aus dieser Sicherheit heraus lassen sich gemeinsam verbindliche Ziele und Interessen benennen
▷ Maßnahmen des therapeutischen Einwirkens haben die Balance mit den lebenslang erworbenen Erwartungen, Überzeugungen, Einstellungen und Vorsätzen zu wahren oder wiederherzustellen

Maßnahmen, die allein auf die Erlangung von Gemeinschaftsfähigkeit ausgerichtet sind, leugnen solche kognitiven Inhalte und erzwingen entsprechend dem Maslowschen „Syndrom-Konzept" Anpassung oder Abwehrhandlungen.

In der abschließenden Bewertung zeigt sich, daß das gemeinwesenbezogene Konzept, das durchaus von richtigen Ansätzen ausgeht, den zweiten Schritt vor dem ersten vollzieht. Kulturelle und soziale Teilhabe im Altenheim als Verständigung über gemeinsame Anliegen und Interessen wird erst möglich aus der Sicherheit der personalen Identität heraus; erst aus der Bestätigung der persönlichen Lebensweise, des persönlichen Wertgefühls erwächst die Reife, sich mit den Wertvorstellungen und Lebensweisen anderer Menschen auseinanderzusetzen und diese zu tolerieren. Die gemeinwesenbezogene Organisationsmethode allerdings führt in ihrem Maßstab der Bedürfniserfüllung allenfalls zur Befriedigung der generalisierenden Ansprüche. Die Ebene der personalen Entfaltung und der Identität wird nur scheinbar dort berührt, wo in den Aufgabengebieten „Wohnen" und „Versorgtwerden" stockwerkspezifische oder sonstige kleinräumliche Regelungen angeboten werden. Dennoch bleibt bestehen: Persönliche Lebensgestaltung kann nicht ersetzt werden durch gemeinschaftliches Handeln.

3. Der persönlichkeitsbezogene Ansatz

Im Gegensatz zu einer indirekten, auf die soziale Gemeinschaft bezogenen Identitätsvermittlung durch die Ermunterung und Aufforderung, im Zusammenschluß mit Gleichgesinnten persönliche Eigenart auszudrücken, besitzt in einem persönlichkeitsgeleiteten Verständnis jeder Heimbewohner seine unveräußerliche Identität als Voraussetzung. Hier ist es nicht Aufgabe des alten Menschen, sich zuzuordnen, sich Gehör zu verschaffen, sondern Aufgabe des Altenheims, sich so zu verhalten, daß sich der alte Mensch angenommen und verstanden fühlt. Wohlverstanden will diese Theorie nicht auf die zweifelsfrei wichtige Förderung des sozialen Gemeinschaftshandelns verzichten, aber als deren Voraussetzung schafft sie erst einmal persönliches Verstehen und persönlichen Lebensraum.

Der geschilderte Zusammenhang wird um so deutlicher, wenn man die Ergebnisse der Bevölkerungs- und Sozialentwicklung in die Gesamtüberlegung einbezieht:
▷ In zunehmender Weise benötigen wir Förder- und Entwicklungsmöglichkeiten für mehrfach behinderte ältere Menschen in Heimen.
▷ In zunehmender Weise wird das Heim ein Raum der Vollendung des Lebens.
▷ In zunehmender Weise wird hierdurch aber der Mitarbeiter in der Altenhilfe zum Anwalt und Förderer der individuellen Interessen und Bedürfnisse dieser Menschen.
▷ In zunehmender Weise vollzieht sich Altenarbeit folglich in dem Spannungsfeld zwischen wachsender Organisation und ihrem Gegenpol, dem wachsenden Anspruch auf individuelle Fürsorge.

Im Sinne des strategischen Unternehmensmanagements stellt die persönlichkeitsbezogene Betriebsführung eine Konsequenz der wahrgenommenen, veränderten, instabilen Umweltmerkmale des Altenheims dar (Zunahme der Hilfsbedürftigkeit). Die im Kapitel „Die zukünftige Entwicklung der stationären Altenarbeit" aufgezeigten Entwicklungen des Zuweisungszusammenhangs von hilfsbedürftigen Senioren an verschiedene Hilfsinstanzen stellen für das Altenheim in seiner jetzigen Struktur eine große Bedrohung dar. Um seine Existenzberechtigung neu zu definieren, bedarf es des Verzichts auf traditionelle bürokratische

```
                    ┌─ Strategisches Management ─┐
                    │                            │
         Sachmanagement              Personalmanagement
                                              │
                                    management by motivation
                                              │
  identitätsfördernde    management by         management by
  Arbeitsgestaltung      objectives            delegation
  (Kapitel: Motivierte   (Zielvereinbarung)    (Harzburger
  Pflegetätigkeit)                             Modell)
                                │                     │
                         management by         management by
                         information           participation
                         (Führung durch        (teamorientierte
                         Informantions-        Führung)
                         vermittlung)
```

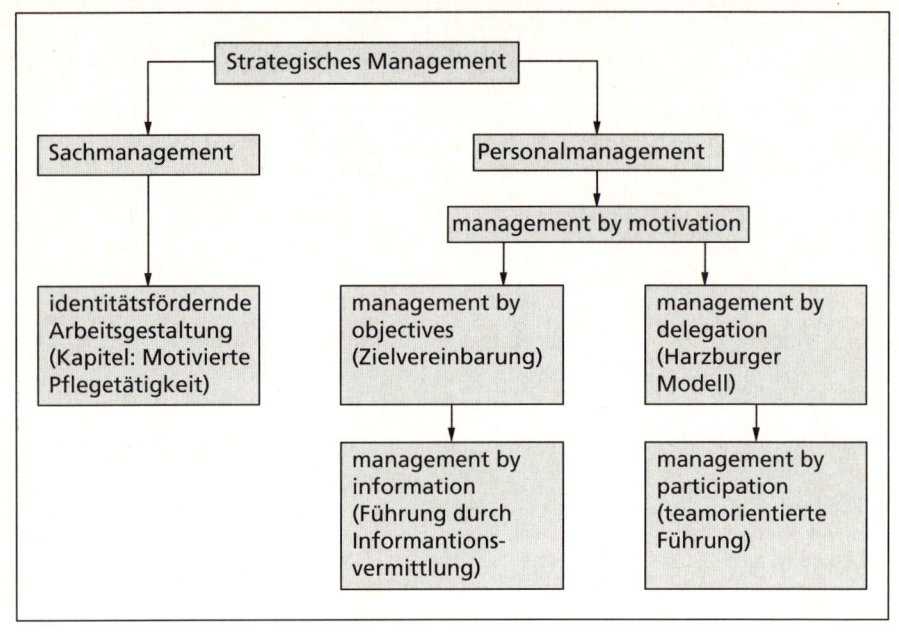

Abb. 29: Personalmanagement durch Motivation

Verwaltungsformen und auf standardisierte Pflegearbeit zugunsten der Förderung individueller Entwicklungschancen beim Heimbewohner. Eine solche Strategie der Neuorientierung ist geprägt durch folgende Faktoren:

- Die Anpassungsleistungen an die veränderte Umweltsituation müssen von den Pflegemitarbeitern mitgetragen werden
- Die Einsicht in die Notwendigkeit von Anpassungsleistungen ist durch partizipative Teilhabe zu vermitteln
- Zugunsten der persönlichen Förderung des Heimbewohners müssen umfassende Verhaltensreglements entfallen
- Berufliche Arbeitsabläufe gestalten sich zunehmend selbstgeplant, selbstbestimmt und selbstkontrolliert

Die einem solchen Planvorhaben zuzuordnende Überlebensstrategie des Altenheims heißt „Personalmanagement durch Motivation" (siehe hierzu die Abb. 29 auf dieser Seite).

Ein motivationales Führungskonzept setzt allerdings auch den Abbau hierarchischer Beziehungsmuster im Berufsfeld Altenpflege voraus. Dies bedeutet den Verzicht auf einseitige Funktions- oder Objektorganisation im Arbeitsablauf. Das angemessene Organisationsmittel ist das sogenannte Matrixschema (in Abb. 30 auf S. 175 dargestellt).

Objektsystem = Projektgruppen Projektgruppen						Funktionssystem = Verrichtungen
Ärzte 1	Heimbewohner 2	Primärpflegepersonal 3	Personal Verwaltungsaufgaben Pflege 4	Personal inhaltlich pragmatische Aufgaben 5		
		1.3 / 3.I	1.4 / 4.I	1.5 / 5.I	Personalverwaltung I	
		II.3 / 3.II	II.4 / 4.II	II.5 / 5.II	Personaleinsatz II	
		III.3 / 3.III	III.4 / 4.III	III.5 / 5.III	Personalentwicklung III	
IV.1 / 1.IV	IV.2 / 2.IV	IV.3 / 3.IV	IV.4 / 4.IV	IV.5 / 5.IV	Pflegeplanung/ -dokument. IV	
	V.2 / 2.V	V.3 / 3.V	V.4 / 4.V	V.5 / 5.V	Pflegeplanung/ -abläufe V	
VI.1 / 1.VI	VI.2 / 2.VI	VI.3 / 3.VI	VI.4 / 4.VI	VI.5 / 5.VI	Therapie/ Reha VI	
VII.1 / 1.VII	VII.2 / 2.VII	VII.3 / 3.VII	VII.4 / 4.VII	VII.5 / 5.VII	Hilfsmittelbeschaffung VII	

Abb. 30: Matrixorganisation der Altenpflegearbeit

```
                    inhaltlich-
                    pragmatische
                    Aufgaben
                         ↑
                    Verwaltungs-
                    aufgaben
```

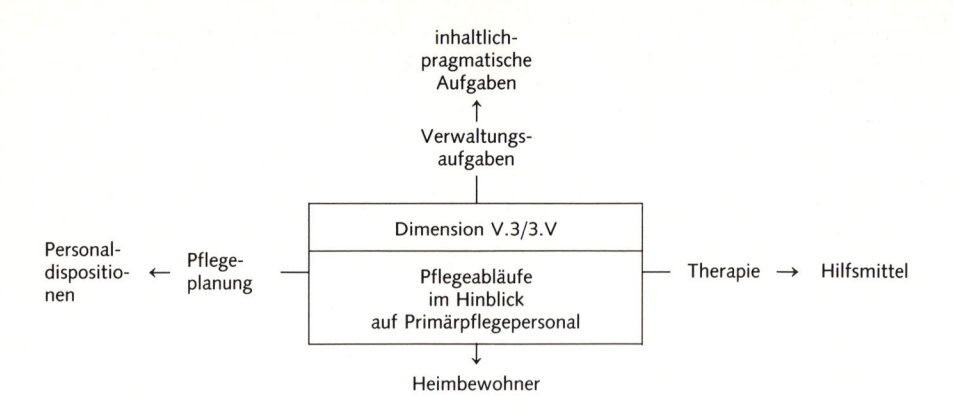

```
                        ┌─────────────────────────────┐
 Personal-    Pflege-   │     Dimension V.3/3.V       │
 dispositio- ← planung ─┤─────────────────────────────├─ Therapie → Hilfsmittel
 nen                    │       Pflegeabläufe         │
                        │        im Hinblick          │
                        │   auf Primärpflegepersonal  │
                        └─────────────────────────────┘
                                    ↓
                               Heimbewohner
```

In der Matrixorganisation ergeben sich als abgrenzbare berufliche Handlungsgefüge sogenannte Dimensionen, die jeweils unter 2 Aspekten zu betrachten sind. Zum Beispiel beschreibt die Dimension V.3/3.V in der Skizze auf dieser Seite die Pflegeabläufe in Hinblick auf ihre Realisierung durch das Primärpflegepersonal. Für diese Dimension ergeben sich nach der Funktions- und Objektseite vielfache Kooperationsbeziehungen. Es müssen folglich nicht hierarchische Autoritätsbeziehungen zur inhaltlichen Erfüllung festgelegt werden, sondern vielmehr bedarf es der Sicherstellung von Kooperation und Koordination durch eine Dimensionsleitung. Zur Verdeutlichung dieser Zusammenhänge mag die obenstehende Skizze dienen.

Wegen der aufgezeigten instabilen Umweltbeziehung der Altenheimorganisation bedarf es zusätzlich der motivationalen Entwicklung und Förderung des beruflichen Sozialisationsprozesses:
▷ durch Feststellung der persönlichen Motivationsbedingungen des Mitarbeiters
▷ durch die optimale Zuordnung von Arbeits- und Motivationsbedingungen
▷ durch Motivverschiebung in Richtung der Professionalität

Die zukünftige stationäre Altenarbeit wird also gemeinschaftsbezogen sein oder gar nicht sein, und sie wird auch in ganz besonderem Maße persönlichkeitswahrend sein oder gar nicht mehr sein. Im Handeln der Organisation müssen folglich sowohl gemeinschaftliche Grundanliegen als auch die speziellen Anliegen der einzelnen Person berücksichtigt sein.

Die Befreiung des alten Menschen aus seiner einseitigen Hilfe- und Versorgungsabhängigkeit, aus einseitigen Anpassungszwängen sozialer Forderungen vollzieht sich in der Förderung seiner Selbstmächtigkeit. Der alte Mensch muß trotz seiner Defekte als gestaltende Mitte in seinem subjektiven Lebensraum anerkannt werden. Hierzu bedarf es der folgenden theoretischen Festlegungen:
▷ Die kognitive Persönlichkeitstheorie sieht den alten Menschen in einem ständigen Handlungsaustausch mit seiner Umwelt, wobei dieser ver-

sucht, äußere Anforderungen, die sich aus einer Heimaufnahme ergeben, mit inneren Erfahrungen und Werthaltungen in ein Gleichgewicht zu bringen.

▷ Wird der äußere Druck übermächtig (z. B. Heimordnungen, vorgegebene Essens- und Schlafenszeiten, fremdbestimmter Tagesablauf), so werden die Eckpfeiler des Selbstbildes, des eigenen Ich, zerstört

▷ Die solchermaßen erzwungene Veränderung der lebenslang erworbenen Einstellungen, Erwartungen, Überzeugungen hat auch die Veränderung oder den Zusammenbruch von Orientierungsfähigkeit, Wahrnehmungsfähigkeit und Antrieb zur Folge

▷ Um innerhalb des Heimes einseitige Anpassungszwänge abzubauen, ist es notwendig, die Organisation so auszurichten, daß sie auf die Wünsche und Bedürfnisse des Bewohners eingehen kann

▷ Zu unterstützen sind alle Maßnahmen, die sich an der Biographie des Bewohners orientieren und sowohl Identität als auch Integrität stiften

▷ Abzulehnen sind alle Maßnahmen, die vom Bewohner nicht gewollt sind beziehungsweise sich indirekt gegen seinen bisherigen Lebensstil richten

▷ Anzustreben ist darüber hinaus die rehabilitative und prothetische Wiederherstellung der Handlungs- und Entscheidungsfähigkeit des Heimbewohners als Möglichkeit zur Überwindung des Stellvertreterhandelns durch das Personal

Welter (1986) stellt daher die entscheidende Frage, ob etwa Bewohner und Mitarbeiter sich an die vorgefundenen architektonischen und organisatorischen Bedingungen von Heimen im Sinne einer bedingungslosen Unterordnung anpassen sollten, oder ob nicht vielmehr diese Bedingungen so flexibel sein müßten, daß sie sich unterschiedlichen Bedürfnissen anpassen ließen. Man solle damit aufhören, Organisationsformen zu schaffen, in denen Bewohner keine Privatsphäre mehr fänden. [11]

Der im folgenden zu entwickelnden Theorie wird demzufolge eine Verknüpfung von Versorgungssicherheit mit der Forderung nach sozialer und kultureller Teilhabe bei gleichzeitiger Wahrung des persönlichen Lebensstils abverlangt.

Die Organisation als Gesamtgefüge hat folglich zurückzustehen hinter den individuellen Ansprüchen der Bewohner. Das entsprechende Konzept erkennt also neben der im klassischen Organisationsgefüge einer totalen Institution wurzelnden Gefahr des Kulturentzugs auch die weitaus größere Gefahr einer Entpersönlichung.

Verwaltung und bürokratische Kontrolle darf nur dort erfolgen, wo sich allgemeingültige Bedürfnisse zur Deckung bringen lassen, die nicht personennah gelagert sind. Damit ist eine Zweiteilung begründet zwischen Abläufen, die sozial umschrieben und motiviert sind, wie Feste feiern, einander begegnen, Erfahrungen austauschen, Besuch bekommen, und Abläufen, die Intimität und Privatheit erzwingen, wie Körperpflege, Gestaltung des persönlichen Lebensraums, Krankheit und Tod.

Im Vordergrund der Erfüllung solch privater Aufgaben steht das Einzelgespräch, die Einzelhilfe. Begegnung wird dann, rechtverstanden, zu einer Überlappung zweier Erfahrungshorizonte von Mitarbeitern und Heimbe-

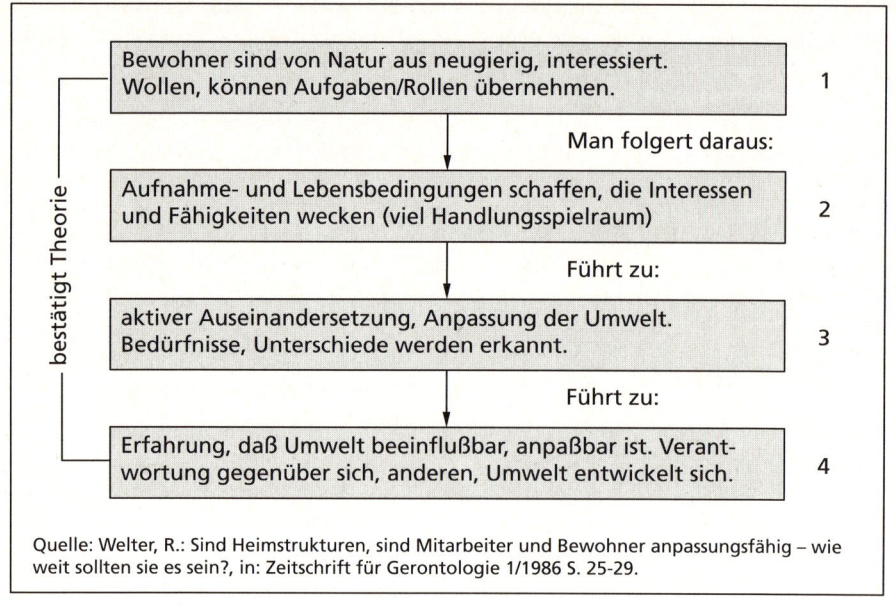

```
                 ┌─────────────────────────────────────────────────┐
                 │ Bewohner sind von Natur aus neugierig, interessiert.
                 │ Wollen, können Aufgaben/Rollen übernehmen.        │  1
                 └─────────────────────────────────────────────────┘
                              │         Man folgert daraus:
                              ▼
   bestätigt Theorie
                 ┌─────────────────────────────────────────────────┐
                 │ Aufnahme- und Lebensbedingungen schaffen, die Interessen
                 │ und Fähigkeiten wecken (viel Handlungsspielraum) │  2
                 └─────────────────────────────────────────────────┘
                              │         Führt zu:
                              ▼
                 ┌─────────────────────────────────────────────────┐
                 │ aktiver Auseinandersetzung, Anpassung der Umwelt.
                 │ Bedürfnisse, Unterschiede werden erkannt.        │  3
                 └─────────────────────────────────────────────────┘
                              │         Führt zu:
                              ▼
                 ┌─────────────────────────────────────────────────┐
                 │ Erfahrung, daß Umwelt beeinflußbar, anpaßbar ist. Verant-
                 │ wortung gegenüber sich, anderen, Umwelt entwickelt sich. │  4
                 └─────────────────────────────────────────────────┘
```

Quelle: Welter, R.: Sind Heimstrukturen, sind Mitarbeiter und Bewohner anpassungsfähig – wie weit sollten sie es sein?, in: Zeitschrift für Gerontologie 1/1986 S. 25-29.

Abb. 31: Auswirkungen des „positiven" Menschenbildes auf den Zusammenhang von Institution und Person

wohnern und ist geprägt von handelnden Personen und nicht von beruflichen Aufgabenstellungen.

Aus	wird	und mündet ein in
versorgen aktivieren pflegen	wohnen in Gemeinschaft eiander begegnen miteinander arbeiten	individuelle Lebensgestaltung sich einbringen individuelle Förderung

Einem solchen Ansatz liegt eine Theorie des „positiven", nicht normativen Menschenbildes zugrunde, wie sie von Welter formuliert wird (siehe dazu die Abb. 31 auf dieser Seite).

In Erweiterung des gemeinwesenbezogenen Konzepts bedarf es folglich der Teilung des hier beschriebenen Zirkulationsbereiches in 2 Ebenen; zum einen der Ebene, auf der alle sozialen Prozesse organisiert und zusammengefaßt werden, zum anderen einer Ebene der personalen Begegnung, auf der sich Mitarbeiter und Bewohner als Individuen treffen. So rückt die enge, durch Hilflosigkeit und Abhängigkeit geprägte dyadische Beziehung zwischen Mitarbeiter und Bewohner in die zentrale Perspektive.

Es geht allerdings immer um den pflegebedürftigen älteren Menschen, auf ihn hin sind alle Maßnahmen angelegt. Es treten sich folglich handelnde Personen (Mitarbeiter/Bewohner) gegenüber, deren Kräfte zunächst ungleich verteilt sind, die aber auch zunehmend Gelegenheit bekommen, sich selbst einzubringen und schließlich ihre unterschiedlichen Interessen, Ansichten, Gefühle, Einstellungen, Gedanken zu gemeinschaftlichem Handeln zu verdichten. Dies wird aber in der Tat nur dort möglich sein, wo der einzelne zuvor in seinem Sosein Bestätigung erfahren hat und somit aus dieser Sicherheit seiner Identität einen Handlungszusammenhang mit anderen herzustellen vermag. Dort, wo gruppenhafte Prozesse stets solchen Anliegen der Person übergeordnet bleiben und persönliche Ansprache lediglich dazu dient, Gemeinschaftsfähigkeit zu erzeugen, erfolgt eine systematische Verleugnung und Verdrängung eines gelebten Lebens.

In dem Maße, wie der ältere Mensch nicht mehr in der Lage ist, sich Ausdruck zu verleihen, wird es Aufgabe des Mitarbeiters sein, das Wesen des ihm anvertrauten Menschen zunächst zu erforschen, später die Selbstäußerung zu fördern. Erst wenn der Mitarbeiter durch Beschäftigung mit der Biographie seines Gegenübers in Erfahrung gebracht hat, wer dieser Partner ist, was sein Leben bisher gewollt hat, kann er es durch Mitwirkung und Förderung vollenden helfen. Folglich rückt der Mitarbeiter in den Altenheimen in eine zentrale Stellung. Während ihm in den anderen Konzeptionen entweder nur die Funktion eines Erfüllungsgehilfen oder aber die Mitverantwortung für das „soziale Klima" zugebilligt wird, erhält er hier eine dreifache Verantwortlichkeit; zum einen als Vertreter der Interessen der ihm anvertrauten älteren Menschen, zum anderen als Vertreter der Zugehörigkeitsbedingungen der stationären Altenhilfe und zum dritten auch als Vertreter seiner selbst. Ihm obliegt also das Aushandeln der Möglichkeiten des einzelnen Heimbewohners mit den Zielen und Absichten der Gesamtorganisation, wobei er seine eigenen Vorstellungen und Werthaltungen mit einbringen darf. Hierdurch vollzieht sich eine Zubilligung von beruflicher Kompetenz in hohem Maße.

Der organisatorische Zusammenhang einer solchen Theorie zerfällt in zwei unterschiedliche Ebenen:

▶ Dyadischer[4] Raum (Erfüllung aller personennahen Bedürfnisse)
▷ Körperpflege
▷ Speisenauswahl
▷ Zimmereinrichtung
▷ Zuwendung
▷ Intimpflege
▷ Selbstdarstellung, Selbstäußerung
▷ Sterbebegleitung
▷ Rehabilitation

In diesem Bereich prägen zwei Personen das Handlungsfeld, der ältere Mensch und sein Gegenüber, der Mitarbeiter in der Altenpflegeeinrichtung. Das entsprechende Zusammenwirken verzichtet notwendigerweise auf alle allgemeingültigen Festlegungen, verzichtet also auf Gruppen- und Funktionspflege, auf starre Zeitregelungen und feste Arbeitspläne.

▶ Zirkulationsbereich (Ort des sozialen Handelns)
▷ Wohnen
▷ Essen
▷ sozialer Austausch als Suche nach Bestätigung

---

[4] Als Dyade bezeichnet man eine Kleingruppe mit vorzugsweise zwei Personen, die sich häufig durch besonders enge emotionale und soziale Beziehungen auszeichnet.

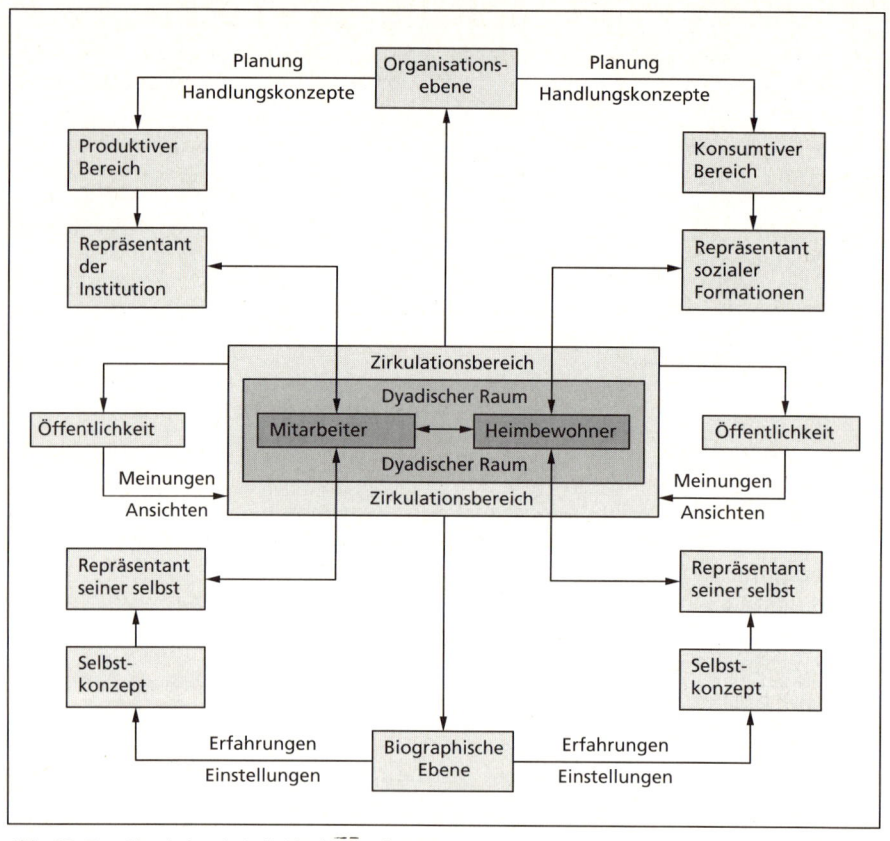

Abb. 32: Das Altenheim als individualisierendes System

▷ Kultureller Austausch
▷ Eingehen neuer Verpflichtungen
▷ Festlegung von allgemeinen Arbeits- und Beziehungsmustern
▷ Anregung, Aktivierung

Hier werden alle überpersönlichen, sozial begründeten Ansprüche organisiert, wobei alle Handlungspartner sich in einen solchen Zusammenhang als gleichberechtigte Partner einbringen dürfen. Auseinandersetzung und Rückwirkung auf das Gesamtgefüge sind möglich.

Wie bereits mehrfach umschrieben, ist die Wahrung der Identität, wie sie sich im dyadischen Raum der pflegerischen Berufsausübung vollzieht, Voraussetzung für das Eingehen sozialer Bindungen. Die Verdrängung oder „Sozialisierung" dieses zutiefst persönlichen Anspruchs bedeutet die Aufgabe des Zentrums, der Sinnmitte, aller pflegerischen Bemühungen, nämlich dem Erkennen einer jeweils unterschiedlichen Leidensgeschichte und ihrer Bedeutung für das weitere Leben (s. hierzu die Abb. 32 auf dieser Seite).

In diesem Sinne stellt das Konzept der persönlichkeitswahrenden Hilfe eine doppelte Befreiung für den alten Menschen dar: Zum einen befreit es von der Isolation und Ausgrenzung, die sich für den Pflegebedürftigen ergibt; zum anderen befreit es von individueller Beeinträchtigung durch Bevormundung und Gleichmacherei. Hierin liegt die einzige Chance des Überlebens der geschlossenen Altenhilfeorganisation in der nahen Zukunft. Zur zusammenfassenden Orientierung werden auf den Seiten 182 und 183 die Grundbedürfnisse der älteren Menschen und deren Berücksichtigung in verschiedenen Organisationskonzepten vergleichend dargestellt.

Setzen wir nun die genannten Organisationsebenen in Beziehung zu den Aufgaben, die sich daraus für die Mitarbeiter ableiten, so ist die Pflegearbeit (Beratung, Anleitung, Begleitung, manuelle Hilfe) unmittelbar auf den dyadischen Raum bezogen. Erst wenn der Heimbewohner das Gefühl von Annahme und Selbstbestimmung zu entwickeln vermag, gewinnt er die innere Freiheit, sich einer Gemeinschaft zuzuwenden. Der Raum des sozialen Handelns wird gemeinsam gestaltet als ein Gemeinwesen von Sozialtherapeuten und Bewohnern einerseits und Angehörigen, Vereinen, politischen und kulturellen Gruppen andererseits.

Die Pflegearbeit im Rahmen unseres persönlichkeitsorientierten Konzeptes werden wir im folgenden als Förderpflege charakterisieren. Förderpflege setzt voraus, daß in bezug auf die zu fördernden Eigenschaften und Fähigkeiten der alten Menschen individuelle Chancen und Möglichkeiten als Zielvorgaben formuliert werden, von denen sich wiederum bestimmte Arbeitsmethoden und Therapien ableiten lassen. Förderpflege ist folglich eine an den Zielen der persönlichen Entwicklungschancen ausgerichtete Pflege.

Ziel- und persönlichkeitsorientierte Pflege erfolgt stets nach einem sich selbst steuernden Pflegeprozeßmodell:

Ermittlung der Entwicklungs- chancen/ des Pflegebedarfs	→ Pflegeplanung	→ Durchführung der geplanten Pflege	→ Kontrolle
▷ Beobachtung ▷ Gespräch ▷ Ärztliche Berichte ▷ Interpretation (Berufskenntnisse, Einfühlung)	▷ Erkennen von Lebensgrundhaltungen ▷ Erkennen von Restfähigkeiten ▷ Erkennen von Mitwirkungsbereitschaften ▷ Ursachenvermutung von Defiziten/Störbereichen ▷ Zielformulierung ▷ Ableitung von Methoden und Maßnahmen im Rahmen eines Rehabilitationskonzepts	▷ Methoden und Maßnahmen als Aufgabenzuordnung	▷ Sind die Maßnahmen effektiv? ▷ Müssen neue Maßnahmen ergriffen werden?

Zusammenschau der Grundbedürfnisse älterer Menschen und deren Berücksichtigung in verschiedenen Organisationskonzepten

Grundbedürfnisse	Organisationszentrierter Ansatz
Sicherheit	**Sicherheit**
Stillung von Hunger und Durst	Befriedigung im aufgezwungenen Zeitrhythmus
Körperliche Versorgung	Befriedigung durch rationelle, effektive Pflegehandlungen
Personalpräsenz	Befriedigung durch professionelle Personalpräsenz
Abruf von Hilfeleistungen	Befriedigung vorwiegend medizinisch-technischer Problemstellungen
Bereitstellung von versorgungsspezifischen Räumlichkeiten	Befriedigung durch funktionale Raumplanung
Bereitstellung von technischen Hilfsmitteln	Befriedigung unter dem Aspekt der Arbeitseffektivität
Schutz vor körperlicher Beeinträchtigung	Befriedigung durch Anpassung an handhabbare Standards
Anerkennung	**Anerkennung**
Emotionale Zuwendung	Befriedigung durch tätigkeitsbezogene Zuwendung
Angenommenwerden	Befriedigung durch Anpassung an erwünschte Verhaltensweisen
Fürsorglichkeit	Befriedigung im Rahmen der allgemeinen Dienstpflichten
Achtung und Respekt	Indirekte Befriedigung durch Sanktionsfreiheit
Soziale Teilhaberschaft	**Soziale Teilhaberschaft**
Begegnung	Begegnung in Heimritualen
Teilhabe, Zugehörigkeit, Geborgenheit	Schaffung einer geschlossenen Heimkultur
Soziale Handlungsfähigkeit in symmetrischem Beziehungsmustern	Anpassungsdruck durch uniforme Handlungsnormen
Integration	Segregation
Entfaltung der Person	**Entfaltung der Person**
Privatheit der Lebenssituation	
Individuelle Handlungs- und Entscheidungsspielräume (Selbstbestimmung)	
Persönliche Beziehungsmuster	
Selbstvertrauen	
Sinnfindung, Identität	**Sinnfindung, Identität**
Kontinuität	
Ordnung und Wertung	
Annahme, Sinnorientierung	
Daseinsorientierung	

Gemeinwesenorientierter Ansatz	Individuumzentrierter Ansatz
Sicherheit	**Sicherheit**
Befriedigung als gemeinschaftliche Erfahrung	Befriedigung als Ausdruck persönlichen Umgangs
Befriedigung durch rationale, effektive Pflegehandlungen	Befriedigung durch zeitentbundene, personennahe Pflege
Befriedigung durch professionelle Personalpräsenz	Befriedigung durch personenbezogene Personalpräsenz
Befriedigung durch Einbeziehung medizinisch-technischer Hilfestellung in das Wohnfeld	Befriedigung durch Umdeutung in den persönlichen Bewohnerrhythmus
Befriedigung durch Schaffung kleinräumlicher Zonen	Befriedigung durch Raumanordnung nach persönlichen Erfordernissen
Befriedigung unter dem Aspekt der Hilfe zur Selbsthilfe	Befriedigung unter dem Aspekt der Förderung der Unabhängigkeit
Befriedigung durch Rehabilitation	Befriedigung durch individuelle Förderpflege
Anerkennung	**Anerkennung**
Indirekte Befriedigung durch Stiftung emotionaler Beziehungen	Befriedigung durch direkte, persönliche Zuwendung
Befriedigung durch Erfahrung von Solidarität und Integration	Befriedigung durch Anerkennung der Einmaligkeit der Person
Befriedigung durch spezielle Milieufürsorge	Befriedigung durch Einzelfürsorge
Befriedigung durch Akzeptanz verschiedener Milieus	Befriedigung durch Akzeptierung persönlicher Besonderheiten
Soziale Teilhaberschaft	**Soziale Teilhaberschaft**
Befriedigung durch kulturelle Teilhabe und -auseinandersetzung	Befriedigung durch identitätswahrende kulturelle Teilhabe
Befriedigung in der Schaffung einer facettenreichen, öffentlichen Heimkultur	Befriedigung durch Schaffung einer facettenreichen öffentlichen Heimkultur
Befriedigung in der Ausübung variabler symmetrischer Handlungsmuster	Befriedigung durch Anerkennung persönlichkeitsspezifischer Handlungsmuster
Befriedigung durch Mitwirkungsmöglichkeit bei sozialer Lebensgestaltung	Befriedigung durch Mitwirkungsmöglichkeit bei sozialer Lebensgestaltung
Entfaltung der Person	**Entfaltung der Person**
Öffentlichkeit der Lebenssituation	Befriedigung durch selbstbestimmte, individuelle Lebensgestaltung
Abhängigkeit von Gruppennormen und -interessen	Befriedigung durch Stärkung der Umweltkompetenz
Behauptung milieuhafter Lebenszusammenhänge	Befriedigung durch Aufnahme persönlichkeitsgeprägter Beziehungen
Vertrauen auf die Stärke der Gruppe	Befriedigung durch Vertrauen in sich selbst
Sinnfindung, Identität	**Sinnfindung, Identität**
	Befriedigung durch Kontinuität der Lebensführung
	Befriedigung durch Unterstützung einer Lebensrückschau
	Befriedigung durch Vermittlung von Hoffnung, Zuversicht
	Befriedigung durch Ansprechen der Daseinsthemen

Anhand eines solchen Prozeßmodells lassen sich nun die einzelnen Aufgaben der Pflegearbeit wie folgt bestimmen:

A. Ermittlung der Entwicklungs- = verwaltender und inhaltlich-prag-
chancen/des Pflegebedarfs matischer Aufgabenkreis
B. Pflegeplanung = inhaltlich-pragmatischer
Aufgabenkreis
C. Durchführung der geplanten Pflege = unmittelbarer Aufgabenkreis
D. Kontrolle = unmittelbarer, inhaltlich-pragmati-
E. Daseinsfragen scher und verwaltender Aufgaben-
kreis

Zur Begründung der organisatorischen Trennung von Anamnese und Planung einerseits und Durchführung und Kontrolle andererseits muß angeführt werden:
▷ es handelt sich um zwei verschiedene berufliche Wirkrichtungen, die unterschiedliche Kompetenzen, Verfahrensweisen und Methoden dem Mitarbeiter abverlangen
▷ die zunehmende Komplexität der Pflege erzwingt die Aufgabe von „Allzuständigkeit" und beruflicher „Allwissenheit"
▷ die Verlagerung der Aufgabenerfüllung in zwei Entscheidungsebenen fördert die kritische Distanz zum und den gegenseitigen Austausch über den Bewohner.

Auf der anderen Seite zeichnet sich in dieser Organisationsübersicht die wechselseitige Durchdrungenheit der einzelnen Aufgabengebiete in Hinblick auf das pflegerische Förderprinzip ab. Das entsprechende Schlagwort wäre also nicht „Funktionalisierung", sondern „Professionalisierung".

A. *Ermittlung der Entwicklungschancen/ des Pflegebedarfs*
A.A *Anamnese*
▷ Personendaten
  Soziale Daten
▷ Ärztliche Befundberichte
▷ Verhalten/Einstellung (Lebensbericht)
▷ Wünsche

A.B Beurteilung der Pflegebedürftigkeit (siehe hierzu die Tabellen auf den Seiten 186 und 187).

B. *Pflegeplanung*
B.A *Ursachenvermutung von Defiziten/Störbereichen*

Um nun die bisher verwendeten Begriffe wie „Abhängigkeit" und „Hilflosigkeit" in ihrer Auswirkung beschreiben zu können, bedarf es zunächst des Rückgriffs auf die Grundlagen der kognitiven Persönlichkeitstheorie. Hier wird ausgesagt, daß das menschliche Wirksystem als Ausdruck der umweltbezogenen Handlungsmächtigkeit des Individuums zu gelten habe; es werde gesteuert aus der Balance zwischen dem Bedürfnissystem einerseits und den Lern- und Orientierungssystemen andererseits. Eine Störung dieses empfindlichen Gleichgewichts führe unweigerlich zu nicht situationsangemessenen Handlungen, die allgemein beim älteren Menschen als Desorientiertheit, Apathie und Rückzug umschrieben seien und sich zum größten Teil mit den bereits aufgezeigten Heimaufnahmeeffekten deckten.

Solche Effekte, zurückführbar auf ein gestörtes menschliches Wirksystem, sind nun aber auch im Rahmen eines kommunikationstheoretischen Modells[5] beschreibbar und erklärbar. Der Beschreibung von Heimaufnahmeeffekten folgend, sind solche Regulationsstörungen Ausdruck eines psychischen Ungleichgewichts zwischen veränderter Umwelt und beharrendem Ich, wobei aber auch die Umweltwahrnehmung beeinträchtigt sein kann.

Unterscheidbar sind verschiedene ursächliche Störungen:

Störungen des Wirksystems = Kommunikationsstörungen
▶ physiologische Störbereiche
▷ hirnorganischer Abbau (Involution)
▷ Bewegungsstörungen (Ataxien, Paralysen, Arthrosen, Koordinationsstörungen)
▷ Sprachstörungen
▷ Wahrnehmungsstörungen
▷ Gleichgewichtsstörungen

▶ psycho-soziale Störbereiche
ökologisch bedingte Störungen
▷ Baulichkeit des Heimes
▷ Infrastruktur
▷ prothetische Versorgung[6] (Möblierung, technische Ausstattung)
▷ Lage des Heimes
Interaktionsstörungen[7] (Beziehungsstörungen zu Personen, Gruppen)
▷ Werte-, Normenkrisen (Ablehnung, Rückzug)
▷ erzwungene Anpassungsleistungen
▷ double-bind-Situationen (Abstoßen und Anziehen zugleich)

▶ tiefenpsychologische Störbereiche
▷ Abwehrreaktionen gegen äußere Aggressoren
▷ Identitätskrisen
▷ Sinnkrisen

▶ Störungen der Verhaltensregulation
▷ Versagen der Daseinstechniken (Abwehrreaktionen)

Die Ursache solcher Störbereiche [13] ist in der mangelnden Umwelt-Kompetenz[8] der Individuen zu vermuten (kognitiver Aspekt); die Folgen sind innerpsychisch

---

[5] Kommunikation gilt als übergeordneter Begriff für alles, was signalisiert oder empfangen wird, auch wenn es nicht wechselseitig geschieht. So läßt sich jede Reaktion eines Menschen auf Umweltreize als Kommunikation auffassen. Kommunikation bezeichnet folglich ein basales Modell zur Beschreibung menschlichen Wirkens in seine Umwelt.
[6] Gestaltung der dinglichen Umwelt einschließlich des Vorhandenseins von körperbezogenen Hilfsmitteln.
[7] Interaktion bezeichnet den Prozeß der wechselseitigen Beeinflussung, den Vorgang aufeinanderbezogener Aktion und Reaktion, wobei überwiegend der pragmatische, das heißt, der verhaltensbestimmende Aspekt der Kommunikation im Vordergrund steht.
[8] Die Fähigkeit eines Individuums, die für seine situationsgerechten Handlungsabsichten wichtigen Bestandteile seiner Umwelt angemessen wahrzunehmen und auf dieser Grundlage Handlungen zu planen und zu realisieren unter Einschluß der Möglichkeit, auf diese Bestandteile in bezug zu den Handlungszielen einzuwirken.
Lit.: Lantermann, E. D.: Eine Theorie der Umwelt-Kompetenz in Zeitschrift für Gerontologie 1976/9. S. 436.

Beurteilung der Pflegebedürftigkeit durch das Personal [12]

	trifft voll zu	trifft teilw. zu	trifft nicht zu

Aktivität
Sucht sich geistige Tätigkeit, liest Zeitung, fragt nach Büchern
Sucht sich Beschäftigung (Basteln, Blumen gießen etc.)
Verläßt das Haus (Einkaufen, Spazierengehen, Kirche, Veranstaltungen, Besuche usw.)
Schreibt häufig Briefe
Kann ausgehen, um einzukaufen

Einschränkung von Sinnesleistungen
Hört schlecht
Sieht schlecht
Hat Schwierigkeiten beim Lesen (benötigt Lupe, starke Brille)

Aggressivität
Ist leicht reizbar
Ist zänkisch und aggressiv
Mischt sich in Dinge, die sie/ihn nichts angehen
Ist liebenswürdig
Ist rechthaberisch gegenüber Arzt und Personal
Beschwert sich über andere
Streitet sich häufig mit Mitbewohnern

Affektlage
Ist sehr empfindlich, wird leicht traurig
Hat unbegründete Ängste
Ist häufig gut gelaunt

Sozialverhalten
Ist anderen gegenüber hilfsbereit
Sucht Kontakt zu anderen Patienten
Besucht Mitbewohner auf der Etage in deren Zimmern
Geht in den Gemeinschaftsraum auf der Station
Besucht andere Personen auf anderen Stationen
Besucht den gemeinsamen Fernsehraum

Beurteilung der Pflegebedürftigkeit durch das Personal

	trifft voll zu	trifft teilw. zu	trifft nicht zu

Körperliche Gebrechlichkeit
Ist bettlägerig
Braucht Hilfe beim Esseneinnehmen (Füttern)
Kann ohne fremde Hilfe die Toilette aufsuchen
Kann ohne Hilfe aufstehen und umhergehen
Zieht sich selbst an und aus
Wäscht sich selbst
Verläßt ohne fremde Hilfe die Station und bewegt sich ohne Hilfe innerhalb des Hauses
Benötigt Unterstützung durch menschliche Hilfe auch beim Bewegen im Bett
Kann ohne fremde Hilfe WC-Stuhl benutzen
Kann sich ohne fremde Hilfe waschen und anziehen
Kann zwei Stockwerke hinauf und wieder hinunter gehen
Ist in der Lage, eine Viertelstunde spazierenzugehen

Inkontinenz
Ist tagsüber inkontinent
Ist nachts inkontinent
Blasen-Inkontinenz
Stuhl-Inkontinenz
Benötigt Katheter

Hirnorganische Störungen
Ist örtlich unzureichend orientiert
(glaubt sich in ihrer/seiner Wohnung)
Verliert ihre/seine Sachen
Ist zeitlich unzureichend orientiert
(kennt Jahres- und Monatsdaten nicht)
Beschmiert sich oder die Umgebung
(mit Essen o. ä.)
Verwechselt ihr/sein Bett
Zittert so, daß sie/er alles verschüttet
Ist verwirrt
Drängt unerlaubt nach draußen, läuft fort

Aktivierungsfähigkeit
Psychisch aktivierungsfähig
Körperlich aktivierungsfähig

„Dystreß"[9] beziehungsweise nach außen gewandt „konditioniertes Fehlverhalten".[10] Je nachdem wie solche Belastungssituationen subjektiv erlebt und kompensatorisch verarbeitet werden, ist das Ausmaß der Hilflosigkeit, der Desorientiertheit, des Fehlverhaltens größer oder geringer, oder es kommt gar nicht zu einer sichtbaren Ausbildung.

B.B Zielformulierung

Um nun zur Aufstellung von persönlichkeitsangemessenen Pflegezielen gelangen zu können, bedarf es zuvor der Berücksichtigung der folgenden Kriterien:

Pflegepersonal	Bewohner
▷ Erkennen von Störbereichen und ihren Ursachen	▷ Fühlt sich auch der Bewohner durch diese Defizite betroffen? Inwieweit kann er sie kompensieren?
▷ Überlegung, welche Ziele zur Reduzierung/Aufhebung der gestörten Umwelt-Kompetenz beitragen unter Berücksichtigung der vorhandenen materiellen und personellen Ressourcen	▷ Stimmt der Bewohner der Zielsetzung zu? Ist diese auf seine gewohnte Lebensweise abgestimmt? Kann man davon ausgehen, daß er zustimmen würde, wenn er bewußt entscheiden könnte?
▷ Sammlung von Vorschlägen möglicher Pflegemaßnahmen	▷ Inwieweit stimmen diese Vorschläge mit den interpretierbaren Strebungen und Absichten des Bewohners überein?
▷ Entscheidung, welche dieser Pflegemaßnahmen der Situation des Bewohners angemessen sind	▷ Kann der Bewohner in diese Entscheidung einbezogen werden? [14]

---

[9] Ständige, nicht mehr abbaubare psychische Spannung.
[10] Verhalten, daß durch die Umwelt (Mitarbeiter, Mitbewohner) bestärkt wird.

Datum	Probleme/ Bedürfnisse		der Patient soll	Pflegemaßnahmen/ Pflegeplan	Kontrolle
6.3.	1	Gefahr zunehmender Pflegeabhängigkeit bei Körperpflege und Mobilität	Möglichkeiten der Selbständigkeit nützen – sich selbst waschen – laufen mit Gehhilfe (erst mit Begleitung, dann allein)	Mobilität: 1. Schritt: zum Oberkörperwaschen morgens und abends ans Waschbecken setzen, nach dem Frühstück Gehübungen in Begleitung, nachmittags Gehen zum Fernsehraum	9.3.
	2	Dauerkatheter	spontan Wasser lassen	Katheter: 4 Stunden Intervalle – Urinentleerung (Arztabsprache)	7.3.
	3	linker Fuß hat in den normalen Schuhen keinen Platz	besser laufen können	Mit Arzt Überweisung zum Orthopäden besprechen wegen orthopädischer Schuhe	Visite

Abb. 33: Beispiel einer zielorientierten Pflegedokumentation
Quelle: Reimann, Renate: Anleitung zur Pflegeplanung und Pflegedokumentation, S. 48

B.C Erstellung eines Rehabilitationskonzeptes der Förderpflege

Der Begriff Intervention bezeichnet das Insgesamt von vorbeugenden und umkehrenden Maßnahmen im Hinblick auf die erörterten Störbereiche sowie die Hilfestellung beim Umgang der Betroffenen mit solchen Defekten. Im Zusammenhang mit der zu erwartenden Zunahme von körperlichen, psychischen und geistigen Behinderungen interessieren also mehr Interventionsmaßnahmen im Sinne einer Rehabilitation und eines Managements von Problemsituationen.

Rehabilitation bezeichnet nach Österreich (1975) einen Prozeß der Wiederherstellung und den Erhalt der Selbständigkeit und Unabhängigkeit sowie der Selbstverantwortlichkeit und Entscheidungsfähigkeit. Überdies verbinde sich hiermit auch die Aufgabe der Vermittlung von Zukunftsbezogenheit und Sinngebung auch bei unbeeinflußbaren Erkrankungen und Behinderungen im Alter. Das Management von Problemsituationen umfasse dann bei dieser recht weiten Definition den Teil der Rehabilitation, bei dem es mehr um die Wahrung des status quo und um das Sich-Zurechtfinden mit Erkrankungen und Behinderungen im Alter gehe. Dabei handle es sich vor allem um die Anpassung ökologischer Bedingungen an die körperlichen Funktionseinbußen von Betagten, aber auch um die Förderung der Annahme einer durch solche Einbußen veränderten Lebenssituation. Verhaltenstherapeutische Maßnahmen zielten auf die Gewinnung eines neuen psychischen Gleichgewichts durch Vermittlung verhaltenspraktischer Techniken der Bewältigung von Problemsituationen. [15]

Innerhalb des Geflechts der aufgewiesenen Störbereiche nehmen die psychopathogenen Ursachen einen breiten Raum ein gegenüber physiologisch bedingten Störungen, die leichter zu diagnostizieren und zu therapieren sind. Wegen des vielfältigen Wirkungszusammenhangs psychischer Störungen müssen die Rehabilitationsbemühungen hier möglichst personengerecht und ursachenbezogen sein, dürfen also nicht allein im Feld der Resozialisierung steckenbleiben. Neuere Forschungsansätze unterstreichen daher die Begrenztheit allgemeiner Integrationsbemühungen und weisen universelle Rehabilitationskonzepte in ihre Schranken. [16] Damit ist zugleich die Forderung nach speziellen, individuellen Fördermaßnahmen für alte Menschen verbunden.

In zunehmender Weise vollziehen Lehr (1979) und Österreich (1975) innerhalb ihrer therapeutischen Konzepte eine Anerkennung des alternden Individuums als eines selbstmächtigen, handlungsfähigen und sich durch Wahrnehmung und Bewertung selbst steuernden Menschen in seiner Umwelt. In diesem Sinne erscheinen auch unerwünschte Auswirkungen der Heimaufnahme nicht als unabwendbares Schicksal, sondern als wechselseitig bedingtes Geschehen, welches durch Stärkung der Umwelt-Kompetenz des Heimbewohners beeinflußbar wird. Man geht folglich davon aus, daß weder das Lebensalter noch die Schwere der psychischen oder physiologischen, nach außen hin wahrnehmbaren Störung, noch die Länge des vorangegangenen Heimaufenthaltes eine Therapie im Sinne der Intervention unmöglich machen. Lediglich eindeutig zuzuordnende hirnorganische Abbauprozesse, die überwiegend physiologisch bedingt seien, schränkten den Therapieerfolg ein. [17] Damit greifen Therapiemaßnahmen erstmals direkt in den gestörten Steuerungszusammenhang zwischen Wahrnehmung und Umwelt ein und lassen verdrängte oder verleugnete Bedürfnisse des alten Menschen als ursächlich für das beschriebene Dilemma erscheinen.

Lawton (1970) untersucht, welchen in den Heimen durchgeführten Therapiemaßnahmen im Sinne des Interventionsgedankens der größte Erfolg beschieden ist. Er stellt fest, daß solche Einwirkungsformen, die persönliche Beziehungen zwischen Bewohner und Mitarbeitern stiften und damit einen Umgang auf der Ebene der Privatheit fördern (non-patient-oriented-behavior), das höchste Ausmaß an positiver Beeinflussung der beobachteten Störungen erreichen. [18]

Entscheidend für den therapeutischen Einfluß sind also nicht die Erwartungen, Forderungen und Einflußnahmen der sozialen und dinglichen Umwelt, sondern die Art und Weise wie mit diesen im Heimleben umgegangen wird; folglich die Art und Weise, wie sich die Mitglieder der Institution außerhalb der ihnen zugeschriebenen Rollen verhalten und sich als Individuen begegnen.

Aus solchen Befunden leitet Lehr (1979) die stärkere Beachtung persönlicher Aspekte bei der Gestaltung von

Interventionsmaßnahmen ab, als Ausdruck der Unterschiede in der Verlaufsform der personalen Entwicklung. Gefordert sei vor allem eine detaillierte Analyse der individuellen Situation des jeweiligen Heimbewohners und seiner Wahrnehmung (individuelles Erleben) dieser Situation. [19]

Unser Ansatz von Rehabilitation wendet sich mithin entschieden gegen den verfälschenden Ansatz von Baltes (1973), der eher auf eine generalisierende und universelle Einflußnahme auf eine Gruppe innerhalb eines Heimes ausgerichtet ist. [20] Bedenken gegenüber einem solchen globalen Umgang mit Menschen, die sich ja doch ganz unterschiedlich verhalten und entwickeln, von denen jeder sein ganz persönliches Wertsystem hat, seine ganz persönliche Erwartung an die Zukunft stellt, und auf der Suche nach seiner ganz persönlichen Identität ist, meldet auch Österreich (1979) an. [21]

Rehabilitation hat folglich nicht nur der Wiederherstellung sozialer Fähigkeit zu dienen, sondern in erster Linie der Bestätigung des Selbst. Rehabilitation hat seine personenbezogenen Techniken und Strategien anzuwenden auf bedürfnisnahe Einzelsituationen des Heimgeschehens. Neben gruppentherapeutische Maßnahmen treten gleichberechtigt die Einzeltherapie und das persönliche Gespräch. Grond (1986) spricht im Zusammenhang mit dem zu erwartenden Anstieg von Schwerstbehinderten in den Altenhilfeeinrichtungen von „Förderpflege", die entwicklungs-, daseins-, bedürfnis- und beziehungsorientiert sein müsse. [22] Förderpflege umfaßt folglich mehr als die Aktivierung von Restfähigkeiten; sie baut darauf auf und entwickelt sie im Zusammenhang mit eigenen Bewohnervorstellungen zu neuen Grundlagen der Lebensgestaltung.

Wesentlich für Rehabilitation aus einem solchen Verständnis heraus erscheint, daß die einzelnen Störbereiche aus ihrer subjektiven Auswirkung und ihrem subjektiven Erleben erklärt werden. Therapie erscheint dort möglich, wo es gelingt, die persönliche Wahrnehmung und die objektiven Bedingungen des Heimgeschehens einander anzugleichen, so daß keine einseitig erzwungene Annäherung erfolgt. Alle aufgezeigten kommunikativen Störbereiche wurzeln in dem Ungleichgewicht dieser beiden Pole ein und desselben Untersuchungsfeldes. Individuelle Hilfsangebote ordnen sich dabei zu einer festen Abfolge:

▷ Vertrautwerden mit der Biographie des Heimbewohners; Versuch des Erstellens eines Persönlichkeitsprofils (Vorlieben, Abneigungen, Einstellungen)

▷ Deutung der psychogenen oder physiologischen Störung aus seinem individuellen Erleben heraus

▷ Zergliederung der die angemessene Wahrnehmung verhindernden allgemeinen Heimsituation in bedürfnishafte Erlebensbezirke, die therapeutisch gestaltbar sind

▷ Arrangement von personennahen Erlebensbezirken nach angenommenen oder geäußerten Wünschen, Vorstellungen und Gewohnheiten (zum Beispiel Körperpflege, Speisenauswahl, Einrichtung des Zimmers)

▷ Förderung der aktiven Auseinandersetzung mit belastenden Umweltmerkmalen (Training des Einsatzes aktiver Daseinstechniken)

▷ Förderung des Sich-Einbringens in die soziale Gesellschaft

Es gilt nun im weiteren, die therapeutische Stufenabfolge mit den entsprechenden Inhalten und Techniken zu erfüllen. Zentraler Punkt des therapeutischen Geschehens ist die Erweckung der Selbstmächtigkeit des Individuums durch die Förderung der aktiven Auseinandersetzung desselben mit belastenden Umweltmerkmalen. Eine solche Förderung vollzieht sich analog der hier gewählten Kontexttheorie des Alterns in der Stärkung der Handlungskompetenz[11] durch folgende Maßnahmen:
▷ Hervorbringung eines Optimums an Stimulierung.

Durch das Arrangement von persönlichkeitsfördernden Situationen soll eine aktive Reaktion hervorgebracht werden. Die Stärkung oder Wiederherstellung physischer, psychischer oder sozialer Kräfte erfolgt durch Trainingsmaßnahmen, die sich an solche Stimulationen anlehnen
▷ Förderung der Situationserfassung durch Informationsvermittlung.

Für den durch eine stimulierende Umgebung zum Handeln aufgerufenen Heimbewohner, der seine Handlungen nicht notwendigerweise auf einen menschlichen Partner richtet, müssen räumliche, soziale und organisatorische Bestandteile des Heimlebens eine klare Aussage darüber treffen, wie der Bewohner mit ihnen zurechtkommen kann. Rehabilitation hat hier sicherzustellen, daß die aufgrund des Persönlichkeitsprofils zu erwartende Reaktion auf diese Umweltmerkmale ohne Störung im Persönlichkeitsbereich verlaufen kann.
▷ Verfügbarmachung von Handlungsalternativen.

Die vielschichtige Situation des Sich-Zurechtfindens in einem Heim erfordert ein Vorhandensein ausgeformter Verhaltensweisen und verringert, wenn solche nicht zur Verfügung stehen, das Bewußtsein von der autonomen Steuerung des Verhaltens. Je größer also die Anzahl von Handlungsalternativen zur Erreichung eines persönlichen Ziels, desto größer ist das subjektive Gefühl der Wahlfreiheit, je größer ist die Ausprägung individueller Vorgehensweisen. Verhalten muß daher auch als trainierbar begriffen werden. Starre Muster sind aufzubrechen, Varianten sind zu erproben
▷ Arrangement von vorhersehbaren Situationen.

Unvorhergesehene Konfrontationen mit Situationen, die eine gewisse Verhaltensausrichtung, ein gefundenes Gleichgewicht in Frage stellen, verlangen innerhalb kürzester Zeit Verhaltensentscheidungen, die oftmals nicht angemessen geleistet werden können. Eine einseitige Anpassung an den Druck solcher Herausforderungen ist die unfreiwillige Folge. Das Bewußtsein um die Fremdkontrolle des Verhaltens verstärkt dann die Meinung einer schicksalhaften Abhängigkeit und führt letztlich zur Resignation oder Aggression. Situative Veränderungen im Heimgeschehen sollten mithin vorbereitet und möglichst dem

---

[11] Fähigkeit, Aufgaben, die im Umgang mit Personen, mit der Umwelt und deren Anforderungen an das Verhalten entstehen, situationsgerecht zu lösen ohne dabei sich einseitig an diese anzupassen. Diese Fähigkeit erfordert eine Strategie der Wahrnehmung, Koordination und Verarbeitung von Elementen einer Situation.

Erfahrungsbereich des Individuums zugänglich sein
▷ Stärkung der kognitiven Kompetenz.

Hier ist der Zusammenhang von Wahrnehmung, geistiger Verarbeitung und individueller Lernerfahrung durch geeignete Trainingsmaßnahmen zu erfassen. Handlungsweisen sollen erklärbar, bestimmte Reaktionen sollen eindeutig auf vorausgegangenes Handeln beziehbar sein. Zufälligkeiten müssen weitgehend ausgeschaltet werden. Therapeutische Situationen sind so zu arrangieren, daß sie vom Heimbewohner als ihn betreffend erkannt werden
▷ Förderung der sozialen Bestätigung von Handlungsweisen.

Um die eigenen Wahrnehmungen und Absichten zu bestätigen, benötigt das Individuum eine solidarische Übereinstimmung mit anderen in derselben Situation. Mangelnde Bestätigung des Verhaltens durch die soziale Umwelt führt zu erhöhter Desorientiertheit. [23]

Die Kommunikationsformen zwischen Heimbewohner und Mitarbeiter bestimmen sich folgendermaßen:
▷ Vermeidung von Scheinkommunikation, von asymmetrischer und widersprüchlicher Kommunikation (Eingehen auf den Bewohner)
▷ Einsatz von nonverbalen Strategien und, wo möglich, von metakommunikativen[12] Elementen
▷ Einsatz von bewohnerbezogenen Gesprächsformen

▷ Gestaltung der kommunikativen Situation durch non-patient-oriented-behavior (keine Patienten-Helfer-rolle)

An therapeutischen Maßnahmen stehen zur Verfügung:

ökologisch
Infrastruktur intern:
Bedürfnisbezogene Raumordnung; Architektonische Durchgliederung des Baukörpers nach Funktionen, Verkehrswegen, Privatzonen und so weiter; Trennung von privaten und öffentlichen Zonen; Vorhaltung eines möglichst umfassenden Dienstleistungsangebotes;
Infrastruktur extern:
Gute Verkehrsanbindung;
Zentrale Lage des Heimes;
Wohnbeschaffenheit:
Individuelle Zimmergestaltung; Variierbare Raumaufteilung; Anordnung der Räume zur Cluster-Bildung,[13] die das Eingehen von persönlichen, gewollten Begegnungen fördert; Raumarrangement, das „crowding"[14] verhindert; Schaffung von kleinräumlichen milieuhaften Zonen (Territorialität) innerhalb von großen Raumordnungen;
Stimulation durch prothetische Hilfen:
Zurverfügungstellung prothetischer Hilfen, die nach individuellen Gesichtspunkten ausgewählt werden: Auswahl der Einrichtungsgegenstände; Angebot von Geh-, Seh-, Hör- und Mobilisierungshilfen; Wahl der Farb-, Form- und Oberflächengestaltung bei Fußböden, Wänden, Einrich-

---

[12] Bezeichnet wird hier eine Auseinandersetzung über die Form der Kommunikation selbst, über ihre Struktur, über die durch sie festgelegte Beziehung, über ihre Inhalte.
[13] Anordnung zur Nähe, zur Gemeinschaftlichkeit (Verdichtung der Kommunikationsbeziehungen)
[14] Ansammlung, Gedränge

tungsgegenständen, Wäsche; Schaffung einer guten Raumakustik
Sensorische Informationsvermittlung:
Eindeutige Funktionszuweisung der dinglichen Umwelt durch: Farbliche Differenzierung unterschiedlicher Zonen; Kennzeichnungen verschiedener Wege; Symbolisierung von Funktionen durch Piktogramme; individuelle optische und akustische Erkennungsmuster (Kleidung, Signale)
Stetigkeit der dinglichen Umwelt:
Verzicht auf das Umarrangieren von stimulierenden oder informationsvermittelnden Umweltbestandteilen ohne Zustimmung des Heimbewohners

sozial
Stimulation:
Mitbestimmung in allen Heimangelegenheiten; Mitgestaltung der kulturellen und sozialen Lebenssituation; Herausbildung unterschiedlicher kultureller und sozialer Territorien (Zonen) im Heim;
Informationsvermittlung/Handlungs alternativen/kognitives Training:
Milieutherapie;
Resozialisierung;
Gruppentherapie;
Aktivierungsprogramme;
Situative Vorhersehbarkeit:
Verzicht auf Maßnahmen, die die Vielfalt sozialer Gestaltungsmöglichkeiten einengen oder nicht berücksichtigen
Übereinstimmung:
Bildung von Ausschüssen und Entscheidungsgremien, die das vielfältige soziale Nebeneinander spiegeln; Förderung der Aufnahme privater Beziehungen, die sich abweichend von den Normen des Heimbetriebes bestimmen

physiologisch
Stimulation:
Hilfe zur Selbsthilfe durch das Prinzip der aktivierenden Pflege; Positive Verstärkung des eigenpflegerischen Verhaltens
Informationsvermittlung/Funktionelles Training:
Mobilisierungstraining;
Inkontinenztraining;
Resensibilisierungstraining (Basale Stimulation der Sensorien); Ergotherapie; Physiotherapie
Situative Vorhersehbarkeit:
Die Gestaltung der individuellen Lebens- und Wohnsituation muß dem persönlichen Fortschritt des zu Rehabilitierenden angepaßt sein

psychologisch
Stimulation:
Kontinuität der Lebensführung; Ermöglichung von selbstverantwortlichem Handeln
Informationsvermittlung/Handlungs alternativen/kognitives Training:
Ermöglichung gezielter persönlicher Lernerfahrung; Verdichtung von biographischen Merkmalen zu einer Lebensschau;
Zergliederung der Heimsituation in bedürfnishafte Erlebensbezirke (Daseinsthemenorientierung); persönliche Begegnung; Realitäts-Orientierungs-Training; Remotivation; Selbstbildtherapie; Verhaltensmodifikationstraining
Situative Vorhersehbarkeit:
Abwehr störender beziehungsweise unerwünschter Umwelteinflüsse. [24]

Inhaltlich sollen hier nur die wichtigsten Therapieformen erläutert werden:
Anregungen zur Auseinandersetzung mit der eigenen Situation (psychische Rehabilitation)

- Vorstellungen vom Alter entwickeln (Gespräch, bildliche Darstellung)
- die eigene Pflegebedürftigkeit beschreiben
- die Aufgaben des Heimpersonals und die Funktion technischer Hilfen im Tagesablauf beschreiben
- Gründe für alle pflegerischen Handlungen benennen

Reaktivierung und Training des Orientierungsvermögens
- Personell:
  ▷ eigene Person: Name, Aussehen, Alter, Biographie
  ▷ andere Personen: Allgemeine Merkmale, Beschreibung und Erkennen besonderer Personen

- Räumlich:
  ▷ Wohnbereich
  ▷ Haus, Heimgelände
  ▷ Allgemeine (geographische) Orientierung über den Aufenthaltsort (Adresse)
- Zeitlich:
  ▷ Tagesablauf
  ▷ Wochentage
  ▷ Monate/Jahreszeit
  ▷ Datum
  ▷ Unterscheidung von Vergangenheit und Gegenwart

Resensibilisierung, Wiederbelebung der Sinne
- Schulung Geruchs-, Geschmackssinn
- Schulung der akustischen und visuellen Wahrnehmung
- Wahrnehmung von unterschiedlichen Berührungsreizen
- Wahrnehmung des eigenen Körpers [25]

C. Pflegedurchführung

Für den Bereich der direkten pflegerischen Versorgung/Betreuung (dyadischer Bereich) entwickelt persönlichkeitsbezogene Pflege besondere Verhaltensweisen:

- Der Zeitablauf für die Morgen- und Abendtoilette richtet sich nach den Wünschen, Bedürfnissen und Gewohnheiten des Bewohners
  ▷ der Zeitpunkt für Wecken, Aufstehen, Ankleiden und Zubettgehen ist variabel; es entstehen gestaffelte Abläufe
  ▷ das Wecken erfolgt erst, wenn der Bewohner ausgeschlafen hat, das Zubettgehen erst, wenn der Bewohner müde ist
- Die Gestaltung des Arbeitsablaufes für die Morgen- und Abendtoilette berücksichtigt Wünsche des Bewohners in Hinblick auf seine äußere Erscheinung
  ▷ es wird bewohnereigene Kleidung und Bettwäsche benutzt
  ▷ seine Kleidung wählt der Bewohner selbst aus
  ▷ kosmetische Gewohnheiten (Barttracht, Frisur, Gebrauch von Parfüm) werden beibehalten
  ▷ bewohnereigene Utensilien werden benutzt (Rasierapparat, Fön)
- Selbständige Verhaltensweisen des Bewohners werden unterstützt durch Stärkung des Eigenpflegeverhaltens
  ▷ die Pflegekraft reagiert nicht negativ auf Selbständigkeit des Bewohners, zum Beispiel auf den Wunsch, sich Gesicht und Hände selbst zu waschen
  ▷ nicht alle Pflegeutensilien müssen vorgerichtet sein, auch der Bewohner kann die notwendigen Hilfsmittel zusammenstellen
  ▷ Bemühungen und Fortschritte werden anerkannt und gelobt
  ▷ dem Bewohner wird für seine Aktivitäten ausreichend Zeit gelassen

- ▷ dem Bewohner werden Aufgaben, die er selbständig erledigen kann, nicht abgenommen
- ▷ der Bewohner wird zur Aufnahme eigener Aktivitäten ermuntert und angeleitet
- ▶ Der Umgang zwischen Mitarbeiter und Bewohner zielt auf Gleichheit ab
- ▷ der Bewohner wird beim Betreten des Zimmers begrüßt, man teilt ihm den Grund für seine Anwesenheit mit
- ▷ die Pflegekraft lenkt nicht von Klagen über körperliche Beschwerden, von Mitteilungen über Empfindungen und Ängste ab, sondern geht durch weiteres Fragen auf den Bewohner ein
- ▷ die Pflegekraft fragt den Bewohner nach seinen Wünschen und Gewohnheiten
- ▷ es wird vermieden, über den Bewohner in seinem Beisein zu sprechen
- ▷ es wird vermieden, Themen anzuschneiden, bei denen der Bewohner nicht mitreden oder die er gedanklich nicht nachvollziehen kann
- ▷ auch nonverbale Impulse wie Kopfnicken, Lächeln und Blicke werden gedeutet
- ▷ auf nonverbale Äußerungen reagiert der Mitarbeiter entsprechend (Zurücklächeln, Hand halten, in den Arm nehmen)
- ▶ Die Beschaffenheit und Menge der Kost sowie der Zeitpunkt der Mahlzeiteneinnahme richten sich nach den Wünschen und Gewohnheiten des Bewohners
- ▷ Abneigungen und Vorlieben gegenüber Speisen werden berücksichtigt
- ▷ persönlich gewünschte Ergänzungen der Kost werden berücksichtigt (Eier, Quark)
- ▷ die Kost ist so vorbereitet, daß der Bewohner sie nach Möglichkeit selbständig einnehmen kann (Zerkleinern, Passieren)
- ▷ gleitende Essenszeiten werden angeboten
- ▶ Der Ort der Mahlzeiteneinnahme wird vom Bewohner selbst bestimmt; das Essen sollte ungestört verlaufen
- ▷ dem Bewohner sollte die persönlich benötigte Essenszeit eingeräumt werden
- ▷ der Bewohner kann selbst bestimmen, ob er in großer Gemeinschaft (Speisesaal), in kleineren Gruppen oder auf dem Zimmer essen möchte
- ▷ zur Essenszeit werden grundsätzlich pflegerische Aktivitäten verschoben (Arztvisiten, Zimmerreinigung)
- ▶ Dem Bewohner wird auch bei auftretenden Lebens- und Sinnkrisen einfühlend begleitet
- ▷ Verzweiflung wird wahrgenommen
- ▷ Ängste und Bedrohungen werden wahrgenommen
- ▷ der Bewohner darf sein Leben schildern
- ▷ der Bewohner wird auch beim Sterben nicht allein gelassen

(Diese Aufgabengebiete werden im folgenden noch näher erläutert) [26]

D. Kontrolle der Zielerreichung

Bei Nichterreichung der aufgestellten Pflegeziele ist zu fragen, wo die Ursachen zu suchen sind:

- ▶ Maßnahmen und Rehabilitationsverfahren sind falsch zugeordnet und eingesetzt
- ▶ Störbereiche sind falsch interpretiert
- ▶ die Anamnese war lückenhaft und unpräzise

▶ die materielle und personelle Ausstattung war nicht zielangemessen

E. Daseinsfragen

Das wohl wichtigste Daseinsthema, insbesondere des pflegebedürftigen älteren Menschen, ist inhaltlich mit dem Sterbebegriff gleichzusetzen, wobei die Erlebensseite oftmals solche Inhalte gänzlich verdrängt, verleugnet oder aber diese zur allesumfassenden Bedrohung geraten. Innerhalb des in den letzten Jahren neu etablierten Wissenschaftszweiges der Thanathologie[15] sind zwei verschiedene Erkenntnisabsichten unterscheidbar:
▷ Tod und Sterben als gesellschaftliches Phänomen
▷ Tod und Sterben als individuelles Phänomen
Beide Ebenen beziehen ihre Erkenntnisse zwar aufeinander, jedoch hat sich in unserem Gesellschaftssystem eine einseitige, kulturelle Handlungspraxis herausgebildet. [27]

Philosophische und theologische Deutungsmuster des Sterbens haben ihre gesellschaftliche Verbindlichkeit weitgehend verloren, an diese Stelle sind kollektive Verdrängungsmechanismen getreten, die den Tod aus den aktiven Lebensvollzügen ausgliedern und ihn damit nicht mehr erfahrbar machen. Sterbende werden institutionalisiert; das Sterben selbst vollzieht sich unsichtbar in Altenheimen und Krankenhäusern. Eine gesellschaftliche Ideologie des „Disengagements" alternder Menschen löst diese aus ihren Rollenbeziehungen und macht sie somit gesellschaftlich „entbehrlich", was häufig gleichzusetzen ist mit dem sozialen Tod. Diese gesellschaftliche Organisation von Tod und Sterben überlagert bedauerlicherweise in starkem Maße das individuelle Geschehen. [28]

Vielfach wird daher heute Kritik an der einseitigen gesellschaftlichen Bedeutungszuweisung des Sterbens geübt: Eine kognitive Alternstheorie umfaßt gerade auch die Auseinandersetzung des einzelnen mit seiner Endlichkeit und erhebt das subjektive Erleben im Zusammenhang mit dieser Herausforderung zu ihrem Erkenntnisgegenstand. So formuliert Schmitz-Scherzer (1983): „Sterben ist so individuell wie das Leben", und bindet die Begriffe Sterben und Tod als Endpunkte an einen individuellen Lebensvollzug. [29] Während der Tod hier gleichgesetzt wird mit dem zeitlich klar abgrenzbaren biologischen Absterben, umfaßt das Sterben im Sinne unserer Theorie auch die deutlich verlängerte Spanne seiner Gewahrwerdung und des Umgangs mit dieser Erfahrung von der Endlichkeit des Daseins. Sterben bezeichnet folglich innerhalb des Systems der geschlossenen Altenhilfe die Zeitspanne zwischen Heimaufnahme und biologischem Tod. Rechtverstanden vollzieht sich während dieses Zeitraums nicht etwa eine Loslösung aus sämtlichen Daseinsvollzügen, sondern vielmehr eine aktive Auseinandersetzung und Bewältigung der Herausforderung, die sich an das Individuum in unterschiedlicher Weise stellt. Daß ältere Menschen, insbesondere im 7. und 8. Lebensjahrzehnt,

---

[15] Interdisziplinäre Wissenschaft vom Tod und Sterben, seinen gesellschaftlichen, individuellen und biologischen Bedingtheiten, seinen Sinnfragen. Empirische Wissenschaftsansätze werden unterschieden von den transzendierenden Ansätzen der Philosophie und Theologie.

dessen durchaus bewußt sind, zeigen Untersuchungen, die im Gegensatz zu jüngeren Altersgruppen das Daseinsthema „Vergänglichkeit der Existenz" hier ungleich häufiger belegen können. [30] Es entspricht folglich einem Bedürfnis des alten Menschen, sich mit dieser Thematik auseinanderzusetzen. Wie jedoch begegnet das Heimgeschehen in aller Regel solchen persönlichen Anliegen nach Orientierung? Siechtum und Sterben erscheinen als generelle Bedrohung für das Selbstverständnis der Alteneinrichtung, die in ihrer Struktur gänzlich auf Betreuung und Versorgung ausgerichtet ist. Der Tod wird in solcher Umgebung zum „Therapie-Pannenfall", zum „ärgerlichen Grenzfall medizinischer Machbarkeit". Naheliegend ist, daß der pflegerische Mitarbeiter, geprägt von einem solchen, in seiner Ausbildung vermittelten Denkschema, seine Ohnmacht gegenüber Siechtum und Sterben als persönlichen Mißerfolg erlebt. Die entsprechende innerpsychische Abwehrreaktion besteht in der Vermeidung persönlicher Kontakte zum Heimbewohner oder in der Entwicklung von routinierten Handlungsweisen. Solche Vermeidungshaltungen finden ihre organisatorische Unterstützung in starren zeitlichen Abläufen und auf die Funktionserfüllung ausgerichteter Pflege. [31]

Ein persönlichkeitswahrender Ansatz hat im Gegensatz hierzu von den folgenden Prinzipien auszugehen:
▷ Ausweitung des Sterbebegriffs auf die gesamte Zeitspanne der Unterbringung
▷ Einbeziehung des Mitarbeiters als des unmittelbaren Gegenübers in diesem Prozeß
▷ Einbettung des alten Menschen in eine fördernde Pflege, die unter Verzicht auf normative Abläufe hilft, Vertrautheit zur persönlichen Endlichkeit des Daseins herzustellen
▷ Integration des Endlichkeitsmotivs in den Lebenszusammenhang als kognitive Komponente der Abwehr einer dumpfen Bedrohung
▷ Rückbesinnung der befreiten Persönlichkeit auf die Vielfalt des Lebens unter der Perspektive der Zeit, die noch verbleibt

Die therapeutische Konsequenz liegt folglich in der Vermittlung einer persönlichen Sterbeerfahrung auf der Ebene der Sinnfindung und Wahrung der Identität. Einzelne Schritte bestehen in der Wertung des bisherigen Daseins im Sinne einer Lebensbilanz (Grad der Erreichung von Lebenszielen), in der Entwicklung einer Zukunftsperspektive in Hinblick auf unerreichte Ziele und die noch verbleibende Zeit, sowie in der Aufarbeitung und Bewältigung ungelöster Konflikte. Relativ gesichert erscheint in diesem Zusammenhang die Erkenntnis, daß eine tief verankerte Annahme des eigenen gelebten Lebens die Annahme des eigenen Sterbens nach sich zieht.

Der Therapieprozeß, der sich über Monate und Jahre hinziehen kann, vollzieht sich allein in dem Bemühen, dem behinderten alten Menschen die Selbstschau von versöhnlichen Bestandteilen des endlichen Lebens zu vermitteln und zugleich die Hoffnung auf Vollendung und Erlösung. Auf die Praxis gewendet meint dies:
▶ Ansprechen der Persönlichkeit
▷ Betrachtung alter Bilder, Briefe
▷ Rekonstruktion von zentralen Themen in der Biographie
▷ Basales Kommunizieren mit Desorientierten
▷ Einsatz von Techniken des Psychodramas, der Gestalttherapie

- ▶ Ordnung und Zusammenschau von biographischen Fragmenten
  - ▷ Anfertigung eines Lebensablaufs
  - ▷ Gliederung nach Phasen der Verwirklichung und Nichtverwirklichung von Lebenszielen
- ▶ Aufzeigen der Konflikte und Widersprüche
  - ▷ Einbezug von emotionalen Reaktionen
  - ▷ Konfrontation mit negativ besetzten Erlebnisinhalten
  - ▷ Aufdeckung verdrängter und verleugneter Motive
- ▶ Vermittlung von Hoffnung
  - ▷ Erfahrung der Umkehrbarkeit von Fehlern
  - ▷ Erfahrung des Sich-selbst-Verzeihen-Könnens
  - ▷ Erfahrung des Verzeihen-Könnens bei anderen
  - ▷ Erfahrung des menschlichen Irrtums
  - ▷ Erfahrung des Selbst als gut und einheitlich
  - ▷ Vertrauen auf einen Lebenssinn
  - ▷ Vertrauen auf die Gnade Gottes
  - ▷ Nutzung der verbleibenden Zeit

Desorientierte vermögen ihr Sterben weniger rational zu verarbeiten als andere alte Menschen. Auf die dumpfe Bedrohung des Todes reagieren sie emotional mit Angst, Depressionen, Ärger, Trauer, Wut oder Verzweiflung; sie können jedoch diese Gefühle nicht bewußt integrieren und verarbeiten. Wichtigster Bezugspunkt zwischen dem Mitarbeiter und dem desorientierten Bewohner ist daher diese Emotionalität, auf die es einzugehen gilt. Wichtige therapeutische Hilfsmittel sind die Beobachtung der Verhaltensreaktion beim Anklingen gewisser Lebensthemen und deren Deutung. Auch auf der Ebene des verstehenden Beobachtens lassen sich Konflikte und Widersprüche herausfinden und durch Körperkontakt, stumme Zuwendung oder Zeichensprache ausleben und versöhnen. [32]

Literatur zu Kapitel 6

1. vgl. hierzu:
   Bundesminister für Jugend, Familie und Gesundheit (Hrsg.): Zur Organisation pflegerischer Dienste in Altenpflege-/Altenkrankenheimen. Stuttgart 1980.
   Schweiger, Dieter: Organisation in Alten- und Pflegeheimen, in: Das Altenheim 1978/6. S. 132 ff.
   Schweiger, Dieter: Der Altenheimleiter. Hannover 1978.
   Gößling, Siegfried: Leistungsziele, Standardplanung und Erfolgskontrolle, in: Das Altenheim 1979/5. S. 106 f.
2. Wendt, W. R.: Lebensweise – Gemeinwesenarbeit auf der Basis von Grundanliegen, in: Blätter der freien Wohlfahrtspflege 1985/3. S. 55–58.
3. vgl. hierzu:
   Rosow, I.: Social integration of the aged. New York 1967.
   Gubrium, J. F.: Toward a socio-environment theory of aging, in: The Gerontologist 1972/1. S. 281–284.
   Schulz, Heike: Soziale Beziehungen im Alter. Frankfurt 1979. S. 74–127.
4. Hummel, Konrad: Altenarbeit als Gemeinwesenarbeit, in: Blätter der freien Wohlfahrtspflege 1978/2. S. 34–39.
5. Heim, Edgar: Praxis der Milieutherapie. Berlin, New York 1985. S. 3–13.
6. Gunderson, J. G./Will, O. A./Mosher, L. R.: Principles and practise of milieu therapy. New York 1983. S. 115 ff.
7. Heim, E., a.a.O. S. 171 f., 181 f.
8. Sutter, U.: Altersbetreuung. Niederteufen 1973. S. 27–77.
9. vgl. hierzu:
   Steiner-Hummel, Irene & Hummel, Konrad: Das Altenheim als Lebensraum, in: Zeitschrift für Human.Psych. 1979/3-4. S. 73–85.
   Hummel, Konrad: Zukünftige Aufgaben des Heimes in der Versorgung alter Menschen, in: Das Altenheim 1986/12. S. 358–360.
   Hummel, Konrad (Hrsg.): Wege aus der Zitadelle. Hannover 1986.
10. Hummel, Konrad: Das Heim der Zukunft, in: Heim und Anstalt 1984/1. S. 2–3.
11. Welter, R.: Sind Heimstrukturen, sind Mitarbeiter und Bewohner anpassungsfähig – wie

weit sollten sie es sein?, in: Ztschrft. f. Gerontolog. 1986/1. S. 25–29.
12. Bundesminister für Jugend, Familie und Gesundheit (Hrsg.), a.a.O. S. 185 ff.
13. Grond, Erich: Die Pflege verwirrter alter Menschen. Freiburg 1984. S. 61–225.
14. Reimann, Renate: Anleitung zur Pflegeplanung und Pflegedokumentation. Velbert 1985. S. 19–58.
15. Österreich, K., a.a.O. S. 222.
16. ebda., S. 23–69.
17. vgl. hierzu:
Österreich, K.: Psychiatrie des Alterns. Heidelberg 1975. S. 207.
Lehr, Usula: Gero-Intervention, in: Lehr, Ursula (Hrsg.): Interventionsgerontologie. Darmstadt 1979. S. 2–42.
18. Lawton, M. P.: Institutions for the aged, in: The Gerontologist 1970/1. S. 305–312.
19. Lehr, U.: Gero-Intervention, a.a.O. S. 10 f.
20. Baltes, P. B.: Strategies for psychological intervention in old age, in: The Gerontologist 1973/13. S. 4–6.
21. Österreich, Klaus: Interventionsgerontologie, in: Lehr, U. (Hrsg.): Interventionsgerontologie, a.a.O. S. 52.
22. Grond, Erich, a.a.O. S. 276 f.
23. Lantermann, E. D.: Eine Theorie der Umwelt-Kompetenz, in: Zeitschrift für Gerontologie 1976/9. S. 439 ff.
24. vgl. hierzu:
Grond, E., a.a.O. S. 276 f.
Lehr, U.: Gero-Intervention, a.a.O. S. 21 ff.

Landeshauptstadt Stuttgart, Sozialamt (Hrsg.): Ältere Menschen mit psychischen Schwierigkeiten im Heim. Stuttgart 1986. S. 7–57.
Deutsche Zentrale für Volksgesundheitspflege e.V. (Hrsg.): Interventionsmaßnahmen im Alten- und Pflegeheim. Frankfurt o.J. S. 10 ff.
Lehr, U.: Psychologie des Alterns. Heidelberg 1977. S. 320.
25. Rasehorn, E./Weitzel-Polzer, E.: Neue Wege der Pflege Verwirrter. Frankfurt, 1986. S. 9.
26. Bundesminister für Jugend, Familie und Gesundheit (Hrsg.), a.a.O. S. 185 ff.
27. vgl. hierzu:
Tews, H. P., a.a.O. S. 306 ff.
Schmitz-Scherzer, Reinhard: Tod, Sterben, Sterbebegleitung, in: Lehr, U. (Hrsg.) Altern – Tatsachen und Perspektiven. Bonn 1983. S. 162.
28. Tews, H.-P.: Soziologie des Alterns. Heidelberg 1979. S. 306–310.
29. Schmitz-Scherzer, R., a.a.O. S. 162.
30. Puschner, Ingrid: Daseinsthemen in verschiedenen Lebensaltern, in: Zeitschrift für Gerontologie 1968/1. S. 311–328.
31. Knobling, Cornelia: Konfliktsituationen im Altenheim. Freiburg 1985. S. 230.
32. vgl. hierzu:
Tews, H.-P., a.a.O. S. 306–321.
Grond, E., a.a.O. S. 311–314.
Munnichs, J. M. A. & Janmaat, H. F. J.: Vom Umgang mit älteren Menschen im Heim. Freiburg 1976. S. 106–115.
Schmitz-Scherzer, R., a.a.O. S. 161–172.

Stichwortverzeichnis

Altenpflege 8, 10, 11, 19, 29, 31, 32, 33, 41, 84, 86, 97, 98, 108, 121, 129, 133, 179
Arbeitsbedingungen 101
Arbeitszufriedenheit 87, 101, 102, 103, 112, 133
Ausbildung 84, 85
Autorität 15, 23, 26, 27, 28, 42, 45, 48, 90, 107

Bedürfnis 16, 17, 27, 66, 70, 71, 77, 78, 80, 88, 106, 109, 134, 169
Berufsmotiv 112
Berufsorientierung 31, 32, 42, 130
Berufsrolle 38, 40, 41, 42, 44, 45, 48, 90, 91, 97

Förderpflege 39, 41, 111
Fortbildung 53, 84, 85, 100

Gemeinwesenarbeit 164, 165, 166, 173

Heimaufnahme 4, 5, 39, 40, 62, 68, 144, 148, 151, 153
Heimsituation 18, 47, 48, 51, 72, 77, 154
Hierarchie 8, 10, 12, 23, 31, 98
Hilfsbedürftigkeit 40, 142, 143, 153

Institution 7
Institutionalisierung 2, 3, 152, 154

Kommunikation 26, 27, 98
Konflikt 8, 45, 46, 48, 49, 79, 99, 100, 133
Krankenpflege 10, 12, 22, 31, 32, 33, 36, 108

Krankheit 39

Management 160, 164, 173, 174
Milieu 14, 15, 165, 166, 168
Motivation 55, 78, 85, 89, 90, 91, 95, 97, 99, 101, 102, 103, 107, 122, 123, 133, 135

Organisation 2, 7, 12, 13, 14, 16, 19, 21, 23, 29, 55, 71, 80, 95, 100, 102, 107, 114, 127, 129, 133, 156, 175
Orientierung 112

Persönlichkeit 60, 64, 67, 68, 70, 75, 77, 95, 101, 106, 108, 153, 165
Pflege, berufliche 128
Pflegeberuf 22, 26, 29, 30, 31, 34, 35, 37, 54, 55, 77
Pflegeheim 36, 86
Professionalisierung 2, 10, 31, 53, 108

Rehabilitation 41, 47, 62, 76

Selbstverwirklichung 70, 78, 106, 134

Sozialisation, berufliche 94, 100, 103, 126, 127, 129, 130, 134

Therapie 167, 168
Totalität 12, 17, 18, 19, 47, 48

Überstellung 10, 12, 18, 23, 42, 43
Unterstellung 10, 18, 23, 42

Weiterbildung 53, 84, 86, 100